Günter Stoewer
Thules Glanz und Ende

Günter Stoewer

Thules Glanz und Ende

Rediroma-Verlag

Bibliografische Information der Deutschen Nationalbibliothek:
Die Deutsche Nationalbibliothek verzeichnet diese Publikation in der Deutschen Nationalbibliografie; detaillierte bibliografische Daten sind im Internet über http://portal.dnb.de abrufbar.

ISBN 978-3-96103-936-4

Umschlagillustration: Bos11 (shutterstock.com)

www.rediroma-verlag.de
11,95 Euro (D)

Verzeichnis

Vorbetrachtung

Das Inselreich Thule hatte sich seit dem Herrschaftsantritt von König Friedrich II. Teja nachhaltig verändert. Thules Institutionen waren reformiert, die zerstörerischen Kräfte gebändigt und das Land war zu einem Musterstaat geworden. Welchem Volk war es schon vergönnt einen König zu haben, den es als Geschenk Gottes verehrte. Die Menschen genossen diese Zeit des Friedens und Wohlstands. Nie zuvor besaß ein Herrscher Thules eine derart große Macht und Vorbildwirkung wie Friedrich, der so lange verheißene große König. Die Königliche Familie war gewachsen, denn Königin Amala, der Engel von Thule, hatte ihrem Gemahl fünf Kinder geschenkt, die alle wohlgeraten waren. Drei Söhne sicherten die Kontinuität des Herrscherhauses.

Weitgehend autonom gestalteten die Städte ihre Gemeinwesen. Der König konnte dies den Städten nur mühsam nahebringen, gerne hatten sie sich bisher der Betreuung von „Oben“ überlassen. Der Herrscher fand, dass vieles vor Ort aufgrund der Nähe besser und schneller geregelt werden könne. Die lange unzureichende medizinische Versorgung hatte sich verbessert, in jeder Stadt gab es mindestens einen Arzt und in den größeren Städten ein Spital. Der Widerstand gegen Schulgründungen und den Schulbesuch der Mädchen hatte sich gelegt. Der Nutzen der Schulen überzeugte nun selbst kritische Geister. Die Königliche Bank hatte in jeder Stadt eine Filiale und in großen Städten die der Staatsbank, bei der sich die Gemeinden refinanzierten. Geschätzt wurden der Ausbau der Verkehrswege selbst in abgelegenen Gebieten und die damit einhergehende Mobilität. Öffentliche Kutschen, Schiffe und Fähren verkehrten in größerer Anzahl und Dichte.

Vordergründig betrachtet schien in diesem Staat alles in bester Ordnung zu sein. Aber in der Justiz zeigte sich mancherorts noch ein zähes und ärgerliches Eigenleben. Dies löste bei den

Betroffenen Unzufriedenheit mit „dem Staat“ aus. König Friedrich hatte zwar die Staatsverwaltung in seinem Sinne umgestaltet, die Zuständigen dafür gewonnen oder aus dem Staatsdienst entlassen. Doch mit der einst so verkrusteten Justiz gab es nach wie vor Schwierigkeiten, trotz aller rigorosen Eingriffe. Die Gesetze waren zwar vereinheitlicht und schriftlich fixiert worden, dennoch folgten einige Richter nach wie vor nur ihrer „Eingebung“. Die Entscheidungen des Obersten Gerichts nahmen sie zwar zur Kenntnis, handelten aber lieber nach eigenem Gutdünken. Wie lange würde der König und promovierte Jurist dies noch zulassen? Diejenigen, die den Herrscher gut kannten, gingen davon aus, dass er nur noch einen geeigneten Fall abwartete, um hier einzugreifen.

König Friedrich hatte nicht nur den Städten sondern auch den Menschen auf dem Lande seine Aufmerksamkeit geschenkt und versucht, das schwere Dasein auf den kleineren Inseln zu erleichtern. Sein Volk war glücklich und zufrieden, doch seinen Herrscher plagten oft schlimme Träume und Ahnungen. Die Bedrohungen für Thule sah er nicht in inneren Unruhen oder Einfällen von außen, für ihn lauerten sie im Untergrund des Archipels. Mahnende Anzeichen dafür waren die immer wieder auftretenden Erdbeben. Der gut beobachtende König wusste um die Kraft der drei aktiven und der weiteren unbekannten, weil schlummernden Vulkane Thules. Gegen diese zerstörerische Urgewalt der Natur war der Mensch hilflos, hier endete jede irdische Macht. Dieses letzte Buch der Thulereihe befasst sich mit den angesprochenen Themen und bietet einen letzten Einblick in ein utopisch anmutendes Land, geführt von einem idealen Herrscher.

München, im Herbst 2019
Günter Stoewer

Ein Unglück mit Folgen

Abgesehen von Schiffsunglücken und den Schäden, der immer mal wieder auftretenden Erdbeben, blieb Thule von größerem Unglück weitgehend verschont. Diese Aussage galt jedoch nicht mehr seit dem 8. März 1372, denn an diesem Johannistag hatte sich in Veendamm ein schlimmer Verkehrsunfall zugetragen. An der steilen Steige, die hinunter zur Brücke über die Isteria führte, hatte ein schleuderndes Fuhrwerk den schützenden Zaun durchbrochen und war den schroffen Abhang hinabgestürzt. Das mit acht Personen besetzte Fuhrwerk prallte unten auf der Uferstraße auf ein mit Langholz beladenes Fuhrwerk. Dieses war soeben dabei, vor dem Brückentor in die zur Vorstadt St. Markus führende Straße abzubiegen. Das herabstürzende Fuhrwerk hatte sich überschlagen und seine Insassen herausgeschleudert. Dabei wurden vier Kinder und eine Frau getötet, der Fuhrmann und ein Kind schwer verletzt. Zwei unten Vorbeigehende hatten insoweit Glück, dass sie nur von einem abgerissenen Teil des Fuhrwerks getroffen wurden und mit leichten Blessuren davon kamen. Die beiden Lenker des Langholzwagens wie auch die weiteren unfreiwilligen Zuschauer hatten zwar Glück im Unglück, waren aber von dem Erlebten verstört. Der Anblick der vier toten, noch kleinen Kinder entsetzte alle, die das Unglück miterlebt hatten. Das vor Schmerzen wimmernde verletzte Kind dauerte die Passanten, die nach einem Arzt riefen. Die mit dem Schrecken davon gekommenen Kinder knieten weinend vor ihrer leblosen Mutter und wechselten immer wieder hin zu ihrem ohnmächtigen Vater. Das schreckliche Szenario wurde noch begleitet von dem Röcheln eines der beiden Pferde, das am Verenden war. Das andere Pferd war bereits tot.

Durch den Anprall wurde der Langholzwagen beschädigt, vier der schweren Baumstämme fielen polternd herunter und machten die Löwenbrücke unpassierbar. Und dies am ersten Markttag des

Jahres, an dem es die Bevölkerung im Umkreis der Herzogstadt hin zum Indulfplatz zog. Es bildete sich sogleich ein Stau, der bald bis hinauf zum Kloster St. Peter reichte. Zwei heilkundige Mönche dieses Klosters, denen mehrere Laienbrüder mit Bahren folgten, konnten nur mit Mühe zum Ort des Unglücks durchkommen. Endlich dort angelangt, konnten sie nur noch den beiden Verletzten beistehen und den Tod der anderen Verunglückten feststellen. Die Verletzten und die Toten luden sie auf ihre Bahren, um sie hinauf ins Spital ihres Klosters zu schaffen und die Toten in ihrer Kirche aufzubahren. Zwei Männer, die weiter hinten im Stau ausharrten, blickten erschreckt auf diesen traurigen Zug, denn sie erkannten in den Opfern die Familie Bergsteen, die aus ihrem Dorf Murberg stammte. Einer der Beiden stieg von seinem Fuhrwerk und folgte den Mönchen. Er nannte ihnen deren Namen und Wohnort, versprach ihnen die Angehörigen zu benachrichtigen.

Von der Kernstadt herunter und über die Löwenbrücke kam ein Amtmann mit einer Gruppe von städtischen Arbeitern, die sich sogleich darum kümmerten, das Brückentor wieder begehbar zu machen. Mit Hilfe einiger kräftig zupackender Wartender gelang es ihnen die langen Baumstämme wieder auf den Wagen zu hieven. Danach zogen sie mit Seilen, die ihnen der nahebei wohnende Müller gab, die toten Pferde und die Reste des Fuhrwerks nach rechts weg. Damit war der Zugang zur Brücke nach über einer Stunde wieder frei. Diese städtischen Arbeiter waren vom Marktaufseher zum Ort des Unglücks abgeordnet worden, was ihnen anscheinend gegen den Strich ging. Eigentlich sollte der Amtmann den Unfall aufnehmen und dessen Ursache eruieren. Aber vor Ort mit dem Durcheinander konfrontiert, ging es ihm erst einmal darum das Chaos beseitigen zu lassen, um die ungeduldigen Marktbesucher nicht länger warten lassen zu müssen. Seinen ursprünglichen Auftrag erledigte er daher eher beiläufig, begnügte sich mit der Aussage der beiden Männer des Langholzfuhrwerks und eines Zeugen, der den Vorgang – so er selbst – zur Gänze mitbekommen haben wollte. Aus diesem Grund unterblieb eine genauere Klärung, wie auch die spätere Anhörung des Wagenlenkers des Unfallwagens. Sein verspätet angefertigter Bericht basierte auf der Aussage der drei einvernommenen Personen, die den Wagenlenker als den Verursacher des Unglücks belasteten.

Angesichts der Schwere des Unglücks musste dieses vor dem Stadtgericht verhandelt werden. Als Grundlage der Verhandlung diente der Bericht des städtischen Amtmanns. In Abwesenheit des noch im Spital liegenden Wagenlenkers wurde dieser als Schuldiger angesehen. Dessen grobe Fahrlässigkeit habe zum Unglück geführt und fordere eine dem Gesetz entsprechende Sühne. Es konnte ja auch nichts anderes gewesen sein, als Unachtsamkeit oder Ablenkung, was verhinderte, dass der Beschuldigte rechtzeitig gebremst hatte. Da es fünf Tote gegeben hatte, konnte – so der Richter – gemäß der Gesetze ein Freispruch nicht infrage kommen. Daher verurteilte er den wegen seines Aufenthalts im Spital abwesenden Fuhrmann Gotho Bergsteen aus Murberg zu drei Jahren Gefängnis. Immerhin ließ der Richter die Möglichkeit zu, dass der Verurteilte gegen das Urteil vor dem herzoglichen Gericht Einspruch erheben konnte. Dem Richter schien es bei der Urteilsfindung offenkundig nicht sonderlich wohl gewesen zu sein, denn bei den Toten und der Verletzten handelte es sich doch um Angehörige der Familie des Verurteilten. Außerdem hatte der Verurteilte durch den Verlust des Fuhrwerks wie der beiden Pferde einen herben wirtschaftlichen Verlust erlitten.

In Anbetracht der Auswirkungen des schlimmen Unglücks hatten dessen Nebenwirkungen, eigentlich wenig Bedeutung, was allerdings nur Außenstehende so sahen. In der Stadt befeuerte das Unglück eine ohnehin schon lang anhaltende öffentliche Diskussion, und trieben diese nun zu einem Wendepunkt. Über eine Stunde war die einzige Brücke über die Isteria gesperrt gewesen, und dies ausgerechnet an einem Markttag. In dieser Zeit konnten nur die Fußgänger über den Steg bei der Lände das jeweils andere Ufer erreichen, allerdings mussten sie dafür einen erheblichen Umweg in Kauf nehmen. Alle westlichen Zugänge zur Kernstadt führten zwangsläufig über die Löwenbrücke. Häufig stauten sich dort schon an „normalen" Tagen die Fahrzeuge. Noch dazu waren die beiden Zufahrten, die hinunter zur Brücke führten, bei Regenwetter gefährlich rutschig, bei starkem Regen eigentlich fast unpassierbar. Selbst dann, wenn davon auszugehen war, dass der Verkehr auf der künftigen Reichsstraße Nr. IX nicht allzu stark ausfallen würde, kam dadurch weiterer Verkehr durch die Stadt und über die Brücke auf die Herzogstadt zu.

Eine zweite Brücke war eigentlich unumgänglich, darin waren sich die in der Bevölkerung gut vernetzten Stadtväter einig. Nicht einig waren sie sich allerdings bei der Frage der Finanzierung und bei einem weiteren Punkt. Die an dieser zentralen Verkehrsachse gelegenen Geschäfte und Gaststätten würden bei jeder anderen Verkehrsführung abseits liegen, was die Geschäftsleute vermeiden wollten. Letztere hatten im Rat der Stadt die Mehrheit. Wieder einmal drehte sich die Diskussion im Kreise und schien im Sande zu verlaufen, so wie bei allen Sitzungen zuvor. Der Stadtpatrizius erreichte dieses Mal aber wenigstens ein Übereinkommen: Er durfte sich in dieser Angelegenheit an Herzog Hildebrandt wenden. Das Unglück, so der Vorschlag des Rats, solle er als Aufhänger des Gesuchs nützen! Innerlich grummelte der Patrizius, denn er kannte das unterschwellige Motiv seiner Räte. Sie gingen insgeheim davon aus, dass ihr Herzog ein Machtwort sprechen würde und ihnen eine Entscheidung abnahm. Vielleicht würde er ihnen diesen Eingriff in die Autonomie der Stadt auch durch einen Beitrag zum Bau der Brücke „versüßen"? Dabei war doch der Stadtsäckel gut gefüllt und hätte den Bau einer Brücke verkraften können. Nun, er würde sein Glück versuchen und mit dem Herzog offen über die Bedenken seines Rats reden.

***

In der Gemeinde Murberg wallten die Wellen der Erregung hoch auf. Ausgelöst hatte es das Urteil, das auch dem Schultheiß zugegangen war. Die Dorfbewohner konnten es nicht fassen, dass das Städtische Gericht von Veendamm den durch das Unglück doch schon so heftig betroffenen und im Ort sehr angesehenen Gotho überhaupt bestraft hatte. Einer der Erregten schrie gar: „Lasst uns alle in Veendamm vor das Gerichtgebäude ziehen und diesen ungerechten Richter von seinem Sessel herabziehen. Danach werfen wir diesen Lumpenhund hinab in die Isteria!“ Als dieser Aufruf bei gefährlich vielen Anwesenden zu verfangen schien, griff der besonnene Schultheiß ein. „Seid Ihr denn auf einmal alle von Sinnen!? Wollt Ihr Euch mit unserem verehrten König anlegen? Ihn müssen wir erreichen, aber wir dürfen dabei unseren Herzog auf keinen Fall übergehen. Diese beiden Hohen Herren werden uns anhören und der Gerechtigkeit Bahn schaffen. Das, meine zu Recht aufgebrachten Mitbürger, ist der einzig gangbare und erfolgversprechende Weg, und den sollten wir beschreiten.“ Seine Leute nickten zustimmend und schienen froh darüber zu sein, dass die Besonnenheit die Oberhand gewonnen hatte.

Zwei Wochen zuvor standen alle Bewohner von Murberg betroffen und mitfühlend am Familiengrab der Bergsteens. Fünf Menschen mussten sie dort der Erde übergeben und die unfassbare Trauer der Hinterbliebenen miterleben. Zur Trauer kam bei dieser leidgeprüften Familie nun auch noch die bange Frage hinzu: Wie soll es denn nun weitergehen mit ihnen? Die Mutter und vier ihrer Geschwister waren tot und der Vater lag mit einem zertrümmerten Bein im Spital. Die Großeltern waren zwar ganz selbstverständlich eingesprungen, aber sie standen schon in hohem Alter und fühlten sich auf Dauer überfordert. Zu ihrer Erleichterung trafen ihre Befürchtungen erst einmal nicht zu. So, als sei dies selbstverständlich, halfen ihnen nicht nur ihre Nachbarn, sondern nach einem abgestimmten Plan die ganze Dorfgemeinschaft. Alle kümmerten sich rührend um die drei verstörten Kinder, die am Johannistag nicht mitgefahren und deren Geschwister, die noch immer traumatisiert waren. Das ganze Dorf fühlte sich solidarisch mit den Betroffenen, und die Menschen erlebten sich dadurch wie eine große Familie. Diese Welle der Verbundenheit trug sogar noch weiter, denn die Bewohner legten ihre freien Mittel zusammen. Damit wollten sie den Bergsteens ermöglichen, sich zwei neue Pferde und ein Fuhrwerk zu kaufen, denn deren eigentliche Verdienstquelle war doch das Fuhrgeschäft gewesen. Sobald Gotho Bergsteen genesen sei, solle er sich die Pferde und das Fuhrwerk selbst aussuchen, so die Vorstellung der Murberger. Sie waren überaus stolz gewesen auf den Ertrag ihres selbstlosen Handelns.

Aber nun tauchte das alles auf den Kopf stellende Urteil ihren Stolz in Eiswasser. Dieses Schandurteil – so bezeichneten es die erbitterten Bewohner des Dorfes – stachelte ihren Gemeinsinn noch weiter an, gab ihm allerdings eine andere Ausrichtung. Sie mit Erbitterung zu bezeichnen, griff zu kurz, wieder einmal fühlte sich die Landbevölkerung von den „überheblichen" Städtern aus Veendamm missachtet. Dieses Gefühl schwappte alsbald auf die umliegenden Gemeinden über, es zeitigte neben der an sich begrüßenswerten Solidarität eine weniger wünschenswerte Stimmung gegen die lokale Justiz. Der Vorschlag eines aufgebrachten Schultheißen aus dem Nachbarort fand daher spontane Zustimmung. Dieser lautete: Wir werden künftig die Herzogstadt meiden und alles, was wir nicht selbst herstellen können, dann eben in Hildebrandtsvik kaufen!

Es konnte nicht ausbleiben, dass dieser Boykott in Veendamm ruchbar wurde, und auch die Herzogliche Kanzlei erreichte. Graf Bernwardt wurde von dem Zuständigen endlich informiert und wendete sich sofort an Herzog Hildebrandt. Mit ihm gemeinsam wollte er das weitere Vorgehen abstimmen. Beiden Herren war bewusst, welch gefährlicher Zündstoff sich inzwischen angesammelt hatte. Der Herzog wollte ohnehin gerade eine Reise in die Heilige Stadt unternehmen. Dort hatte er vor sich mit seinem Neffen König Friedrich Teja zu beraten. Es ging dem Herzog dabei auch um zwei lokale Sachverhalte. Zum einen um das auch aus seiner Sicht völlig „schiefe“ Urteil und zum anderen um den Bau einer zweiten Brücke. Beide Sachverhalte griffen in die seinem Neffen doch so wichtige Autonomie der großen Städte ein und könnten zu einem Präzedenzfall werden.

***

König Friedrich, der Oberste Richter Thules, ärgerte sich über das sich an Paragraphen klammernde Urteil und besonders darüber, dass der Angeklagte nicht einvernommen wurde. Der Herrscher zog daher den Fall an sich, um dem Richterstand anhand eines Mustervorgehens Hilfen an die Hand zu geben. „Oheim, viele unserer Richter kennen zwar die Gesetze und Verordnungen, halten sich aber viel zu eng daran. Wir haben doch die Gesetze deswegen reformiert, weil davor das einfachere und weniger aufwendige Klammern an geschriebenes Recht viel Ungerechtigkeit nach sich zog. Mir geht es jedoch vorrangig um die Gerechtigkeit und nicht um die Dominanz des Geschriebenen. Mir kommt dieser Fall gelegen, denn so kann das Oberste Gericht Thules noch einmal allen Gerichten verdeutlichen, was der König als Oberster Richter von ihnen erwartet und worauf sie zu achten haben.“

Die rechtliche Beurteilung des Unglücks wurde vier Wochen später erneut aufgenommen. Bewusst hatte der Herrscher den Thronsaal als Ort des Prozesses festgelegt, denn er wollte ihm so das entsprechende Gewicht verleihen. Dazu war nicht nur der Richter des Städtischen Gerichts von Veendamm geladen, sondern auch alle Vorsitzenden der Herzoglichen Gerichte Thules. Mit diesen Hohen Richtern hatte sich König Friedrich einen Tag davor schon im Saal des Königlichen Gerichts getroffen. Dort hatte er ihnen dargelegt, warum dieser auf den ersten Blick doch so einfache Fall nun erneut vor dem Obersten Gericht behandelt würde. Eine Aussage des Herrschers erfreute die Richter besonders: „Meine Herren Richter, mir geht es vor allem darum, die Autorität der Gerichte zu stützen und bei unseren Bürgern volles Vertrauen für deren Handeln zu schaffen. Ich will die weitgehende Autonomie unserer Gerichte absichern, aber ich will auch deren vorbehaltlose Anerkennung durch alle Thulaner erreichen, gleich welchen Standes. Wir, die Richter sind einerseits die Hüter des Rechts, aber andererseits auch die Anwälte der Gerechtigkeit. Was nützt uns ein noch so gut formuliertes Recht oder Urteil, wenn wir dadurch ungerecht handeln. Unser aller Ansehen gründet auf einer ausgewogenen Balance von Recht, Augenmaß und gesundem Menschenverstand. Mir ist es manchmal lieber, wenn wir uns zwar an das Recht halten, aber es im Sinne der Gerechtigkeit großzügig auslegen. Damit wir dabei nicht nur unserem eigenen Wertekanon folgen, sind wir gehalten, uns mit den Beisitzern und Schöffen abzustimmen. Ich bitte Euch, die Ihr die großen Vorbilder für alle Rechtsprechenden seid, diese Haltung im Denken und Handeln bei den Euch Unterstellten zu verankern und ihnen helfend zur Seite zu stehen.“

Nie zuvor hatte es solch ein Treffen aller hohen Richter gegeben, und nie zuvor hatte der Herrscher in seiner Funktion als Oberster Richter Thules so zu allen gesprochen. Gut kam auch an, dass König Friedrich sie als seine Partner ansprach, sich zu ihnen bekannte und wiederholt von wir gesprochen hatte. Dies war für etliche der älteren Richter fast so etwas wie eine Erlösung und bestätigte einmal mehr den Wandel der sich vollzogen hatte. Unvergessen war der rigorose Eingriff König Friedrichs nach dem Antritt seiner Herrschaft, als er viele Richter in den Ruhestand versetzte. Anfangs sah es für die Richterschaft so aus, als räche sich der Allgewaltige für die ihm als zwölfjährigem Kindkönig zugefügte juristische „Niederlage". Doch diese Befürchtung erwies sich zum Glück bald als falsch, denn der König hatte dafür gesorgt, dass die Gesetze eindeutiger formuliert wurden und der Wildwuchs bei den Auslegungen und Urteilen weitgehend ausgeräumt wurde. Damit wurde die Arbeit der Gerichte einfacher, die Rechtsprechung von Eingriffen anderer Institutionen befreit, was schon lange gefordert wurde. Und nun dieser Schritt, mit dem der Herrscher die Richter ins Boot holte. Das anschließende festliche Mahl im Ratskeller, zu dem auch die Ehefrauen geladen waren, besiegelte diesen Bund. Dieser Abend mit dem launigen König und der fröhlichen Königin bedeutete für alle denn auch ein unvergessliches Erlebnis.

***

Am nächsten Morgen nahmen die Richter die für sie reservierten Plätze im Thronsaal ein und warteten gespannt auf die anschließende Verhandlung. Zu dieser war der Angeklagte Gotho Bergsteen, der Veendammer Richter, der aufnehmende Amtmann und die beiden Zeugen geladen. Doch nicht nur diese Herren saßen auf der Bank, sondern auch noch weitere. Der riesige Saal war bis auf den letzten Platz gefüllt, darunter viele Bürger aus Murberg, und auch Verwandte sowie die Kinder des Angeklagten. Alle verbeugten sich, als das Königspaar mit ihrem ältesten Sohn Friedrich und Herzog Hildebrandt ihre Plätze einnahmen.

Beim Angeklagten und den Seinen beflügelte der Anblick des Königs deren Hoffnung auf ein neues und gerechtes Urteil. Und diese Zuversicht war begründet, denn sonst hätte der Hochverehrte doch das Verfahren nicht an sich gezogen. Nachdem sich alle verbeugt und wieder gesetzt hatten, begründete der Richter aus Veendamm das Urteil, aber er wirkte merklich verunsichert. War es wegen des Herrschers oder war er sich seines Urteils nicht mehr sicher? Des Königs Miene war nicht zu entnehmen, wie er diese Aussage einschätzte, sowenig wie bei den anderen drei Richtern des Königlichen Gerichts.

Als der hinkende, und sichtlich von Schmerzen geplagte Gotho Bergsteen hereingeführt wurde, hielt dessen Kinder nichts mehr. Mit Papa, Papa-Rufen wollten sie hin zu ihm, was ihnen die Gerichtsdiener verwehren wollten. Der König selbst intervenierte: „Lasst die Kinder zu ihrem Vater; nirgendwo steht geschrieben, dass dies vor Gericht nicht angehen soll! Ich sehe die Würde des Gerichts durch diesen billigen Wunsch der Kinder nicht verletzt.“ Es war anrührend wie sich die drei Kinder weinend an ihren Vater schmiegten, der ihnen liebevoll über die Köpfe strich. Dieser Mann kämpfte sichtlich mit seiner Fassung, die nahebei Sitzenden sahen die feuchten Augen des leidgeprüften Mannes. Der König bat nach einer gewissen Zeit die Kinder, sich wieder auf ihre Plätze zu begeben.

„Ist der Schultheiß von Murberg unter uns? Wenn ja, dann bitte ich ihn auf dem Zeugenstuhl Platz zu nehmen.“ Was bezweckte der König mit diesem Angang? Johannes Stenmark erhob sich und entgegnete mit fester Stimme: „Eure Hohe Majestät, ich bin mit vielen unseres Dorfes hierhergekommen, um unserem Gotho beizustehen und ihm zu zeigen, dass er hier nicht alleine ist!“ Des Königs Lachen mündete in eine Aussage ein: „Ich gehe davon aus, dass Ihr den Gerichten wenig zugeneigt seid, getreu dem Spruch auf hoher See und vor Gericht ist der Mensch in Gottes Hand!“

Das Auditorium stimmte in das Lachen ihres Herrn ein, was dem Verfahren ein wenig von seiner Förmlichkeit nahm.

Der Schultheiß hatte im Zeugenstuhl Platz genommen und entgegnete unerschrocken dem lächelnden Herrscher: „Eure Hohe Majestät, die Vorgeschichte des heutigen Tages lässt eine solche Interpretation schon zu.“ „Johannes, auf See baue ich auf die Erfahrung des Kapitäns und vor diesem Gericht auf das Urteilsvermögen der Richter, meines ist darin eingeschlossen!“ Der König wollte zuerst vom Schultheiß wissen, ob er mit dem Angeklagten verwandt sei. „Verwandt nicht, aber so wie alle im Dorf mit ihm befreundet, daher Eure Hohe Majestät bin ich schon auch parteiisch!“ Diese Antwort gefiel dem König, was auch sein Schmunzeln bestätigte. Die anschließende Frage nach der Person Gotho Bergsteen beschrieb der Schultheiß so: „Gotho ist ein von allen im Dorf geschätzter Ehrenmann, der eine liebevolle Ehe geführt und jedem geholfen hat, der Hilfe benötigte. Deswegen unterstützen nun alle im Dorf seine Familie. Außerdem – und dies sei für alle in Murberg ein einmaliges Erlebnis gewesen – hätten sie alle ihre Ersparnisse zusammengelegt, damit sich der Gotho nach seiner Genesung neue Pferde und ein Fuhrwerk kaufen könne. Dies wurde nun durch das keinem von ihnen verständliche Urteil auf Eis gelegt. Der erfahrene Fuhrmann Gotho hat bisher für uns in Veendamm all das besorgt, was im Dorf von außerhalb benötigt wird, Kranke oder Verletzte zum Arzt oder ins Spital gefahren. Dennoch hat der so fleißige wie geschickte Mann, seinen eigenen Hof nicht vernachlässigt und zusammen mit seiner nun toten Frau bestens in Schuss gehalten.“ König Friedrich setzte bei der Aussage „erfahrener Fuhrmann“ nach und erfuhr so, dass Gotho Bergsteen selbst bei schlimmen Wetterbedingungen seine Mitfahrer und die Fracht stets heil befördert habe. „Kann ich daher unterstellen, dass Gotho Bergsteen die Zufahrt zur Brücke und deren Gefahren gut kannte?“ Nach der Bestätigung dankte der König dem mutigen Schultheiß für seine Aussage. Dem

Gesichtsausdruck des Herrschers nach zu schließen, hatte ihm die Beschreibung der Persönlichkeit des Angeklagten zugesagt.

Diesen Gotho Bergsteen hieß der Herrscher nun auf dem Zeugenstuhl Platz zu nehmen. Vor den König schleppte sich auf Krücken ein von seinem Schicksal gezeichneter Mann von hagerer Gestalt. Ein Saaldiener half ihm auf den Stuhl und nahm die Krücken an sich. Als der Angeklagte dem Herrscher nun so nahe gegenüber saß, da hellte sich sein zuvor von Trauer und Hoffnungslosigkeit gezeichnetes Gesicht ein wenig auf. Er schien mitzubekommen, dass der König ihm wohlwollte und ihn die schöne Königin mitfühlend anblickte. Sollte sich sein Geschick dank des Herrschers doch noch zum Guten wenden? Daran wollte er nun fest glauben.

Das anschließende Kreuzverhör durch den König und die Hohen Richter ergab folgendes Bild. Das Unglück wurde weder durch Leichtsinn, noch durch Unachtsamkeit des Wagenlenkers ausgelöst, sondern durch einen Schwarm von Rossbremen, welche die Pferde in Panik versetzt hatten. Diese scheuten und brachen unkontrolliert aus, durchbrachen den Zaun, rissen das schleifende Fuhrwerk mit und dann nach dem Zaun um. Da er die abschüssige Straße gut kannte, hatte der Beschuldigte die Radbremsen bereits angezogen und sofort zugedreht, was jedoch leider nichts nützte. Seinem Ruf abzuspringen, konnte keiner der Mitfahrenden nachkommen, denn das Fuhrwerk überschlug sich. Mehr hatte er selbst nicht mehr mitbekommen, denn er wurde verletzt und ohnmächtig. Seine Aussage bestätigten nicht nur zwei Zeugen, sondern auch ein Paladin, der den Hergang des Unglücks im Auftrag des Königs recherchiert hatte.

Dadurch erweiterte sich die Frage nach der Unfallursache, wie der Frage nach der Schuld des Angeklagten. Auch die damals einvernommenen Zeugen räumten nun ein, lediglich den letzten

Teil des Unfallgeschehens mitbekommen zu haben. Der in die Enge getriebene Städtische Amtmann gab zerknirscht zu, dass seine Recherche wenig sorgfältig war und somit als Basis für die Verhandlung des Veendammer Gericht nicht ausreichend gewesen sei. „Ich sollte doch vor allem auch dafür sorgen, dass der Zugang über die Brücke zum Markt möglichst schnell wieder frei war." Einer der Richter lockte aus ihm heraus, dass der Amtmann ansonsten Ärger von Seiten einiger Ratsherren befürchtete.

Danach musste sich der Veendammer Richter Fritiger Borger dem Obersten Gericht stellen. Dieser Städtische Richter wirkte zerknirscht und räumte unaufgefordert ein, sich bei seinem Urteil voreilig mit der Aussage von Amtmann und Zeugen begnügt zu haben. Dies müsse er nach dem heutigen Tag als eine völlig unzureichende Recherche bewerten. Er bedauerte sein Verhalten und auch das aus seiner jetzigen Sicht falsche Urteil. Der schon etwas ältere Richter sprach reuig und einsichtig von einer Lehrstunde, die er hier erfahre. Er habe heute zwei Lektionen erhalten, die er künftig einbeziehen wolle. Er sehe nun eine gründliche Recherche unter Anhörung aller Parteien als unabdingbar an. Dies gelte auch für das Beschäftigen mit der Persönlichkeit und dem Vorleben eines Angeklagten. Er habe sich, was er nun als einen gravierenden Fehler betrachte, zu sehr hinter sein Amt und die Paragraphen zurückgezogen. Dabei seien weder die Ursachen des Unglücks gründlich eruiert, noch die Auswirkungen für den Beschuldigten ausreichend einbezogen worden. Somit sei das gefällte Urteil falsch, das er namens des Gerichts verkündet habe! Zum Schluss seines „Geständnisses" gab er dem Obersten Gericht zu verstehen, er würde liebend gerne sein Richteramt weiter ausüben und es künftig bestimmt besser ausfüllen. Er könne aber auch verstehen, wenn ihn seine Vorgesetzten wegen des Fehlurteils in den vorgezogenen Ruhestand versetzen würden.

Der Richter konnte nicht ahnen, dass er mit seiner Einsicht und seiner ehrlichen Reue nicht nur die Hohen Richter sondern auch den Herrscher milde gestimmt hatte. Daher verblieb ihm sein Amt, was auch für den Städtischen Amtmann galt, dem das Hohe Gericht allerdings noch eine Empfehlung mit auf den Weg gab. „Amtmann Georg Hattinger, das Schicksal eines Menschen und seiner Familie hat in Zukunft allemal den Vorrang vor den Wünschen jener, denen es primär um das Geldverdienen geht!" An die Adresse aller Richter in dem ehrwürdigen Raum fasste der Herrscher einen Teil des heutigen Tages in seinem Appell zusammen. „Wir Richter vertreten das Recht und die Gerichte, wir sind daher eine unabhängige und an den Gesetzen ausgerichtete staatliche Institution. Wir Richter, die den Vorsitz im Gericht haben, sind aber auch zugewendete Mitmenschen und einfühlsame Vertreter der Humanität!"

Danach zog sich das Gericht zurück, um sich zu beraten. Das Auditorium ging anhand des Erfahrenen davon aus, dass das bisherige Urteil aufgehoben wurde. Der König selbst verkündete das Urteil. „Das Urteil des Städtischen Gerichts von Veendamm wird hiermit aufgehoben. Die nicht erfolgte Anhörung des Angeklagten, die fehlende Einbeziehung seiner Persönlichkeit und seines bisherigen Lebenswandels sind dabei gewichtige Gründe. Einen weiteren Grund sieht das Oberste Gericht Thules in der nicht erfolgten Ursachenermittlung und Einvernahme weiterer Zeugen. Allein diese Aspekte rechtfertigen dessen Aufhebung, doch das Gericht sieht noch einen weiteren Grund. Der allseits geschätzte Gotho Bergsteen hat durch höhere, von ihm nicht beeinflussbare Gewalt, seine geliebte Frau und vier seiner Kinder verloren. Wir haben alle gesehen, wie sehr die überlebenden Kinder an ihm hängen und ihn brauchen. Ihnen den Vater durch eine Gefängnisstrafe zu rauben, wäre ein unmenschlicher Akt und dazu angetan, das Vertrauen in unseren Staat und unsere Justiz zu erschüttern. Noch dazu hat Gotho Bergsteen seine Pferde und das

Fuhrwerk verloren, die für seine berufliche Tätigkeit als Fuhrmann unabdingbar sind. Der Angeklagte wird hiermit freigesprochen!" Frenetischer Jubel erfüllte nun den Thronsaal und gipfelte gar in Hochrufen für das Oberste Gericht von Thule.

Der König hatte es geschehen lassen und ergriff wieder das Wort: „Uns vier Richter hat das ungnädige Schicksal des Gotho Bergsteen auch persönlich sehr berührt. Doch es soll nicht bei diesem Mitgefühl bleiben! Ich spreche nun zu Euch allen in meinem Amt als Herrscher, um von vornherein für unsere Gerichte keinen Präzedenzfall entstehen zu lassen! Ich will ihm sein schweres Schicksal ein wenig erleichtern. Gotho Bergsteen werden aus Königlichem Besitz zwei kräftige Halbblutpferde und ein geeignetes Fuhrwerk überlassen. Doch dieser Ausgleich wird ihm, der nun leider ein Invalide ist, nicht alle Sorgen nehmen können. Daher darf er sich außerdem noch einen tüchtigen Knecht suchen, dessen Lohn die Krone übernimmt." Erneut brach zustimmender Jubel aus, in den nur Gotho Bergsteen nicht einfiel, er musste schluchzen. Es war vieles mit dem er fertig werden musste, und dieser Wechsel seines Geschicks überwältigte ihn jetzt.

An dieser Stelle soll sein weiterer Werdegang kurz umrissen werden. Dank eines geschickten Handwerkers erhielt er eine feste aber abnehmbare Stütze für das zertrümmerte und anders nicht belastbare Bein, was ihm das Arbeiten sehr erleichterte. Er konnte dadurch seinen Beruf wieder ausüben. Die Zwillingsschwester seiner getöteten Frau verließ das Kloster, in dem sie als Laienschwester gearbeitet hatte. Bald darauf heiratete sie Gotho Bergsteen und nahm sich als Stiefmutter ihrer Neffen und Nichten an. Sie wurde eine glückliche und tüchtige Ehefrau und bekam selbst noch zwei Kinder. Dank der großzügigen Hilfe durch die Krone gelangte diese Familie zu Ansehen und Wohlstand. Die Bewohner des Dorfes Murberg, allen voran ihr Schultheiß

Johannes Stenmark, kauften wieder in Veendamm ein und wurden dort bevorzugt behandelt.

Noch etwas gilt es nachzutragen. Am Abend des Gerichtstags folgten die Richter der Einladung des Vizekanzlers Graf Thorismund d.J., der ja das Justizministerium betreute, zu einem gemeinsamen Mahl. Nach der Begrüßung durch den Grafen entwickelte sich eine lebhafte Diskussion. Einer der älteren Richter, der die Reform des Rechtswesen und die gravierenden Veränderungen miterlebt hatte, ergriff das Wort: „Verehrter Graf Thorismund, liebe Kollegen, der heutige Tag, aber auch der gestrige Abend, hat mich sehr beeindruckt und nachdenklich gestimmt. Ich hatte lange mit den Veränderungen des Rechts, wie auch bei den Gerichten gehadert, und so manche gar als willkürliche Eingriffe des Herrschers in die unabhängige Justiz angesehen. Für mich war bis heute unser ansonsten doch so hochverehrter und zweifellos einmaliger König kein Freund unseres Berufsstandes. Aber ihn, den großen König nun so direkt erlebt zu haben, hat meine Sicht auf ihn als Obersten Richter Thules verändert und mich anderen Sinnes werden lassen. Sein ungezwungener Umgang mit uns, sein spürbares Vertrauen in unser Handeln und unsere Treue, hat mich bekehrt. Unser aller Herr will für unser Thule das Beste und er braucht dazu auch uns und unser Mitwirken. Mir ist heute eines klar geworden, König Friedrich will von uns zwei Gesichtspunkte stärker berücksichtigt wissen. Die Kenntnis des Rechts und dessen an der Gerechtigkeit orientierte Auslegung, also kein engherziges und am Gesetzestext klebendes Handeln. Unser Herr fordert uns zusätzlich auf, die menschlichen Gesichtspunkte einzubeziehen. Was er sich darunter vorstellt hat er uns heute eindrucksvoll demonstriert. Es war für mich ein Lehrbeispiel besonderer Art und hat mich König Friedrichs tiefe Menschlichkeit erleben lassen. Ihm kam es dabei auch darauf an, uns aufzuzeigen wie wichtig er noch einen anderen Punkt erachtet: Meine Kollegen, wir sollen darauf achten, in Thule nicht als abgehoben und fremd erlebt zu werden.“ Der Beifall, den der alte Richter für sein Geständnis wie für seinen Appell bekam, machte eines deutlich: Der Konflikt zwischen Herrscher und Justiz gehört ab jetzt der Vergangenheit an.

Abb. 1 Die neue Brücke von Veendamm

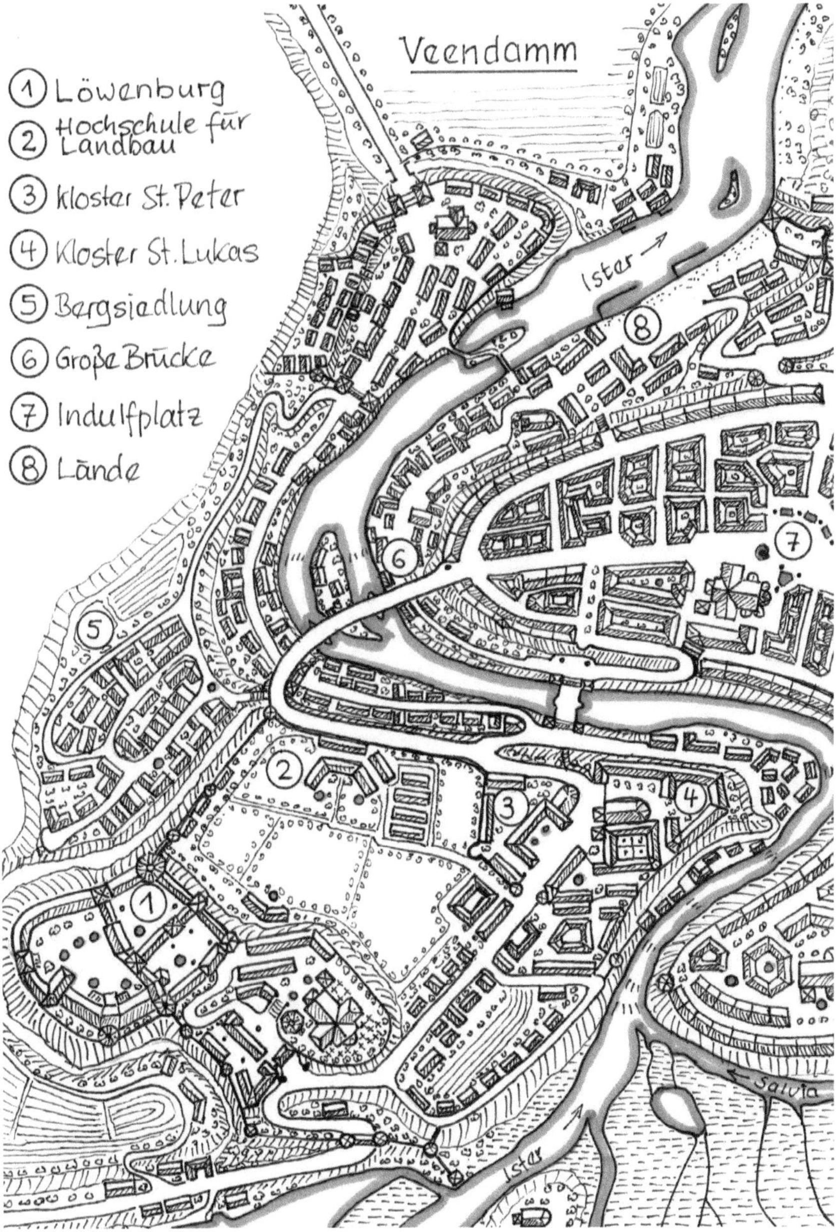

Ein kühnes Bauwerk

König Friedrich und dessen Oheim Herzog Hildebrandt setzten sich am Morgen nach dem Gerichtstag zusammen. Sie wollten noch einmal über den Bau einer zweiten Brücke über die Isteria nachdenken. Seit Jahren bildete die oft überlastete Löwenbrücke, weit und breit den einzigen Übergang über den hier tief eingeschnittenen Strom und war oft genug ein Ärgernis. Das schwere Unglück hatte diesen Engpass erneut ins Bewusstsein gerufen. Vor allem drängte inzwischen auch der Rat von Veendamm darauf, dieses Problem endlich anzugehen. Die sich im Bau befindende neue Reichsstraße von Schwarzberg nach Veendamm würde zwar nicht allzu viel Verkehr bringen, sie sei aber aus seiner Sicht der Tropfen, welcher das Fass zum Überlaufen bringen würde. Der König merkte an: Das mit dem geringen Verkehr sei zwar grundsätzlich richtig, gelte aber dann nicht, wenn sich eine größere Kriegertruppe rasch hinüber ins Ostland bewegen müsse. Sicherlich diene die Brücke zwar primär dem Verkehr der Stadt und mit deren Umland, aber dies künftig eben nicht mehr ausschließlich. Da sich in Veendamm in Bälde zwei Reichsstraßen kreuzten, und die vor dem Ausbau stehende Landesstraße der westlichen Isteriaebene bald hinzukomme, sei nun auch das Land Thule gefordert. Darin stimmten die beiden Fürsten überein.

Der Stadtprinzipal Veendamms hatte vor einer Woche den Herzog aufgesucht und ihn gebeten, sich der Planung selbst anzunehmen. Zwischen den Zeilen ließ der Prinzipal durchklingen, dass seine Räte – überwiegend Geschäftsleute – sich den Bau zwar wünschten, aber jede Lösung ablehnten, die das Zentrum der Stadt umgehen würde. So nach dem Motto: Keine Nachteile und gravierenden Veränderung, sondern nur Vorteile für die Stadt. Und noch etwas ließ sich aus dem Gesuch des Rats ableiten: Einen großen Beitrag zu den Baukosten konnten sich die Räte nicht vorstellen. „Fried, ich habe den Prinzipal daraufhin mit den gut gefüllten Kassen der Stadt konfrontiert und ihm deutlich gemacht, erst einmal sei die Stadt in der Pflicht. Darüber solle er ernsthaft mit seinen Räten diskutieren und sie dazu bewegen, einen Etat zum Bau der neuen Brücke aufzustellen. Erst dann sei ich bereit, einen entsprechenden Zuschuss zu gewähren. Seinem Einwand, dass dieser Etat erst dann erstellt werden könne, wenn sowohl der Bauplan als auch dessen Kosten vorlägen, habe ich zugestimmt. Damit sei nun die Stadt am Zug, und ich erwarte in Bälde den Bauplan und die Aufstellung der voraussichtlichen Kosten."

„Oheim, so wie ich die Räte einschätze, werden sie sich wieder einmal nicht einigen können und das Projekt erneut vertagen. Damit ist niemand gedient! Und einen zweiten Unfall dieses Ausmaßes darf es nie wieder geben! Wir müssen das Heft selbst in die Hand nehmen, den Standort der Brücke festlegen, die Pläne ausarbeiten und die Baukosten ermitteln. Es muss hier eine große Lösung her, eine, welche die Krone, das Herzogtum und die Stadt Veendamm gemeinsam verwirklichen. Ich übertrage daher die Planung auf das Ministerium für Straßen-, Bergbau und Technik. Die Bauleitung vor Ort sollte dann allerdings ein angesehener, hochrangiger Fachmann aus Deinem Haus übernehmen. Mit diesem übergeordneten Projekt übergehen wir zwar die Stadt, die jedoch in der Bauphase stark profitieren wird. Zumindest die Wirte und viele Kaufleute bekommen durch die Bauleute Kundschaft. Packen wir es an, und zwar schon in der nächsten Woche. Ich werde meinen Freund Sigmund mitbringen und noch einen seiner Spezialisten, und Du weißt bis dahin dann auch, wen von Deinen Herren Du mit der Bauleitung beauftragen kannst."

Am Dienstag der folgenden Woche traf der Herrscher mit kleinem Gefolge auf der Löwenburg ein. Wie immer freute sich seine Tante Adelheid über den königlichen Neffen, bedauerte aber, dass weder die Königin noch eines der Königskinder mitkommen konnte. „Tante, Du weißt doch, warum ich unter Missachtung anderer Termine gekommen bin! Wir müssen endlich das Ärgernis mit der Löwenbrücke beenden, eine zweite Brücke planen und alsbald verwirklichen. Aber heute Abend lasse ich mich gerne von Dir verwöhnen!“ Dann machten sich die Herren an die Arbeit. Graf Bernwardt, des Herzogs treuer Adlatus hatte die aktuellen Stadtpläne beschafft und beugte sich mit den beiden Spezialisten des Herrschers darüber. Die topografische Lage der Stadt, bedingt durch die in einer Schlucht verlaufende reißende Isteria einerseits, und die baulichen Gegebenheiten andererseits, machten die Suche nach einer Stelle für die neue Brücke äußerst schwierig. Wie sie es auch drehten und wendeten, immer wieder blockierten entweder die Steigungen oder Bauwerke die Planung. Der König, ohnehin nicht der Geduldigste, schlug daher eine Ortsbegehung vor, um einen noch besseren Überblick zu gewinnen. „Meine Herren, wenn es nur mit dem Abriss von Gebäuden zu machen ist, sollten wir davor nicht zurückschrecken. Einen geeigneten Ausgleich für die davon betroffenen Bewohner werden wir dann schon finden! Ihr kennt meinen Wunsch, so wie bei den Trassen der Reichsstraßen, möglichst keine steilen Auf- und Abfahrten anzulegen. Ich weiß schon, die hiesigen Gegebenheiten scheinen diesen Wunsch zu verwehren, aber wir sollten dennoch auch mal in diese Richtung denken.“

Als eine Variante nahmen sie die Überbrückung der Isteria zwischen den Ortsteilen St. Paul und St. Markus in Augenschein. Auf den ersten Blick schien sich hier eine Brücke anlegen lassen. Und die bisher von beiden Stegen aus erreichbare Erleninsel bot sich als Widerlager geradezu an. Ein alter Mann, der soeben aus der kleinen Kirche St. Paul kam, erstarrte beim unerwarteten Anblick des Königs vor Ehrfurcht und vermochte nur noch zu stottern. Als er dann jedoch mitbekam, was die hohen Herren prüfen wollten, da fand er die Sprache wieder. Vor vielen Jahren habe er bei der Anlage der Stege mitgewirkt. Er wusste auch noch, dass die ersten Pfähle im Untergrund der Insel keinen Halt gefunden hatten und mühsam verlängert werden mussten. Selbst diese Maßnahme hatte nicht ausgereicht, daher mussten die Pfähle untereinander verbunden und mit abgeflachten, mit Brettern erbreiterten Querbalken stabilisiert werden. Sigmund deutete auf das Haus, welches auf der Insel erbaut worden war und sagte: „Wieso konnte dann hier dieses Gebäude erbaut werden? Dieses muss der Untergrund doch tragen können?" Der Alte schüttelte den Kopf: „Dieses Wirtshaus steht auf Stelzen und schwimmt auf dem unsicheren Boden. Außerdem ist es aus Holz! Und wenn Ihr genau hinschaut, dann werdet Ihr eines feststellen, das Haus ist schief, weil es an einer Seite abgesackt ist." Entmutigt mussten sie daher diese aussichtsreiche Variante aufgeben, so wie zuvor schon zwei andere Überlegungen.

Der Herrscher durchbrach die betreten wirkende Stille: „Sigmund, reich mir doch noch einmal die Karte! Ich habe weiter oben an der Köhlerinsel zwei Stromschnellen gesehen. Daraus leite ich ab, dass dort der Untergrund aus Fels besteht und die Widerlager einer Brücke tragen kann." Nach der Besichtigung dieses Standorts waren die Herren ebenfalls nicht zufrieden, denn die auf westlicher Seite zuführende Straße war zu schmal und hätte den Abriss vieler Häuser gefordert. Außerdem würde diese Straßenführung das Zentrum von Veendamm vermeiden, was der Rat auf keinen Fall wollte. Und noch ein weiterer Gesichtspunkt sprach dagegen. Die Brückenauffahrten müssten dann jeweils über eine scharfe Kurve genommen werden und würden unmittelbar vor der Löwenbrücke eine doppelte Kurve mit gefährlicher Steigung bedingen.

Es war wirklich vertrackt und dazu angetan den Mut zu verlieren, bis der Königliche Oberrat Sigmund noch einen letzten Versuch vorschlug. Seiner verschmitzten Mimik nach hatte der pfiffige Freund des Königs doch noch eine Idee. Er bat den König und dessen Gefolge mit ihm hinauf in die Kernstadt zu reiten. Wie schon auf dem ganzen Weg schlug ihnen der Jubel der Menschen entgegen. Es hatte sich schnell herumgesprochen, dass des Herrschers Erscheinen etwas mit der schon so lange geplanten Brücke zu tun haben müsse.

Droben in der Kernstadt bestiegen die Herren den markanten Grünen Turm, um sich von dort aus ein Bild zu machen. Unter ihnen lag im Strom die mit Bäumen bestandene Köhlerinsel, jenseits der Isteria zeigte sich das alte Stadttor, darüber erhob sich auf einem Felssockel eine von zwei runden Türmen gerahmte graue Mauer. Diese gehörte zur Hochschule für Landbau, deren Felsenbasis lag in etwa auf derselben Höhe wie der Fuß des Grünen Turms. „Friedrich, mein König, was haltet Ihr davon, wenn wir ein kühnes Bauwerk errichten. Wir bauen von hier aus eine lange Brücke, die bis hinüber zum Felssockel der Hochschule für Landbau reicht. Wie ich dem Plan entnehme, müsste sich direkt unterhalb dieser Mauer eine Straße anlegen lassen. Ich gehe davon aus, dass wir dem felsigen Abhang den notwendigen Platz abringen können. Dazu müssten wir jedoch nicht nur den Turm abreißen, auf dem wir gerade stehen, sondern auch noch weitere Gebäude, die dem Brückenbau im Weg stehen! Doch dann bekommen wir eine fast eben verlaufende Straße, die oberhalb des gefährlichen Steilstücks der Zufahrt zur Löwenbrücke in die Reichstraße einmündet!“

König Friedrichs zustimmendes Lächeln brachte den Durchbruch und erlöste die Zuhörer. „Sigmund, Deine kühne Idee gefällt mir. Wenn wir dieser folgen, entsteht damit die längste Brücke Thules. Das wird eine große technische Herausforderung, aber für diesen Plan spricht vieles. Lasst uns nun hinüber ans andere Ufer reiten und uns vergewissern, ob diese Lösung auch zu realisieren ist!“

Mittlerweile hatte sich vor dem Grünen Turm eine große Menschenmenge eingefunden, die den Herrscher sehen und begrüßen wollten. Eng standen sie beieinander, hielten sich dank der Leibwächter von den schönen Pferden fern. Durch die Menge drängten sich der Stadtpatrizius und etliche seiner Stadträte, bei denen die unangekündigte Präsenz des Königs Fragen aufgeworfen hatte. Warum hatte der Herrscher ausgerechnet diesen schon etwas maroden Turm bestiegen und weswegen war auch Graf Bernwardt dabei? Als der Verehrte aus der Türe trat wurde er von den Neugierigen lautstark begrüßt, die Menschen verbeugten sich und hofften darauf, dass er sie ansprach. „Meine Getreuen, ich musste davon ausgehen, dass meine Anwesenheit nicht unentdeckt bleiben würde. Nun wollt Ihr wissen, weshalb ich gekommen bin? Dies will ich Euch nicht vorenthalten. Das große Unglück vor drei Wochen kostete fünf Menschen das Leben. Es hat meinem Oheim, Eurem Herzog, ziemlich zugesetzt, und mir nicht minder. Lieber Stadtpatrizius und liebe Räte, die Ihr vor mir steht, ich weiß, dass Ihr schon öfters über eine neue Brücke nachgedacht habt. Leider konntet Ihr keinen geeigneten Standort für diesen zweiten Übergang über die Isteria finden. Dies hat weder meinen Oheim noch mich ruhen lassen und mich zu dieser Ortsbesichtigung in der Geburtsstadt meiner Mutter veranlasst. Graf Bernwardt vertritt meinen Oheim, mich begleiten mit dem Königlichen Oberrat Sigmund und dem Königlichen Rat Egbert, die beiden besten Experten Thules. Nur so viel dazu, wir mussten leider Euren Stadtoberen bestätigen, eine einfache Lösung fanden auch wir nicht. Aber wir geben nicht auf und verfolgen nun eine letzte, keineswegs einfache Lösung. Erst dann, wenn wir diese geprüft haben, werden mein Oheim und Graf Bernwardt diese mit dem Rat Eurer Stadt erörtern.“ Der König reichte dem Stadtpatrizius die Hand und segnete danach die Menschen.

Zwei Orte waren es, die sie anschließend in Augenschein nahmen. Zuerst den Platz vor dem Alten Stadttor. Von dort hatten sie einen guten Blick auf die Köhlerinsel und die Stromschnellen, die sie umgaben. Des Königs Einschätzung teilten nun auch die Experten, sowohl auf der Insel als auch dem felsigen Untergrund der Katarakte ließen sich die tragenden Pfeiler der Brücke verankern. Auf der anderen Uferseite war das ohnehin möglich. Vom Torplatz aus konnte eine hölzerne Behelfsbrücke hinüber zur Köhlerinsel angelegt werden. Dadurch konnte noch eine dritte Startstelle gewonnen und an der Nordspitze der Insel das Baumaterial per Schiff angeliefert werden. Den Brückenbau von drei Stellen aus aufzuführen würde paralleles Arbeiten zulassen und damit die Bauzeit verkürzen.

Danach wendeten sie sich der anderen Seite zu, blickten hoch zum steilen Felssockel, auf dem sich ein runder Eckturm erhob, zu dem eine gestufte alte Stadtmauer hinaufführte. Sollte dort oben die Straße zu führen sein, dann müsste eben diese Mauer weichen. Ob allerdings das Stadttor verschont werden konnte, würde sich erst anhand der genauen Planung ergeben, was auch für den oberen Eckturm galt. Den zweiten Ort erreichten sie nach wenigen Schritten. Hier stockte der Verkehr für einige Zeit, denn der König und seine Begleitung hielten oberhalb des Steilstücks nahe der Löwenbrücke an. Vom Sattel aus konnten sie dort den Abhang unterhalb der Mauer des Hochschulgartens einsehen. Der Königliche Rat Egbert stieg vom Pferd und ließ es sich nicht nehmen, in den nur schütter mit Gebüsch bewachsenen Felsabhang einzusteigen. Mit seinem Bergmannshammer klopfte er am Fels und kam mit zufriedener Miene zurück. „Eure Majestät, der Fels ist hier fest und lässt sich wahrscheinlich so abtragen, dass er mit der über ihm verlaufenden Mauer fluchten würde. Wenn wir dann zuvor noch hinter den unten liegenden Häusern eine stützende Mauer aufführen und mit dem abzubrechenden Fels verfüllen, dann lässt sich die Straße in der gewünschten Breite anlegen.

Würde diese als Erstes angelegt werden, dann hätten wir eine weitere Startrampe zum Brückenbau!“ Die Herren blickten gespannt auf den König, würde er diesen kühnen Bau befürworten? „Meine Herren, wir wagen es. Ich bin vom Gelingen des Bauwerks überzeugt! Legen wir dies nun Herzog Hildebrandt dar!“

***

Drei geschäftige Jahre waren ins Land gegangen, Jahre, die den Erbauern alles abverlangt hatte und die geplagten Anwohner belasteten. Doch nun führte eine kühne Brücke hoch über das Isteriatal hinweg. Sechs weite Bogen überspannten Strom und Uferbereiche, trugen über sich noch eine Reihe von niederen Bogen und darüber lasteten weitere niedrigere Bogenreihen. Sieben gewaltige Stützen nahmen das immense Gewicht des Bauwerks und der sie passierenden Fuhrwerke auf. Keine Brücke Thules konnte sich mit dieser messen, was die Bürger stolz machte, aber den Stadtsäckel leerte. Doch heute hielt sich selbst der Kummer des Kämmerers in Grenzen, denn nun hatten die Veendammer, die sich bisher im Schatten der großen Städte wähnten, endlich eine Attraktion wie keine andere.

König Friedrich und Herzog Hildebrandt würden das Band auf der Westseite durchtrennen, dem Patrizius und seinem Rat wurde die Ehre zu Teil, dies auf der Ostseite vorzunehmen. Drüben auf dem Indulfplatz, dem Herzen der Stadt, würden sich die Herrschaften danach an reich gedeckten Tischen niederlassen und die Einweihung festlich begehen. Die Königliche Familie, der Hochadel und die leitenden Herren des Baus saßen dort beieinander. Die Bürger und die Bauleute waren vom Fest nicht ausgeschlossen, sie tafelten unweit davon. Zuvor durften Gäste und Bürger die Brücke inspizieren, einen Blick in die schauernde

Tiefe werfen, und auf einem neuartigen Belag aus Holzwürfeln gehen, der den Schall dämpfen und lange halten sollte.

Vergessen waren die Einschnitte in die bauliche Substanz der Stadt, wie auch der Lärm, Dreck und Staub der Bauphase. Sechs Häuser, zwei Türme und etliche Gärten mussten dem Bauwerk und den zuführenden Straßen geopfert werden. Alle „Obdachlosen" fanden eine neue und bessere Behausung, oder erhielten einen materiellen Ausgleich. Diese neue Bergsiedlung wurde bereits vor dem Bau der Brücke gebaut, damit dort während der Bauzeit auch ein Teil der Bauleute und Handwerker mit ihren Familien leben konnten. Hier fanden auch die „Verdrängten" eine neue Heimat. Deren Besorgnis „da oben" fern des Geschehens leben zu müssen erwies sich als unberechtigt. Zu Fuß konnten sie entweder über je eine Treppe auf die Brücke gelangen oder auch das „Alte Tor" erreichen. Außerdem kamen auch Fuhrwerke auf einer neuen Straße zu ihnen hinauf. Die von den Bauleuten frei gemachten Wohnungen bezogen nun andere Wohnungssuchende. Diese neuen Behausungen waren geräumig und komfortabel, sie besaßen außerdem noch einen kleinen Garten.

Unvergessen war der Aufschrei, den es gegeben hatte, als die Pläne vorgestellt wurden. Zwei liebgewordene Türme sollten für die neue Brücke abgebrochen und die „Hintere Gasse" zur Durchgangsstraße werden! Die Räte hüteten sich allerdings ihren Unmut öffentlich zu machen, denn dies hätte zu Ohren des Herrschers gelangen können, und dessen Gunst wollten sie auf keinen Fall verlieren. Und sie taten gut daran ihre kleinlichen Bedenken zu überwinden und den Eingriff ihres Königs als hilfreich anzusehen. Ihre jahrelangen Diskussionen hatte er beendet, weiterem Streit im Rat den Riegel vorgeschoben und sie zu ihrem Glück gezwungen. Die dem Königsschloss entstammende Planung stellte sich nun als Befreiungsschlag dar, der selbst den Geschäftsleuten gefiel. Die Hintere Gasse, geprägt durch ihre an der Stadtmauer klebenden Reihenhäuser, hatte sich gemausert und mündete zusammen mit der Indulfstraße in die noch namenlose Brücke ein. Diese ging jenseits höhengleich in die unter der Hochschulmauer geführte Straße über, und diese dann in die St. Peter-Straße. Das gefährliche Steilstück vor der Löwenbrücke blieb zwar nach wie vor bestehen. Aber es würde künftig nur noch von wenigen Fuhrwerken benutzt werden, denn der allgemeine Verkehr wurde nun überwiegend von der neuen Brücke aufgenommen. Angedacht war noch eine Fußgängertreppe, die auf kürzerem Weg von der Löwenbrücke hinauf zu den Klöstern führen sollte. Selbst der geschrumpfte Stadtsäckel würde sich bald wieder füllen. König und Herzog hatten ohnehin das Schlimmste abgebogen und sich mit je einem Drittel an den Baukosten beteiligt. Die Krone hatte sogar die Bergsiedlung samt ihrer Infrastruktur auf ihre Kosten erbauen lassen.

Der Herzog bedankte sich in seiner Rede zuerst bei seinem Neffen, der zusammen mit seinen Experten die kühne Idee hatte und seinem Naturell gemäß sofort in Angriff nahm. Mit dieser Bemerkung löste er das schallende Gelächter der Zuhörer aus, in das sein Neffe König Friedrich einstimmte. Herzog Hildebrandt verwies sogleich darauf, sonst würde in Thule weit weniger vorankommen, als es aus übergeordneter Sicht notwendig sei. „Die Ungeduld unseres Herrschers ist ein wesentlicher Antrieb unseres Wohlstands und Wohlergehens!“ So seine Aussage, die großen Beifall auslöste. Der Herzog schloss in seinen Dank auch Graf Bernwardt ein, der als oberster Bauleiter dafür gesorgt hatte, die Brücke in der geplanten Art und der vorgegebenen Zeit fertig zu stellen. Alle Bauleute hätten ihr Bestes gegeben, wie auch die ihnen zuarbeitenden Handwerker. „Ich bin stolz auf Euch alle, die Ihr ein Bauwerk geschaffen habt, das seinesgleichen sucht. Ihr werdet unseren Nachfahren etwas überlassen, das sie dankbar an deren Baumeister erinnern wird.“

König Friedrich schloss sich seinem Oheim an, dankte allen, die in Veendamm dieses Meisterwerk der Ingenieurskunst geschaffen hatten. Besonders gefreut habe er sich über die wenigen Unfälle und besonders darüber keinen Toten beklagen zu müssen. „In Eurer schönen Stadt, der Heimat meiner Mutter, sind nun beide Stadthälften durch die neue Brücke noch enger verbunden. Mein Oheim wollte diese Brücke mir widmen, aber mir wäre es viel lieber, wenn diese nach Königin Agnes, meiner Mutter, benannt würde!" Dieser Vorschlag löste Begeisterung aus, die sich in langem Jubel ausdrückte. Anschließend wurde die Brücke auch so getauft.

Auf der Westseite der „Königin-Agnes-Brücke", dort wo sich der schönste Blick hinüber zur Löwenburg auftat, wurde einige Zeit später ein ungewöhnliches Denkmal enthüllt. Die in hellem Erz abgebildete Königin Agnes konnte von hier aus hinüber zur Löwenburg blicken, in der sie ihre Kindheit verbracht hatte. Auf der anderen Seite fiel ihr Blick auf das Denkmal ihres geliebten Sohnes Friedrich. Ihm, dem großen und hochverehrten König, hatte die Stadt mitten im Indulfplatz schon vor Jahren ein mächtiges Denkmal errichtet. Dennoch war eines bemerkenswert: Das bedeutendste technische Bauwerk Thules trug nämlich fortan den Namen einer Frau, eine vor Jahrzehnten noch undenkbare Ehre! Der Bildhauer Osmin hatte beim Denkmal Königin Amala zum Modell genommen und dadurch auch den Engel von Thule mitverewigt.

Kurzer Schrecken

„Mama, Mama komm schnell, der Papa liegt wie tot am Boden!“ Außer Atem hatte es ihr Sohn herausgestoßen. „Fedi, damit scherzt man nicht.“ Doch als die Königin dann aufblickte und sein tränenüberströmtes Gesicht sah, da griff das Entsetzen nach ihrem Herzen. Königin Amala war ihrer Beine kaum mächtig, als sie die wenigen Schritte hinunter zum Arbeitszimmer ihres Gemahls eilte. Dann der alles aufwühlende Anblick, ihr geliebter Mann lag neben seinem Schreibtisch, leblos und in verzerrter Haltung. Er musste vor seinem Sturz noch nach Halt gesucht haben, denn es lagen einige Schriftstücke neben ihm am Boden. Amala kniete sich zu ihm nieder, sprach ihn an, bewegte ihn sanft, aber er gab kein Lebenszeichen von sich. Dann erst realisierte sie das Undenkbare, schrie laut um Hilfe, so wie auch Fedi. Als erster kam dann der Leibdiener Werinher, der gerade von der Küche zurückkam und den der Ruf vor dem Audienzsaal erreichte. Fast zur gleichen Zeit hasteten Gräfin Beatrix und der erste Sekretär Konrad von Waldstätten herbei. Trotz ihres Entsetzens behielt die Erste Hofdame ihren kühlen Kopf und schickte nach dem Leibarzt Nikolaus von Kamen.

Für die vor Sorge fast aufgelöste Königin dauerte es nahezu eine Ewigkeit bis der Leibarzt und sein Sohn eintrafen, obgleich es doch nur wenige Minuten gedauert hatte. Beide keuchten wegen des eiligen Gehens, das eher einem Rennen geglichen hatte. Von ihrem Palais aus mussten sie ja die die Treppenstufen hoch zum Geheimgang hetzen und dann noch den langen Weg durch den Herzoghof eilen. Und dies alles in der Sorge, dass ihr verehrter Herrscher am Ende einen Schlaganfall erlitten haben könnte. Die schlimme Nachricht hatte sie aber wenigstens noch zu Hause erreicht. Ihren Notfallkoffer hatte Werinher schon bereitgestellt. Besorgt und auf das Schlimmste eingestellt, knieten die beiden Ärzte neben dem Herrscher nieder. Sie drehten König Friedrich vorsichtig auf die Seite und Nathan hielt ihm einen Spiegel auf die Lippen, der sich beschlug. Sein Vater fühlte derweilen den Puls, der kaum wahrnehmbar schlug. Er flößte dem Herrscher ein Mittel ein, das den Puls beschleunigen sollte, was aber erst nach bangem Warten eintrat. Dennoch wollte die tiefe Ohnmacht nicht weichen in welcher der König darniederlag, so wenig wie Amalas brennende Sorge um ihn. Sie spürte den Sensenmann im Arbeitszimmer, wehrte ihm mit Tränen und Gebeten. Die Königin ordnete an, dass ihr Gemahl auf einer Bahre in sein Schlafzimmer hinaufgetragen wurde. Dort hüllte sie ihn in wärmende Pelze und Decken, sein wachsbleiches Haupt ruhte auf einem erhöhten Kissen.

In einer Ecke des Raumes berieten sich die beiden Leibärzte über ihr weiteres Vorgehen. Gemeinsam mit dem Leibdiener braute Nathan in der privaten Küche der Königsfamilie einen Sud. Sein Vater entnahm dem Koffer eine Arznei, mit der er den König einrieb. Bitter roch diese Arznei und füllte das Gemach mit einem eigenartigen und Königin Amala ängstigenden Geruch. Roch so der Tod? „Nikolaus, besteht Hoffnung und was hat mein Gemahl? Ich bin voller Angst und Sorge!“ Nikolaus nickte und konnte der Königin keine Entwarnung geben: „Königliche Hoheit, beides ist nur zu berechtigt, unserem König geht es leider nicht gut, er liegt in tiefer Ohnmacht darnieder. Ich kann nur vermuten was unser König hat. Wir haben uns mit dem Erbrochenen beschäftigt. Ich gehe davon aus, dass er etwas zu sich genommen hat, was unsere Majestät nicht vertragen konnte. Träfe diese Vermutung zu, dann wäre dies Glück im Unglück, denn das verspräche uns einen Hinweis, wo wir ansetzen können. Wenn nicht, dann hat unser Hoher Herr einen Hirnschlag erlitten, mit unabsehbaren Folgen. Doch davon will ich nicht ausgehen!“

Nathan hatte das Erbrochene untersucht und fand darin Spuren von einer unreifen Thulefrucht. Er vermutete, dass die Majestät diese in Gedanken versunken zusammen mit Kirschsaft zu sich genommen hatte, was zu einem schockähnlichen Zustand führen könne. Sein Vater Nikolaus schloss sich dieser Hypothese an und ordnete an, wie das Gegenmittel zu brauen war. Zur Königin gewendet erklärte er: „Königliche Hoheit, unser Herrscher hat durch den damaligen Giftanschlag organische Beeinträchtigungen erlitten. Seitdem verträgt er manches nicht mehr so wie ein Gesunder. Wir müssen uns künftig noch besser mit der Küche und seinem Leibdiener abstimmen. Nathan und ich werden eine Liste anfertigen und diese auch mit unserer Majestät selbst durchgehen. Es wäre dann gut wenn auch Ihr bei diesem Gespräch dabei sein könntet, denn auf Euch hört er mehr als auf alle anderen."

Königin Amala schöpfte wieder Zuversicht und konnte dem Leibarzt noch eine Information geben. „Lieber Nikolaus, Eurer Annahme schließe ich mich voller Hoffnung an. Mein Mann hatte doch am frühen Nachmittag im Eck des Königsgartens einige Akten durchgearbeitet. Und dort neben seinem Arbeitstisch wächst ja auch ein Strauch der Thulefrucht. Vermutlich hat er dort gedankenverloren nach einer der Früchte gegriffen und sie gegessen. Hoffen wir, dass wir damit den Faden der Ariadne ergriffen haben und Euer Gegenmittel ihn wieder zu uns zurückkehren lässt."

Doch die Arznei wollte und wollte nicht ansprechen. Sollten sie sich bei ihrer Annahme getäuscht haben? Das durfte nicht sein, aber allmählich kehrte sein Atem zurück, nun auch merklich für die Umstehenden. Nach einer schier endlosen Zeit der Angst und Sorge öffnete Amalas geliebter Gemahl die Augen. Er blickte abwesend, schien nicht zu begreifen, was ihm geschehen war. Langsam nur erkannte er die Umstehenden, seine Gemahlin und seine Kinder, die sich von Gräfin Beatrix nicht mehr zurückhalten ließen. Sein Blick schweifte zu den beiden Ärzten und zu all denen, die ihn besorgt musterten. Seine Stimme wollte ihm nicht gehorchen, mühsam brachte er einige Worte heraus. Er wollte von seiner Amala wissen, was ihm denn geschehen sei. Statt der Königin antwortete ihm sein Leibarzt Nikolaus: „Eure Majestät, Ihr habt etwas zu Euch genommen, was Euer Körper nicht vertragen hat und auf das er mit einem allergischen Schock reagiert hat. Mein Herr und König, noch seid Ihr nicht über dem Berg und müsst Euch schonen.“ Der Herrscher schien die Aussage von Nikolaus nicht richtig gehört zu haben, denn er wollte sich erheben. Seine Frau wehrte ihm: „Liebster, Du musst Ruhe geben, Du bist sehr krank und …“ Weiter kam sie nicht mit ihrer Ermahnung, denn König Friedrich wurde es schwindlig und er erbrach sich erneut.

Mit großen Augen und so als würde die Welt untergehen, verfolgten die Königskinder das Ganze. Ihr Papa krank und schwach, er der für sie so Starke und Vitale. Das ging über ihr Fassungsvermögen. Gräfin Beatrix, für die Kinder Tante Bea, versuchte sie zu beruhigen und ihnen die Angst zu nehmen. Sie, die für alle am Königshof große Autorität besaß, sagte zu den Fünfen: „Euer Papa, unser aller König, ist zwar sehr krank. Aber er hat das, was ihn vergiftet hatte, nun zum Glück wieder von sich geben können. Das ist ein gutes Zeichen, aber nun muss Euer Papa sich erst einmal wieder gesund schlafen. Eure Mama bleibt nun bei ihm und sorgt selbst dafür, dass er bald wieder für Euch da sein kann.“

Königin Amala, der Engel von Thule, strich jedem ihrer Kinder über den Kopf und gab sie der umsichtigen Gräfin Beatrix mit. König Friedrich fiel, nachdem er sich erbrochen hatte, in einen tiefen Schlaf. Die Ärzte hofften, dass damit die letzten Spuren des Gifts ausgeschieden wurden. Friedrich schlief sehr unruhig, er bekam bald darauf auch Fieber und hatte wiederholt Schweißausbrüche. Die Königin selbst hütete seinen Schlaf, so wie einst auf der Rosenburg. Sie hoffte und bangte, betete und horchte auf seinen Atem. Amala, nun ganz die liebende Ehefrau, wusch ihm Stirn und Glieder, überwachte alles, was mit ihrem Mann geschah. Sie ordnete an, dass die Wadenwickel gewechselt wurden, um das Fieber zu senken, und auch was die Leibärzte für den Kranken empfahlen, es musste sofort gemacht werden. Bange Stunden saß sie nun am Bett ihres Gemahls und blickte versonnen und mit wachsender Hoffnung auf das Antlitz des Geliebten.

Thules Königin Amala fühlte sich wieder zurückversetzt in jene, ihr Leben so verändernde Tage in ihrer Kemenate auf der Rosenburg. Ihr war damals von ihrem Vater der schwerverletzte „Ritter des roten Löwen“ anvertraut worden, den sie fürsorglich gepflegt hatte. Damals hatte sie sich in ihren Schützling verliebt, ohne zu ahnen, wer dieser auf den Tod verwundete Ritter tatsächlich war. In Wirklichkeit kämpfte sie damals um das Leben des König von Thule, dessen sie sich so hingebungsvoll angenommen hatte. Heute war er ihr Gemahl und sie seine Königin. Seitdem führte sie eine überaus liebevolle Ehe und Amala hatte ihre Rolle als Königin allmählich mehr und mehr verinnerlicht. Fünf Kinder durfte sie ihrem Gemahl schenken und war dadurch zur glücklichen Mutter geworden. Die Thulaner hatten sie zu ihrem Engel gemacht und sie vorbehaltlos angenommen. Das gefiel ihr zwar, aber dennoch hatte sich bei ihr eine eindeutige Priorität herausgebildet. In allererster Linie war sie Ehefrau und Mutter, alles andere musste sich damit vertragen. So auch jetzt, nun war sie als Pflegerin ihres Gemahls gefordert, hinter dem alles andere zurückzustehen hatte.

Die Königin überließ sich neben dem Schlafenden sitzend ihren Gedanken, die primär um ihre Ehe und Familie kreisten. Vieles, und eigentlich nur Schönes, hatte sich in den Jahren ihrer vertrauten Gemeinsamkeit mit ihrem innig geliebten Mann Friedrich getan. Staunend und beglückt erlebte sie noch heute die wahrlich magische Persönlichkeit ihres Gemahls und Königs.

Manchmal drängte sich ihr dabei der Eindruck auf, dass ihr Gemahl nicht nur die eine, sondern auch noch eine zweite Person war. Im privaten Leben war er ein liebevoller Ehemann und Vater, ein von allen gemochter herzlicher und unprätentiöser Mensch. Für diejenigen, die ihn schon seit Kindertagen kannten, hatte er sich dank seiner großen Liebe zu Amala wieder in jenen Menschen zurückverwandelt, der einst als Prinz Sonnenschein alle Herzen gewonnen hatte. Seine Tante und Ziehmutter Herzogin Adelheid sprach davon, dass der kleine Prinz Friedrich mit seinem kindlichen Charme alle „einwickelte“ und viele um seine Gunst buhlten. Nun sei nach einer langen Phase der „Vereisung“ aus ihm der herzliche und mitfühlende Vater Thules geworden.

Aber in dem Augenblick, in welchem er als Herrscher vor die Seinen trete, würde aus ihm ein Anderer. Der Vergleich mit einem Halbgott dränge sich ihr bei seinem Anblick förmlich auf. Ihr Neffe werde dann ein lebendes Monument und die personale Verkörperung des Königtums, fast überirdisch erhaben stehe er dann vor seinem ihn vergötternden Volk. Selbst sie könne sich diesem Phänomen nicht entziehen, auch nicht seine Nächsten, so wie die große Familie des Hochadels. Die Geschichtskundigen sehen in ihm sogar die Wiedergeburt des großen Kaisers Friedrich II. Ihr Herrscher sei allerdings durch göttliche Gnade von dessen dunklen Seiten und Schwächen befreit worden. Lachend schränkte seine Tante diese hymnische Eloge ein. „Mein Neffe begnügt sich mit einer Frau und brauche keine Geliebten, er ist ein liebevoller Vater, er wägt sein Tun ab und ist inzwischen weitgehend befreit von seiner ihn einst quälenden Rachsucht!

Dieser Bewertung konnte Amala nur beipflichten, selbst ihr, die doch Tisch und Bett mit ihm teilte, ging es manchmal auch nicht anders. Sie wusste es längst, so wollte ihn sein Volk erleben, denn so und nicht anders entsprach er ihrem Bild des großen Königs, der ihnen mit ihm nach so vielen Jahrhunderten endlich geschenkt worden war. Selbst sie Amala, immerhin die Königin von Thule, schaffte es dann auch nur mühsam hinter diesem monumentalen, in Purpurgewändern auftretenden Herrscher, auch ihren geliebten Mann und den Vater ihrer Kinder zu sehen. Doch wenn sie an seiner Seite eine offizielle Handlung vornahm, hatte sie das Gefühl mit ihm zu verschmelzen. Als Königspaar wurde sie Teil der immensen Verehrung, die ihnen das begeisterte Volk entgegenbrachte. Selten sahen die Thulaner draußen auf dem Lande ihren Herrscher alleine, zumeist war seine Gemahlin an seiner Seite. Und seit einiger Zeit durften auch die Kinder des Königspaares an deren Reisen teilnehmen.

Der fiebernde Friedrich flüsterte im Fieberwahn ihren Namen, was Amala die Gewissheit gab, selbst in seinen Träumen und Fantasien präsent zu sein, und dies vor allem anderen. Würde er dem Zugriff des Fiebers entkommen, was sie so sehr hoffte, oder hatten sich die Ärzte in ihrer Diagnose getäuscht? Doch das durfte nicht sein! Wieder flehte Amala zu Gott. „Unser Vater im Himmel, ich bitte Dich, lass mir meinen Mann, ihn, den ich doch über alles liebe. Lass ihn unseren Kindern, die durch ihn gefördert zu guten Menschen werden. Lass ihn seinem Volk, dem er Frieden und Wohlstand gebracht hat und so sehr seiner Führung bedarf!“ Laut und schluchzend hatte sie gebetet, inständig darauf hoffend, dass ihre flehentliche Bitte erfüllt werde. Ihr Flehen schien erhört zu werden, denn ihr Mann öffnete die Augen, blickte fragend um sich und flüsterte kaum vernehmbar: „Angelina, was ist mit mir? Warum liege ich denn am hellen Tag im Bett und weiß von nichts?“

Die Königin weinte vor Glück und entgegnete ihm: „Caro, Du warst ganz weit weg, standst wieder vor dem Tor zur Ewigkeit. Und nun bist Du zu mir zurückgekehrt, unserem Schöpfer sei ewiger Dank. Liebster, Du hast einen allergischen Schock erlitten, der Dich in tiefe Ohnmacht versetzt hatte.“ Sie hatte sich über ihn gebeugt und innig geküsst, ließ ihn ihre Liebe und Erleichterung spüren. Er wollte nun auch die Ursache wissen und was seitdem geschehen war. Bevor Amala darauf antworten konnte, öffnete sich die Türe und sein kleiner Wirbelwind, das Töchterchen Adelheid, huschte herein und kletterte hinauf zum Papa ins Bett. Mit einem Kuss gab sie ihm zu verstehen, wie selig sie war, dass der Albtraum ein Ende hatte und ihr Papa wieder unter den Lebenden weilte. Sie hatte zwar gegen die Anordnung ihrer Mutter und der Gräfin Beatrix gehandelt, aber diesem sonnigen Kind konnte ohnehin niemand böse sein. Ihrem Beispiel folgend hielt nun auch die anderen vier Kinder nichts mehr, sie wollten zum Papa, glücklich darüber, dass er wieder ansprechbar war.

Noch war der König geschwächt und musste – so die Empfehlungen der Leibärzte – noch eine Zeitlang das Bett hüten. Aber das war jetzt nur noch eine geringe Sache, er hatte es überstanden und blieb seiner Familie und seinem Volk erhalten. Thule war um Haaresbreite an einer Katastrophe vorbeigeschrammt. Einmal mehr wurde den Verantwortlichen bewusst, dass alles am Herrscher hing, der nicht zu ersetzen war. Weder durch Prinz Theodemir noch durch seinen, für die Herrschaft noch zu jungen Sohn, den „kleinen“ König Friedrich (III.).

Schönlinde am See

Der Amtmann Martin Herjedal hatte eine schlechte Nacht verbracht und wachte wie gerädert auf. Seit Tagen bedrängte ihn die eine Frage, jene nach den möglichen hohen Gästen zu der morgen stattfindenden Einweihungsfeier des Königlichen Gästehauses. Sein Ehegespons Ulrika konnte ihm bisher die Sorge nicht ausreden, das Fest könnte den teilnehmenden hohen Herrschaften nicht gerecht werden. Sie verwies zum wiederholten Male darauf, dass das Fest bestmöglich vorbereitet sei und es doch nicht um etwas Weltbewegendes gehe. Sollte gar ihr Herzog selbst erscheinen, dann sei doch davon auszugehen, dass er, des Königs Friedrich I. Theoderich Enkel, auch dessen Bescheidenheit verinnerlicht habe. „Martin, eines ist doch allseits bekannt: Unser Herzog, der Oheim unseres verehrten Königs, ist ein den Menschen zugetaner Herr; ganz so wie sein Neffe, der große König! Selbst wenn eine Kleinigkeit nicht so ablaufen sollte, wie Du es geplant hast, dann würde unser Herzog doch darüber hinwegsehen."

Das Herzogliche Hofamt hatte dem Amtmann ungefähr dreißig Gäste gemeldet, aber ihm leider nicht mitgeteilt, um wen es sich dabei handelte. So wusste er nur eines sicher: Graf Bernwardt als der Leiter des „Projekts Reichsstraße Nr. IX", würde kommen. Zu ihm gesellen würde sich mit Graf Giselbrecht, der Gaugraf von Schwarzberg, denn dies hatte ihm der junge Herr bei seiner letzten Durchreise in Aussicht gestellt. Eigentlich war es den Herzögen vorbehalten das Königliche Gästehaus erstmals zu beziehen, was dafür sprach dass er kommen würde. Es sei denn der König selbst würde diese Zeremonie vornehmen. Doch davon war bei einer solch kleinen Mansio keineswegs auszugehen. Was sollte denn den vielbeschäftigten Herrscher dazu veranlassen, in ein derart abgelegenes und bisher eher spärlich aufgesuchtes Dorf im hintersten Winkel des Herzogtums Isteria zu reisen. Da gab es wahrlich gewichtigere Orte, die ihn liebend gerne innerhalb ihrer Mauern begrüßen würden.

Da saß der Amtmann Martin nun am frühen Morgen an seinem Schreibtisch und sinnierte über seinen Werdegang nach. Alle die ihn kannten fanden, er habe es in seinem Leben weit gebracht. Er sah es ja selbst auch nicht anders. Als dritter Sohn eines armen Bergbauern aus der Nähe der Stadt Dreibrücken, war ihm eigentlich beschieden gewesen, sich später als Knecht zu verdingen. Doch es kam zum Glück anders, denn sein Oheim, der am Hofe von Markgraf Achiulf in Stellung war, empfahl ihn dem Sekretär seines Dienstherrn. So kam es, das er in die Schule des Grafenhofes gehen durfte, dort Lesen und Schreiben lernte. Da er sich als eifrig und geschickt erwies, durfte er einem der Schreiber des Markgrafen zur Hand gehen. Dieser, sein zweiter Mentor, erreichte, dass Martin Herjedal, daher auf die Verwaltungsschule in Veendamm gehen durfte. Dank seines guten Abschlusses nahm ihn am herzoglichen Hof der mächtige Graf Bernwardt als Amtsgehilfen in seinen Dienst. Dort lernte er auch den Baumeister Thomas Michaelis kennen, der ihm zum Freund wurde. Ulrika, dessen zweitjüngste Schwester und eine junge Lehrerin, wurde bald darauf zu seiner Frau und zur Mutter von drei Kindern. Nicht lange danach ernannte ihn Graf Bernwardt zum ersten Amtsgehilfen, was neben der Ehre auch noch ein gutes Gehalt bedeutete. Doch damit war sein Ehrgeiz noch nicht gestillt.

Freiwillig hatte Martin sich dann um die vom Herzoglichen Hofamt angebotene Stelle jenes Amtmanns beworben, der künftig einer noch zu erbauenden kleineren Mansio vorstehen sollte. Damit verbunden war allerdings zuerst einmal die Leitung der Bauarbeiten und erst nach deren Abschluss dann den Betrieb und die Leitung. Weiteres hatte er erst danach erfahren: Der vorgesehene Standort an der Reichsstraße Nr. IX lag an einem kleinen Waldsee und dies direkt unterhalb des Steigs, der hinüber in den Schwarzberggau führte. Er wusste zu jener Zeit nicht einmal entfernt, auf was er sich dabei eingelassen hatte. Ihm war damals doch nur eines wichtig gewesen: So bald wie möglich vom Amtsgehilfen zum Amtmann aufzusteigen und sich so seinen Lebenstraum zu erfüllen. Und er hatte dieses Amt bekommen, denn er vermochte seinen Gönner Graf Bernwardt zu überzeugen, der die Gespräche mit den Bewerbern geführt hatte.

Dies waren dann die konkreten Vorgaben für ihn: Eine kleine Mansio, wie die Raststationen in Thule hießen, solle er aufbauen. Diese Mansio war in der untersten Kategorie Nr. III eingestuft und bot damit dem Reisenden weniger Annehmlichkeit als die großen Mansios. Zu dieser Einschränkung gehörte neben einem geringeren Einkommen auch der abgelegene Standort dieser Mansio. Sie lag nämlich am Rande des Herzogtums und noch dazu viele Meilen entfernt von der nächsten größeren Ansiedlung. In dieser „Wildnis“ würde es nun überwiegend auf ihn selbst und die noch zu findenden Mitstreiter ankommen. Dort weitgehend auf sich allein gestellt, mussten sie gemeinsam die vorhandenen Herausforderungen und allfälligen Schwierigkeiten meistern. Dies bedeutete auch, dort viel zu improvisieren und weitgehend mit dem vor Ort zu findenden Baumaterial auskommen zu müssen. Allerdings war es ihm gestattet worden, sowohl im Areal des Mansio, als auch rings um das zukünftige Dorf, insoweit es angezeigt schien, den Wald zu roden und Acker- und Weideflächen anzulegen.

Diese Herausforderung hatte ihn gereizt. Denn dadurch konnte er zeigen, wozu er fähig war. Für diese Aufgabe hatte ihm Graf Bernwardt, der einflussreiche Adlatus von Herzog Hildebrandt, freie Hand gegeben. Dies ging sogar soweit, dass er als designierter Amtmann alle in der Mansio benötigten Arbeitskräfte selbst anwerben und auswählen durfte. Sogar die Menschen, die sich dort sonst noch niederlassen wollten, konnte er aussuchen.

Dem Herzog sei es recht, wenn sich um die Mansio herum ein kleines Dorf entwickeln würde, beschied ihn Graf Bernwardt.

***

Zuerst einmal musste er sich damals einen Eindruck vom Gelände verschaffen, auf dem die Mansio errichtet werden sollte. Er erinnerte sich noch gut daran, welche Gedanken ihn damals verunsicherten, als er zusammen mit seinem Schwager Thomas den Ritt zum Waldsee am Grenzsteig unternahm. Heiter gestimmt blickten sie am Morgen hinaus in die weite Ebene, genossen den Ausblick herab von der auf der Talflanke verlaufenden neuen Reichsstraße. Die wasserreichen Flüsse Isteria und Salvia mit ihren Nebenflüssen durchströmten das Gebiet und hatten ein großes Moor ausgebildet, das Veen. Die beiden Männer empfanden die Wärme des Frühlings als eine Wohltat und freuten sich an dem fast keine Begrenzungen findenden Ausblick. Dort wo die breite und gemächlich fließende Salvia aus dem Gebirge heraus mit dem Österälv einen kräftigen Zufluss erhielt, nahmen sie in einem kleinen Gasthof ein Bier zu sich, um sich danach wieder auf den Weg zu machen. Keine Brücke führte mehr über diesen Nebenfluss und auch keine über die Salvia. Jenseits der Flüsse war alles Gebiet Krongut und damit geschütztes, weitgehend der Natur überlassenes Land.

Die Beiden zogen auf der Reichsstraße weiter, die sich nun entlang des Österälv erstreckte. Dieser Nebenfluss würde sie nun bis zu ihrem Ziel begleiten. Nach einiger Zeit verließen Fluss und Straße die Ebene. Erst nachdem sich der Österälv kurz nach einem kräftigen Zufluss verengt hatte, tauschten die beiden Männer die Weite der Ebene ein gegen ein enges und lichtarmes waldiges Tal. In ihre Heiterkeit zogen nun die ersten Schatten und Fragezeichen. Schroff aufsteigende, kaum bewachsene Felswände aus dunklem Gestein, machten es dem Sonnenlicht schwer bis hinunter auf den

Talboden zu reichen. Der rasch fließende Österälv und die Reichsstraße wurden von nun an von dicht stehenden hohen Bäumen gesäumt. Während sie in der Ebene noch von der Wärme der Sonne und einem sanften Wind umfächelt wurden, umfasste sie jetzt der kühle Lufthauch des Gebirgsflusses. Nur auf ihm, seinen steinernen Inseln und an einigen wenigen anderen lichteren Stellen drang das Sonnenlicht durch die ausladenden Kronen der Bäume. Dort wo sich durch Seitentäler das Tal des Österälvs ein wenig weitete, sahen sie auch Rehe und einmal ein Rudel Hirsche. Sie trafen aber auf keine Bären, vor denen sie gewarnt worden waren. In regelmäßigen Abständen hatten die Straßenbauer die beim Bau gefällten Baumstämme sorglich neben der Straße aufgeschichtet und dahinter die abgetrennten größeren Äste deponiert. Die beiden Schwäger hofften darauf, dass es am Waldsee unterhalb des Grenzsteigs, an dem ja die neue Mansio erbaut werden sollte, sonniger sein würde.

Ihr Ziel wurde durch eine dünne Rauchsäule angekündigt, die sich über die Wipfel des Laubwalds erhob. Auf wen konnten sie denn hier in dieser Einöde stoßen? Wer auch immer hier lagerte, der hatte es bei Martin und Thomas mit kampferprobten Schwertbewaffneten zu tun, die auch einer Übermacht standhalten konnten. Dennoch galt es vorsichtig zu sein, aber trotzdem nicht ihr ganzes Augenmerk auf die dort Lagernden zu richten. Als sie links von der Straße auf der Höhe vieler gestapelter Baumstämme, eine schütter bewachsene Geröllhalde entdeckten, wollte Thomas kurz anhalten. Er bedeutete seinem Schwager: „Martin, hier unter der mit Bäumen bewachsenen Halde liegen garantiert eine Menge Steine. Der Schichtung des dahinter aufsteigenden Berghangs nach zu schließen, müssten darunter auch viele zum Bauen geeignete Steine zu finden sein. Mit denen können wir die Fundamente der Häuser erbauen und mit etwas Glück auch die vorgesehenen festen Häuser. Mit dem kleineren Geröll füllen wir den Raum zwischen den Fundamentmauern auf. Und Holz gibt es hier ja auch in Hülle und Fülle."

Dann erst zog der hellglänzende, türkisblaue Waldsee ihre Blicke auf sich. Er erstreckte sich zu ihrer rechten Seite, unweit von ihnen drang eine licht mit Bäumen bestandene Halbinsel in ihn hinein. Diese Bäume überragte ein riesiges Exemplar. Genau dort drüben stieg auch der Rauch des Lagerfeuers empor. Das Gebell eines Hundes kündigte die dort Lagernden an, und die Hufschläge ihrer Pferde hatten denen ihr eigenes Kommen längst verraten. Menschen, die Böses im Sinn hatten, würden ihrem Hund die Schnauze zuhalten und auch bestimmt kein Feuer entfachen. Trotz dieser Überlegungen entging ihnen die Schönheit des Sees und des Talkessels nicht. Was für eine Idylle breitete sich vor ihren trunkenen Blicken aus. Nach einer Brücke über einen Bach folgten sie einem Pfad, der sie unter den lichten Laubbäumen hin zum Ort des Feuers führte.

Ein großer, friedlich mit dem Schwanz wedelnder Hund kam ihnen entgegen. Ihm folgte ein junger Mann, der sie freundlich begrüßte und einlud, sich doch zu ihnen ans Feuer zu setzen. Er sagte zu ihnen, dass sie die ersten Reisenden seien, die heute Reichsstraße benutzten. An der Feuerstelle trafen sie auf zwei weitere Männer, die sie ebenfalls herzlich willkommen hießen. Unweit von ihnen hatten die dort Lagernden drei Maultiere angebunden. Auch für die drei Pferde der beiden Schwäger fand sich daneben noch ausreichend Gras, sie wurden nur mit einer langen Leine angebunden. Hier bestand wirklich keine Gefahr, das hatten die Schwäger sofort erfasst. Die drei blonden vollbärtigen Männer erwiesen sich als angenehme Zeitgenossen. Es war ein idyllischer Platz, den sich die drei Männer hier zum Lagern ausgesucht hatten. Eine riesige Linde beherrschte den Ort, die licht umstanden war von anderen kräftig gewachsenen Laubbäumen. Davor breitete sich der kleine silberglänzende See aus und machte diese Idylle vollständig. Hier würden sie auf ihren Reisen stets Rast machen und diesen lauschigen Platz genießen, so die drei Lagernden.

Die drei Männer hatten sechs große Fische auf Stecken aufgezogen und brieten sie über dem Feuer. Sorglich hatten sie um die Feuerstelle Steine gelegt, um so zu verhindern, dass sich das Feuer ausbreiten konnte. Sie forderten Martin und Thomas auf, sich doch am Verzehr der Fische zu beteiligen, zu Trinken gäbe es aber leider nur frisches Wasser aus dem See. Martin grinste verschmitzt, denn Thomas entnahm der Satteltasche ihres Packpferdes frisches Brot und ein Tongefäß, in dem sich Wein befand, was nun bei ihren „Gastgebern“ große Freude auslöste.

Jetzt war es an der Zeit, sich gegenseitig vorzustellen und etwas zur jeweiligen Person zu sagen. Bei den Fremden handelte es sich um hochgewachsene junge Männer, die so um die dreißig Jahre alt waren. Sie seien gestern jenseits des Grenzsteigs in Schwarzberg aufgebrochen. Dorthin hatten sie zuvor aus Veendamm kommend sechs Fässer mit Bier transportiert. Im Gegenzug brachten sie nun von dort mit Öl gefüllte Amphoren mit, die sie in Veendamm auf dem Markt feilbieten wollten. Ob sich denn das Geschäft lohnen würde, wollte Thomas wissen? Georg, der junge Mann, der sie zuerst begrüßt hatte, entgegnete ihm: „Wir sind bescheidene Leute und stellen keine großen Ansprüche. Außerdem ist dies ja nur eine Überbrückung für uns, denn wir suchen eine feste Arbeit, mit der wir auch eine Familie ernähren können. Dies ist auch der Grund, warum wir an diesem schönen Platz eine längere Pause eingelegt haben. In Veendamm haben wir nämlich unter der Hand erfahren, dass hier, wo wir gerade lagern, eine Raststätte errichtet werden soll.“

„Wir sind das Arbeiten gewohnt und scheuen auch schwere Arbeit nicht“, setzte sein Nachbar Widemir hinzu. Er selbst sei ein gelernter Schmied, seine beiden Freunde hingegen Zimmerleute. Andreas, einer der beiden Zimmerer zeigte auf den Jüngsten von ihnen und frotzelte: „Georg ist der dritte Sohn eines Sägemüllers und redet die ganze Zeit davon, dass hier im Tal unbedingt ein Sägewerk erbaut werden müsse. Leider hat er kein Geld, um diesen Traum umzusetzen.“ Der erwiderte ihm: „Andreas, es wäre doch jammerschade wenn alle diese schönen, an der Straße aufgestapelten Stämme verrotten würden. Aus ihnen lassen sich doch Balken und Bretter für Häuser machen und auch Tische, Stühle und Bänke anfertigen.“

Unvermittelt wendete sich der Wortführer Widemir an die beiden Männer, die sich bisher nur mit ihren Namen vorgestellt hatten. „Aus dem Brandzeichen Eurer schönen Pferde entnehme ich, dass Ihr in herzoglichen Diensten steht. Weswegen sucht Ihr heute diesen Ort auf, oder wollt Ihr noch hinüber in den Schwarzberggau reiten?“ Nun war es an Martin Farbe zu bekennen. „Ihr habt es gut beobachtet, wir stehen im Dienste des Herzogs, mein Schwager Thomas als Herzoglicher Baumeister und ich als Amtmann. Er und ich wollen uns einen Eindruck von diesem Ort verschaffen, an dem, wie Ihr zu Recht erfahren habt, eine Mansio gebaut werden soll. Erst dann sind wir in der Lage, unserem Auftraggeber Graf Bernwardt den Umfang des Projekts und das hierfür erforderliche Budget in groben Zügen zu unterbreiten. Und daher würde ich nun gerne zusammen mit Euch einen Rundgang machen und dann das Wichtigste festhalten.“

Die Sachkunde der drei Freunde und deren Interesse an dem Ort machten ihn, Martin, damals sicher, dass er mit den drei Handwerkern einen „guten Fang“ machen würde. Jeder der drei Freunde hatte klare Vorstellungen darüber, wo die Gebäude der Mansio liegen sollten und auch wie sie zu gestalten seien. Bei dem Rundgang stießen sie auf die Hütten und Kochstelle, die den Straßenbauern als Stützpunkt und Unterkünfte gedient hatten. Hier würden sie erst einmal unterkommen können und von dort aus die Raststätte erbauen. Doch darauf beschränkten sie sich nicht. Dem Baumeister Thomas ging es darüber hinaus noch um die Planung des rund um die Mansio entstehenden Dorfes. „Wenn wir dieses von vornherein einplanen, dann ersparen wir uns viel doppelte Arbeit. Außerdem können wir so die künftigen Bewohner und Mitarbeiter anlocken!“ Martin Herjedal erfüllte nun die Hoffnung der drei Freunde, sie waren ihm als führende Mitstreiter willkommen, was diese mit großer Freude annahmen. Zurück unter der mächtigen Linde fanden sie, dass die künftige Mansio nach diesem herrlichen Baum benannt werden sollte. Damit lag der Name des künftigen Ortes fest, und „Schönlinde am See“, das machte wirklich etwas her.

***

So hatte es begonnen und heute nach nur drei Jahren war es geschafft. Nun stand ein Dorf in der einstigen Einöde, eines das sich sehen lassen konnte, und in dem über Dreihundert Menschen lebten. Alle hatten hier ein Auskommen gefunden, sei es in der eigentlichen Mansio, als Straßenwarte, Handwerker, Wagenbauer und Stallburschen sowie als Helfer in der Remise. In der Gaststätte wie im Königlichen Gästehaus fanden dienstbare Geister beiderlei Geschlechts ebenfalls einen Arbeitsplatz. Daneben beschäftigten die zwei Mühlen neben den Familien der Pächter, auch noch andere Arbeitskräfte. Von Anfang an hatten alle im werdenden Dorf zusammengewirkt und neben ihren eigentlichen Aufgaben willig bei gerade anstehender anderer Arbeit mitgemacht. Sowohl in der Braustube, als auch in der Brauerei selbst, wie in Bäckerei, Brennerei und Fischerei gab es weitere Arbeitsplätze. Die beiden Bauernhöfe setzten Knechte und Mägde ins Brot. Drei Krämerläden gab es hier, ein Fuhrmann und sein Neffe beschafften all das, was die Bewohner, die sich ansonsten weitgehend selbst versorgten, noch zusätzlich brauchten. Und die Fuhrleute brachten jene hier erzeugten, aber überschüssigen Produkte auf den Markt in Veendamm, und neuerdings auch einmal im Monat zum Jahrmarkt nach Schwarzberg. Zu diesen Handelsgütern trugen das Forstamt und die Fischerei maßgeblich mit bei. Aus dem erlegten Wild entstand teilweise Trockenfleisch und der Fischer mit seinen Gehilfen räucherte einen Teil seines Fangs, um sie haltbar zu machen. In der Brennerei entstand ein gesuchter Obstschnaps und in der Brauerei vorzügliches Bier, das in Veendamm, so wie die anderen Schönlindener-Produkte meist sofort ausverkauft war. Georg, der Sägemüller hatte anfangs die Balken und Bretter gesägt, die beim Bau der Gebäude benötigt wurden. Zusammen mit seinem Freund Andreas, dem Leiter des Werkstattbereichs der Mansio, und inzwischen auch Pächter der Getreidemühle, gingen sie in den auftragsarmen Zeiten einem Steckenpferd nach. Sie fertigten dann Truhen, Bänke, Bettgestelle und Stühle an, die sie kunstvoll verzierten. Nachdem damit alle Bewohner von Schönlinde versorgt worden waren, wurden auch diese Produkte in Veendamm feilgeboten und gingen dort reißend weg.

***

Übrigens hatten die drei Freunde Andreas, Georg und Widemir in mühsamer Arbeit vier Wasserräder und alle zugehörigen Übertragungselemente gefertigt, die heute die beiden Mühlen und den Schmiedehammer der Mansio antrieben. Widemir, der Leiter der Schmiede der Mansio, betrieb nebenamtlich als Pächter eine kleine Schmiede, in der all die im Dorf benötigten Werkzeuge für Landwirtschaft und Gartenbau entstanden und jene Nägel geschmiedet wurden, die in den Gebäuden verbaut wurden. Sein Steckenpferd war allerdings das Schmieden von hochwertigen Beilen und Messern, die ihm auf dem Markt ein gutes Geld einbrachten.

Schönlinde war zwar nicht reich geworden, aber ein jeder konnte hier einigermaßen gut leben. Außerdem unterstützten sich die Nachbarn gegenseitig. Auf den von der Dorfgemeinschaft gemeinsam bewirtschafteten Weiden und Waldflächen grasten ihre Rinder und sogar einige Pferde, alle treulich bewacht von ihren Hirten. Peinlich achtete der Amtmann darauf, dass hier keine Kinder eingesetzt wurden, denn dies war durch Herzogliches Gebot untersagt. Daneben wurden hinter vielen der Häuser in hölzernen Schuppen Tiere gehalten. Kühe, Schweine, Schafe, Hasen, Hühner, Enten und Gänse bereicherten einerseits den jeweiligen Speiseplan und bildeten andererseits die Grundlage eines regen Austausches. Außerdem kamen inzwischen mehr Reisende auf der Reichsstraße daher und machten fast ausnahmslos Halt in der Mansio, speziell im Gasthaus oder der Braustube. Dort wurden ihnen überwiegend die Erzeugnisse des Dorfes angeboten und fanden großen Anklang. Lediglich eines der Gebäude sollte morgen seiner Bestimmung übergeben werden, das repräsentative Königliche Gästehaus. Dort würden künftig die hochrangigen Gäste unterkommen und besonders bewirtet werden. Und gerade das aus diesem Anlass anberaumte Fest machte dem Amtmann Martin so viel Kopfzerbrechen.

Davon suchte er sich zu befreien indem er sich wieder seiner Arbeit zuwendete, und deren gab es nicht wenig. Amtmann Martin Herjedal fungierte im Ort auch als Schultheiß, kümmerte sich um die Angelegenheiten der ihm Anvertrauten und bewilligte im Rahmen seiner Kompetenzen deren Wünsche. Zumeist ging es um Bausachen oder Anträge für Kredite. Als Amtmann war er der lokale Vertreter des Herzogs und damit auch des Schatzamtes. Darüber hinaus nahm er deren Anliegen und Forderungen entgegen, die Bitten der ihm Anvertrauten übermittelte er an die Hofkanzlei des Herzogs. Er vertrat hier auch die Königliche Bank, fungierte als verlängerter Arm der Herzoglichen Kanzlei. Der Herzog unterstützte die Betriebsgründungen, beteiligte sich auch an einigen, erteilte bei anderen die Lizenzen und gewährte großzügig Kredite. Somit oblag dem Amtmann auch der Geldverkehr des Dorfes. Bei ihm wurde zudem das Kataster Schönlindes geführt, er erteilte die Baugenehmigungen und befand über die Quoten des Fischfangs und der Jagd. Hierüber hatte es mit dem vom Oberforstamt eingesetzten Förster einen heftigen Streit gegeben. Dieser Förster wollte nicht einsehen, dass der Amtmann ihm überstellt war, er kam auch bei den Bewohnern des Dorfes nicht gut an. Martin verlangte und bekam die Ablösung dieses Querulanten gewährt. Sein Nachfolger war von anderem Zuschnitt und fügte sich gut in die Gemeinschaft ein. Das Jagd- und Fischrecht war eine große Gunst, die ihnen der Herzog großzügig gewährt hatte, und über das er als Amtmann sorglich wachte. Bei den drei Revisionen durch die Herzogliche Kanzlei hatte es keinerlei Beanstandungen gegeben, sondern nur Anerkennung. Ursprünglich war Martin irrigerweise davon ausgegangen, in seinem Amt ginge es primär um die Einnahmen und Ausgaben sowie um die Löhne der direkt der Mansio zugeordneten Beschäftigten, was sich aber als viel zu begrenzt erwies. Sein vielfältiges Aufgabengebiet verschaffte ihm großes Ansehen und auch eine lokale Macht. Daneben war er übrigens auch noch der allerdings wenig beschäftigte Posthalter.

Nach dem Mittagsmahl setzte er sich wieder an seinen Schreibtisch und fertigte den monatlichen Bericht für die Herzogliche Kanzlei an. Gegen Abend zog es ihn hinüber zur Braustube, wo er seine Vertrauten wusste. Diese Stube hatten Thomas und seine Frau Karen, die auch die Brauerei und Brennerei betrieben, behaglich gestaltet. Am Stammtisch der Honoratioren saßen sie schon und empfingen ihn mit leisem Spott. „Martin, Du bist wieder mal von Deinem Papierkram nicht weggekommen?“ Der Gefrotzelte lachte leicht gequält: „Meine Freunde, einer muss das ja machen, auch wenn so manches Andere schöner wäre.“ Widemir, der Schmied pflichtete ihm bei: „Martin, ohne Dich wäre ich bei all dem Schreibkram völlig hilflos, und so geht es doch fast allen bei uns. Da stehe ich schon lieber mit dem glühenden Eisen an Esse und Amboss, als mit Papier und Feder am Tisch zu sitzen!“ Über den Gesprächen mit den Freunden vergaß Martin Herjedal an diesem Abend das Nachdenken über den morgigen Tag, zumal ihm die Freunde noch einmal versicherten, dass das Menschenmögliche getan worden sei. Alles würde bestens verlaufen und dem Dorf Ehre bringen.

***

Aber es kam dann doch ganz anders als vorgesehen. Ein besonderes Ereignis brachte die einstudierte Begrüßungszeremonie durcheinander und bedeutete dennoch keine Blamage. Alle Bewohner hatten sich auf dem Friedrichsplatz versammelt, um den für Mittag angekündigten Herzog und sein Gefolge gebührend zu empfangen. Vor dem Amtshaus standen die Honoratioren, zu denen sich auch Gaugraf Giselbrecht gesellt hatte, der soeben von Schwarzberg kommend eingetroffen war. Neben ihnen standen die Bewohner mit ihren Kindern. Die gegenüberliegende Seite rund um den Eingang zum Technischen Bereich des Mansio sollte freibleiben, damit sich die hohen Gäste nicht beengt fühlen sollten.

Auf einmal kam in der Menschenmenge Unruhe auf, denn nun ließ sich das Dröhnen vieler Hufe immer deutlicher vernehmen. Dieses kündigte die Gäste an, die aus Veendamm kamen. Ein größerer Junge, der vor dem Mühlplatz wartend die Aufgabe hatte deren Ankunft zu vermelden, hastete zurück zu den Wartenden. Außer Atem rief er voller Freude: „Er kommt selbst, er unser großer Herrscher!!!“

Ein drohendes Gewitter hätte vermutlich kaum eine größere Bewegung ausgelöst als jene, die nun die Schönlindener erfasste. Alle riefen auf einmal aufgeregt durcheinander: Konnte es denn wirklich wahr sein, was der Junge beobachtet hatte? Ungläubig staunend wirkten die Meisten, fassungslos ob solcher Botschaft die Anderen. Manche nestelten nervös am Gewand, um ja nur keinen schlechten Eindruck zu machen. Ihr so bewunderter und mächtiger König Friedrich Teja beehrte sie, er, den außer Martin Herjedal noch niemand direkt erlebt hatte, der aber in aller Munde und Herzen war. Die Fahne des Reiches und diejenige des Königs konnten sie jetzt auch am Horizont erkennen, es war also tatsächlich wahr, der Herrscher kam zu ihnen.

Ein Kind rief mit bebender Stimme: „Unser Oheim König kommt!“ Damit löste es eine Woge aus. Die Kinder vergaßen alles, was ihnen mühsam eingetrichtert worden war. Sie hatten jetzt nur noch eines im Sinn: Ihn wollten sie sehen! Allesamt rannten sie in Richtung des hohen Besuches, der soeben auf den Mühlplatz einritt. In ihrer Aufregung achteten sie nicht mehr auf ihre Blumensträuße, manches Mädchen verlor sogar sein Blumenkränzchen. Ungeplant überzog nun ein lichter Blumenteppich, die doch gestern noch so sorglich gekehrte Straße.

Auf der Höhe der Fischerei trafen die Kinder auf den König, den sie mit überschäumenden Jubel begrüßten. Der Herrscher schwang sich von seinem Staatsross Ikarus und wurde augenblicklich von der Kinderschar umringt. Ein herziges Mädchen bat ihn um einen Kuss, dem ein vielstimmiges „Ich will auch einen!“ folgte. König Friedrich Teja lachte lauthals auf: „Meine lieben Kinder, damit wäre ich ja viel zu lange beschäftigt, und Eure Eltern warten doch auf uns. Ich erteile Euch stattdessen meinen Segen, davon habt Ihr dann alle etwas!“ Er breitete die Arme aus, die Kinder verstummten, falteten die Hände und knieten nieder. Der Herrscher begnügte sich dieses Mal nicht mit seiner Segensgeste, denn er setzte noch hinzu: „Allmächtiger Vater im Himmel, der Du über uns wachst und uns schützt, schenke diesen lieben und unschuldigen Kindern ein glückliches Leben in Frieden und Freude!“ Danach fasste er zwei der jüngsten Kinder an den Händen, einen Jungen und ein Mädchen, und schritt inmitten der fröhlich aufgeregten Kinderschar über den Blumenteppich hin zum Hauptplatz.

Für die Erwachsenen, die das unwirkliche Geschehen aus der Ferne staunend und irgendwie auch fassungslos blickend mitbekommen hatten, bot sich ein derart ungewöhnliches, nie vorstellbares Bild. Mitten unter ihren freudetrunkenen Kindern kam ihr immer wieder fröhlich lachender Herrscher zu Fuß daher, der offenkundig auf die Fragen der Kleinen einging. Seine Stimme konnten die Wartenden gut vernehmen. Der Amtmann wusste nicht wie ihm geschah, alles hatten ihm die Kinder mit ihrem „Ausbruch“ durcheinander gebracht. Wie sollte er denn nur dieses Durcheinander wieder ordnen? Dann waren sie da, der allgewaltige Herr von Thule sagte nun zu seiner ungewöhnlichen Ehrengarde: „Meine lieben Kinder, nehmt nun wieder den Platz ein, von dem aus ihr zu meiner Begrüßung losgestürmt seid.“ Was sie dann auch sogleich befolgten.

Jetzt erst kamen auch die anderen Gäste an. Des Königs Pferd führte ein Knappe den Ankommenden voran. Dahinter ritten zwei größere Kinder, die beide einen Goldreif im Haar trugen und erlesene Gewänder anhatten. Diese Hoheiten mussten ein Prinz und eine Prinzessin sein. Anstelle des Herzogs folgten nach ihnen Graf Bernwardt und noch ein hoher Herr. Aber die Neugierde aller, um wen es sich bei diesem handelte, verflog augenblicklich angesichts des Königs. Heute durften sie erstmals ihren Herrscher unmittelbar erleben und nicht nur über ihn erzählt bekommen. Der hochgewachsene König mit dem Goldreif auf dem Haupt, hatte dabei weder eine Krone auf, noch trug er ein Purpurgewand. Dennoch wirkte er in seiner hellblauen, von einer breiten Goldborte eingesäumten Tunika majestätisch, aber nicht unnahbar.

Nun wäre es an ihrem Amtmann gewesen, den hohen Gast und sein Gefolge angemessen zu begrüßen. Doch das ging nun mal nicht, denn jeder in Thule wusste doch eines: Der Herrscher durfte nicht direkt angesprochen werden, bevor er nicht selbst das Wort ergriffen hatte. Der König sah dem Amtmann an, was in ihm vorging und befreite ihn aus seiner Verlegenheit. „Meine Getreuen, solch eine herzliche Begrüßung wie durch Eure Kinder ist auch für mich etwas ganz Besonderes. Darüber habe ich mich riesig gefreut! Euer Herzog, mein Oheim, lässt sich durch mich entschuldigen. Er grüßt Euch herzlich und bedauert es, selbst nicht dabei sein zu können. Herzog Hildebrandt, der ja kein junger Mann mehr ist, fühlt sich heute nicht wohl. Aus diesem Grunde müsst Ihr nun mit mir vorlieb nehmen, aber nicht nur mit mir. Mein ältester Sohn König Friedrich, der Thronfolger, wollte unbedingt mitkommen, wie auch meine Nichte Prinzessin Agnes, die älteste Tochter meiner Schwester. Begleitet haben uns Graf Irnfried, mein vertrauter Jugendgefährte und unersetzlicher Getreuer und Graf Bernwardt, der getreue Adlatus meines Oheims. Geschützt haben uns zehn Leibwächter, betreut werden wir von unseren Knappen und der Zofe meiner Nichte. Wie ich sehe, ist Gaugraf Giselbrecht, Herzog Beowulfs Sohn, schon vor uns eingetroffen und hat sich bereits zu Euch gesellt.“ Der Beifall für die nun vorgestellten Gäste unterbrach seine Ansprache.

„Meine Getreuen, eines will ich nicht verhehlen. Ich war neugierig auf Euer so gepriesenes Dorf, über das ich ja heute noch Näheres erfahren werde. Viel konnte ich allerdings davon noch nicht wahrnehmen, denn Eure lebhaften und mir so lieben Kinder nahmen mich viel zu sehr in Beschlag. Und die Kinder haben bei mir manchmal das erste Recht, und sie haben Euch doch so fröhlich vertreten. Nun aber gilt mein Gruß Euch, die Ihr hier auf Eure Gäste gewartet habt, um sie willkommen zu heißen. Zuvor darf ich jedoch noch die beiden Grafen würdigen, denen wir alle hier verdanken, dass die neue Reichsstraße so schnell und gut gebaut werden konnte. Euch Graf Bernwardt und Euch Graf Giselbrecht gilt an dieser Stelle nochmals mein Dank und sicher auch der aller hier Versammelten!“ Der Jubel der Umstehenden fiel fast frenetisch aus, was ihnen die beiden Grafen mit einer Verbeugung dankten. Die wenigen, welche die bewegte Lebensgeschichte des Grafen Bernwardt kannten, vermeinten den Stein zu hören, der dem Grafen vom Herzen rollte.

Nun konnte der so akribisch vorbereitete Empfang stattfinden. Die unerwartet leutselige, ja gelöste Art des Herrschers erleichterte nun auch den Amtmann Martin Herjedal. Er begrüßte den König, dankte ihm für sein Erscheinen und die Ansprache. Die Kinder hätten zwar das Programm durchbrochen, wären dabei aber ihren Herzen gefolgt, um ihren Oheim König so zu begrüßen, wie es ihnen in den Sinn gekommen sei. Da es dem Herrscher gefallen habe, hätten sie den Ort Schönlinde und die hier Wohnenden aber bestens vertreten. König Friedrich unterbrach ihn und warf ein: „Lieber Amtmann und liebe Eltern, besser und herzlicher kann man nicht empfangen werden, als durch fröhliche Kinder! In ihrer unverbildeten Art zeigen sie uns doch, wie man bei ihnen dran ist und auch wer sie so gut erzogen hat.“

Danach lief das vorgesehene Programm ab. Die Musiker des Dorfes spielten und die Kinder sangen zwei Lieder. Ulrika, des Amtmanns Frau, war kurz im Amtshaus verschwunden und kam mit einem Buch in der Hand zurück. Dieses überreichte sie dem König. Der dankte ihr und blickte sogleich in das Werk hinein. Einen Augenblick schien er das ganze Umfeld vergessen zu haben, denn das, was er nun zu lesen bekam, faszinierte ihn sichtlich. Er blätterte und blieb an einer Stelle hängen, die sich um die Gründung der Dorfallmende drehte. Diese interessierte ihn ganz besonders, denn er sah darin eine ihm willkommene Anregung für andere Gemeinden. So ließen sich doch auch größere Vorhaben vor Ort realisieren und lediglich mit Zuschüssen der Krone als Starthilfe auf den Weg bringen.

Dadurch bekamen die Schönlindener die Gelegenheit, den auch bei ihnen in ihren Gesprächen stets Präsenten und Hochverehrten, ganz aus der Nähe zu betrachten. So etwas war, das wussten sie, sonst kaum jemanden auf dem Lande vergönnt. An Ulrika Herjedal gewendet, erfreute er sie mit seinem Wunsch, sich mit ihr später noch über das Buch und dessen Inhalt zu unterhalten. Die Menschenmenge löste sich zögerlich auf, aber es war ja vereinbart worden, dass den hohen Gästen ein belebtes Dorf vorgeführt werden sollte. Dies bedeutete nun mal eines: Alle sollten sich entweder an ihren Arbeitsplatz begeben oder ihr Haus aufsuchen.

Und sie hatten ins Schwarze getroffen, denn König Friedrich wollte vor dem Bezug seines Quartiers einen Rundgang durch Dorf und Mansio machen. Ihm war mitten im ansteigenden Platz ein Tetraeder aufgefallen und diesem mächtigen Stein wendete er sich nun zu. Mannshoch stand er von einem Blumenbeet umrahmt im Zentrum der kleinen Anlage und hatte die Form einer dreiseitigen spitzen Pyramide. Ihn flankierten zwei Brunnen und beschatteten etliche Laubbäume. Auf jeder der drei Seiten hatte ein Steinmetz etwas eingraviert. Schon bei der ersten Inschrift runzelte der Herrscher die Stirn, denn hier stand: „Unser erhabener König entdeckte selbst den Zugang zu dem verborgenem Tal, in dem diese Reichsstraße geführt wurde.“ Die zweite Inschrift schien ihm auch nicht zu behagen: „Unserem von Gott geschenkten großen König Friedrich Teja sei dieser Platz zum ewigen Gedenken gewidmet.“ Lediglich die dritte Seite des Tetraeders löste bei ihm kein Stirnrunzeln aus: „Hier befindet sich die Mitte der Straße zwischen Veendamm und Schwarzberg.“

Lediglich Fedi und Agi standen direkt neben dem Vater und Oheim, alle anderen hielten den dem Herrscher gebührenden

Respektsabstand ein. „Papa, selbst hier, fern von Theodericia gibt es ein Denkmal für Dich, das ist doch ganz toll!!“ Sein Vater schüttelte fast unmerklich das Haupt: „Fedi, derart hochgehoben zu werden, das ist sehr gefährlich. Schwache und selbstverliebte Herrscher lesen solche Inschriften und fühlen sich dadurch von Mal zu Mal erhabener. Wehe dem Herrscher, der die Wirklichkeit aus den Augen verliert und sich so dem Wahn ausliefert. Fedi, auch wir Könige sind nicht mehr als sterbliche Geschöpfe. Wir brauchen die Unterstützung und die konstruktive Kritik durch fähige und unerschrockene Berater und Mitstreiter. Mein lieber Sohn, wir beide sind ohne eigenes Zutun in eine purpurne Wiege hineingeboren worden! Daraus darf uns kein Stolz erwachsen, sondern nur das eine Gefühl: Wir sind für die uns Anvertrauten da. Ihnen müssen wir eine gute Zukunft verschaffen, und die gibt es nur in Frieden und Wohlstand!“ Er legte Sohn und Nichte sanft die Arme auf die Schultern, eine liebevolle Geste, die auch die Zuschauer berührte.

Danach wollte der König noch Näheres zu der dreiseitigen Pyramide wissen. Er erfuhr nun eines: Dieser Stein entstammte einem Schuttkegel, den vor alter Zeit ein Bergrutsch verursacht haben musste. Aus dessen Steinen seien die Fundamente der Holzhäuser errichtet worden und auch die Wände der Steinhäuser. Heute sei dort alles Geröll abgebaut worden und ein kleiner Platz entstanden. Und zu eben diesem Platz führte jetzt auch der Rundgang. Eine kurze Straße zweigte vom Mühlplatz ab und endete in einem kleinen, von roten Häusern umstandenen Platz. Unter einem Kranz von Bäumen plätscherte ein Brunnen. „Amtmann Martin, und an diesem Platz soll eine Schutthalde gewesen sein? Dann dürften hier doch keine solch hohen Bäume wachsen?“

Der Angesprochene verbeugte sich und entgegnete: „Eure hohe Majestät, diese Bäume wuchsen noch vor drei Jahren oben auf der mit einer Erdschicht bedeckten Schutthalde. Wir haben damals zuerst rund um die Bäume alles abgegraben, um dadurch zuletzt die schön gewachsenen Bäume samt ihren Wurzelballen absenken können. Wir haben dafür spezielle Rutschen und einen Bauwagen genutzt, mit dem wir die Bäume dort abladen konnten, wo zuvor ein entsprechendes Pflanzloch ausgehoben worden war.“ Das imponierte dem König, der anerkennend meinte: „Da habt ihr alle ja eine ganz besondere Leistung erbracht, von der ich angetan bin. Nun interessiert mich schon noch eines, warum habt Ihr denn diese zusätzlichen Mühen auf Euch genommen?“ „Eure hohe Majestät, ich hatte doch Eure Worte beim großen Thing noch gut im Ohr. Ihr habt an uns alle appelliert, pfleglich mit der Natur umzugehen und möglichst keine Bäume zu fällen. Sollte dies dennoch unumgänglich sein, dann sind diese umgehend durch junge Bäume in angemessener Nähe zu ersetzen. Euer Wunsch war mir Gebot, und daran haben wir uns hier alle gehalten.“ Stolz hatte es der Amtmann berichtet.

So wie alle einfacheren Gebäude des Ortes, waren auch die Wohnhäuser rund um den kleinen Platz rot angestrichen. Diese wiesen zwei Stockwerke und ein Dachgeschoß auf. Damit boten die Häuser auch größeren Familien ausreichend Wohnraum. Fast alle hatten inzwischen noch einen kleinen Anbau erhalten, in dem die sich weitgehend selbstversorgenden Menschen ihre Tiere hielten. Das ging von Kühen und Schweinen bis zu Geflügel und Hasen. Inzwischen hatte sich ein reger Austausch untereinander entwickelt, und es wurden sogar Überschüsse erwirtschaftet. Diese wurden entweder in den beiden Gasthöfen verarbeitet oder sogar den Märkten in Veendamm und Schwarzberg zugeführt. Vieles wollte der König von den Menschen an ihren Arbeitsplätzen oder von den ihn Führenden wissen. Er inspizierte die beiden Mühlen und die Fischerei, warf einen Blick ins Forstamt hinein und auch in eines der Wohnhäuser. Des Herrschers Interesse und seine Fragen, die er an die Menschen richtete, machten die Bewohner des Dorfes stolz. In diesem vorderen, westlichen Teil des Ortes fiel das Gelände sanft zum See hin ab und verschaffte so den meisten Einwohnern einen Ausblick auf den See.

Das eigentliche Zentrum des Orts lag auf der schildförmigen Halbinsel, die sich in den See hineinschob. Der bogenförmig gekrümmte Friedrichsplatz teilte diesen Bereich. Er stieg schon nach dem ersten Brunnen an, was dazu führte, dass die den Platz einrahmenden Häuser gestaffelt gebaut werden mussten. Außen an diesem eigenwillig angelegten Platz lagen auch die drei Läden, die Kirche und das Schulhaus. Flache Treppen verbanden die Gebäude miteinander und grenzten den Weg zur Straße hin ab. Das Innere des Platzbogens umschloss die Werkstätten, Ställe und die Remise des Mansio. Nach deren Besichtigung ging es nun hinüber zum eigentlichen Besuchsanlass. Neben dem Amtshaus bogen die hohen Gäste und die sie Führenden in die breite Seestraße hinein, die mittig von einer Baumreihe unterteilt wurde. Diese Straße endete an einer breiten Treppe, die zum See hinunter führte. Links beherrschte eine weit ausladende Linde einen Platz, der licht mit weiteren Bäumen bestanden war. Dieser mächtige und schön gewachsene Baum hatte dem Ort seinen Namen gegeben, und das nach der einhelligen Ansicht der Gäste auch ganz zu Recht. Auf diesem Lindenplatz würde am heutigen Abend das Fest zur Einweihung des Königlichen Gästehauses gefeiert werden. So wie alle Gebäude der vorderen Halbinsel, lag auch dieses nur wenig über dem Niveau des Sees. Es konnte daher wegen des hoch stehenden Grundwassers keinen Keller erhalten. Die Ortsgemeinschaft hatte deswegen als Ausgleich einen tiefen und gleichmäßig temperierten Stollen in den Hügel hinter dem Gasthaus getrieben. Dort wurden all jene Güter gelagert, die kühl gehalten werden mussten. Jedes Haus hatte dort seinen eigenen Verschlag zugewiesen bekommen.

Das Königliche Gästehaus nahm den schönsten Bereich des Ortes ein. Dieses zweiflügelige Steinhaus war nach Westen zu ausgerichtet und lag unmittelbar am See. In diesen ragte hier ein massiver Steg hinein, an dem zwei Boote festgemacht waren. Ein von der Straße abgetrennter kleiner Park lud die hohen Gäste dazu ein, sich hier ungestört zu ergehen, doch danach stand ihnen heute nicht der Sinn. Sie wollten sich zuerst einen Eindruck von dem Haus verschaffen, in dem sie heute nächtigen würden. In dessen vorderem Bereich würden sie in Kürze bewirtet werden, während im anderen Gebäudeflügel, wie auch im oberen Stockwerk des übrigen Gebäudes die Gästezimmer lagen. Alle Wände waren mit schön gemasertem Holz getäfelt. Die Gästezimmer, der Aufenthaltsraum und die Gaststube waren noch mit hier entstandenem, schön verziertem Mobiliar ausgestattet. Alles in allem war dieses Gästehaus zu einem behaglichen Schmuckstück geworden, was der Herrscher so auch ausdrückte.

Das anschließende Festessen für die hohen Gäste fand in der Gaststube statt. An ihm nahmen auch die Honoratioren mit ihren Frauen teil. Trotz des großen Respekts vor dem Herrscher entwickelte sich bald ein reges Gespräch, in dem der König noch mehr über das Dorf und auch zu dessen Wünschen erfuhr. Eines trieb die Bewohner besonders um: Zu gerne hätten sie hier einen Arzt oder wenigstens eine ausgebildete Krankenschwester gehabt. Dieser Wunsch konnte ihnen jedoch wegen des überall in Thule herrschenden Ärztemangels nicht erfüllt werden. Sie erreichten beim König aber wenigstens eines: Künftig würde sich in vierzehntägigem Abstand ein Arzt, einen Tag lang um die Kranken und Verletzten kümmern.

Der König kam nun auch mit Frau Ulrika ins Gespräch. Anfangs war sie, so wie alle anderen, gehemmt, was sich jedoch dank des zugewendeten Herrschers bald legte. So erfuhr er von ihr, der Mutter von fünf Kindern, dass sie ihren Mann im Amtshaus unterstützte. Außerdem wirke sie als Lehrerin an der vierklassigen Schule und war zudem noch die Vorsitzende der Genossenschaft. Davon sichtlich beeindruckt ernannte der König sie spontan zur Amtsgehilfin, und dies mit den entsprechenden Bezügen. Zuvor hatte er sich noch weiter in ihre Aufzeichnungen vertieft und fand sie derart lesenswert, dass er dieses Buch in größerer Auflage drucken lassen wollte. Ulrika Herjedal wusste nicht wie ihr geschah, als ihr diese Auszeichnung durch Thules allmächtigen Herrscher gewährt wurde.

Damit hatte es sich aber noch nicht mit des Königs Gunst. Er beteiligte sich mit einem erheblichen Betrag an dem Allmende-Vermögen der Dorfgemeinschaft. Auch die daraus erwachsenden Erlöse sollten der Gemeinde zukommen. Was die Bewohner fast noch mehr erfreute, war die Erhebung Schönlindes am See zum Musterdorf. Damit verband der König noch ein besonderes Recht, er erhob Schönlinde zum Marktort. Die Bewohner durften nun viermal im Jahr einen großen Markt abhalten, auf dem sie ihre Produkte feilbieten und sogar auswärtige Anbieter und Besucher erwarten konnten.

Nach dem Festessen blieben die hohen Herrschaften im Garten des Gästehauses noch unter sich. Die „Unzertrennlichen“, Fedi und Agi, ließen sich vom Fischmeister und einem Knappen über den See rudern, dabei erfuhren sie von den vielen hier lebenden Fischarten, die den tiefen See bevölkerten. Danach trafen sie den Vater und Oheim beim Lesen in den Aufzeichnungen der Ulrika an. Die beiden königlichen Kinder wollten von ihm wissen, warum er sich denn derart in dieses Buch vertiefte. „Meine Lieben, dies ist eine ungewöhnliche Kostbarkeit, eine, die mich fasziniert. Etwas Ähnliches wie dieses Buch gibt es in Thule sonst nicht. All das was wir sonst an neuen Werken zu Lesen bekommen, stammt von den Sängern, die dafür ausgebildet wurden. Aber hier hat eine Frau und Mutter mit wachem Blick das Werden einer Gemeinschaft und eines Dorfes in schöner Schrift festgehalten. Schon dies ist eine interessante Geschichte, eine, die ganz ohne Heldentaten und ohne Versform auskommt, und dennoch spannend ist. Daher werde ich dieses Buch drucken und verteilen lassen, denn darin ist derart viel Vorbildliches enthalten, dass sich auch andere Gemeinden davon anregen lassen sollten."

Eigentlich waren zwei getrennte Feste vorgesehen gewesen, eines für die hohen Gäste im Garten des Gästehauses und nahebei auf dem Lindenplatz jenes für die Bewohner. Dies war jedoch überhaupt nicht im Sinn des Königs, der mitten unter den Bewohnern am Fest teilnehmen wollte. Er lehnte es auch ab, dass für sie, die hohen Gäste, dann wenigstens Stühle aus dem Gästehaus dort bereit stehen sollten. Er wollte sich, so wie alle anderen auch, dort auf einer Decke niederlassen. Anscheinend hatte der Amtmann diesen Wunsch missverstanden, denn er sorgte dafür, dass vor dem Stamm der Linde für den König der einzige große Teppich des Dorfes ausgebreitet wurde. Auf dem hier im Ort gewebten Teppich war der Heilige Michael abgebildet, der Patron der Kirche. Dieser Teppich lag sonst im Chor der Kirche. Amtmann und Pfarrer fanden diese völlig andere Verwendung durchaus angemessen, ihr Herrscher war ja doch kein anderer, als der ihnen von Gott geschenkte und so lange verheißene große König. Nach wie vor war der König für die Landbevölkerung der Mittler zu Gott, und damit derjenige, der dem Allmächtigen am nächsten stand. Dieser so Hochverehrte wollte nun gemeinsam mit ihnen feiern, ein zuvor für sie noch völlig unvorstellbarer Gedanke.

Dann trat der Herrscher aus dem Haus, die beiden königlichen Kinder hatten seine Hände gefasst, die drei Grafen folgten den Hoheiten. Alle sechs Personen ließen sich auf dem Teppich nieder, nicht ohne zuvor die Anwesenden gegrüßt zu haben. Unweit von ihnen saßen der Amtmann und seine Familie. Dicht bei ihnen waren die anderen „Anführer“ des Dorfes mit ihren Angehörigen zu erkennen. Die Knappen versorgten nun die hohen Herrschaften; die Erwachsenen mit dem hiesigen Bier und die beiden königlichen Kinder bekamen Säfte gereicht. Würde denn das hiesige Bier dem König und den Grafen munden? Graf Irnfried fand es ausgezeichnet und wartete gespannt darauf, was sein König dazu anmerken würde. Irnfried wusste doch, dass Friedrich Teja diesem Trank sonst wenig abgewinnen konnte. Und was tat der Herrscher nun, er erhob sich, prostete den Menschen zu und lobte das einheimische Bier. Längst hatte sich die zuvor verhaltene Stimmung gewandelt und die Scheu vor dem König gelegt, doch nun schlug sie in helle Freude um. Die Kinder trauten sich immer wieder in dessen Nähe, um ihn ganz genau zu sehen. Heute mussten sie sich den König nicht vorstellen, von dem ihnen in den Märchen und in der Schule erzählt wurde. An diesem Abend waren sie ihrem wirklichen König ganz nahe. Außerdem konnten sie heute sogar noch zwei Königliche Hoheiten unmittelbar erleben.

Die Gäste bekamen zuerst von den auf dem Grill gebratenen Köstlichkeiten zu kosten. Zarte Rehlebern wurden den hohen Gästen serviert. Die Einheimischen, die dank des ihnen eingeräumten Jagdrechts dergleichen häufiger aßen, bevorzugten heute jedoch deftigere Kost. Kräftiges Fleisch, insbesondere Schweinshaxen und -nacken standen deutlich höher in ihrer Gunst. Auf die Frage des Königs, wer denn all das angebotene Fleisch und das Bier bezahlte, bekam er von Thomas Michaelis, dem Brauereipächter die Antwort: „Eure Hohe Majestät, jeder von uns merkt sich, was er und seine Familie heute zu sich genommen hat und begleicht dies morgen bei der Dorfkasse. Das Bier habe allerdings ich gestiftet!“ Lächelnd beschied der König ihn und den Amtmann, dass er selbst für alles aufkommen werde, was die beiden freudig annahmen.

Diesem Platz wohnte an diesem lauen Abend etwas Magisches inne. Die Fackeln und die Feuer spiegelten sich im dunklen See, auf dem nun die Jungen ihre kleinen und selbstgebastelten, mit Talglichtern bestückten und angeleinten Schiffchen dem Spiel der sanften Wellen überließen. Der getragene Gesang eines kleinen Chores erfreute alle. Als dann das Heldenlied vom „Kampf an der Michaelskapelle" ertönte, da stimmten Prinz Friedrich und Prinzessin Agnes lauthals mit ihren hellen Stimmen darin ein. Aber nicht nur sie, mit Ausnahme des Königs, der ja im Epos verherrlicht wurde, sangen alle mit. Es wurde zwar spät, aber nicht übermäßig laut, denn die Schönlindener wollten diesen einmaligen Abend würdig begehen. Nie wieder würden sie etwas Derartiges erleben dürfen, worum sie bestimmt im ganzen Herzogtum beneidet wurden. Ihr König hatte seinen Ruf als Schutzherr der Landbevölkerung erneut gefestigt.

Als König Friedrich am nächsten Morgen mit Sohn und Nichte aus dem Gästehaus trat, hatten sich erneut alle Einwohner von Schönlinde eingefunden. Die größeren Jungen bewunderten die jetzt herbeigeholten Wunderpferde der Gäste, insbesondere Ikarus, des Königs herrlichen schneeweißen Hengst. König Friedrich begrüßte seine Getreuen, dankte ihnen für den schönen Abend und fand, dass er hier mitten unter seinen getreuen Landleuten einige unbeschwerte Stunden verbringen durfte. Das kleine Mädchen, das ihn bei der Begrüßung um einen Kuss gebeten hatte, drängte sich nach vorne und wurde vom König erkannt. „Mein kleines Engelchen, trau Dich nur her zu mir!" Freudestrahlend befolgte das blondgelockte Kind diese Aufforderung. Der König nahm sie auf den Arm und drückte ihr einen Kuss auf die Stirn. Dazu sagte er: „Nimm diesen Dankeskuss hin für alle die lieben Kinder dieses Dorfes, die mir so viel Freude bereitet haben!" Danach breitete er die Arme aus, die Schönlindener sanken auf die Knie, denn nun empfingen sie das, worauf sie gewartet hatten, seinen königlichen Segen. Dem Amtmann und seiner Frau reichte er sogar die Hand und dankte ihnen für die gute Zeit, die sie und alle Schönlindener ihm und seinem Gefolge bereitet hatten.

Eine Überraschung hatte der König allerdings noch geplant, die er insgeheim mit dem Amtmann und dessen Freund Georg, dem Sägemüller ausgeheckt hatte. Diese beiden Männer und der Förster hatten sich heimlich aus der Menge der Verabschiedenden entfernt und waren hin zum Mühlplatz geeilt. Der Reiterzug hielt kurz darauf dort ein letztes Mal an, um noch einen kurzen Abstecher in den „Hinteren Platz" zu machen. Dort, unübersehbar an der Wand des Nebenhauses des Forstamts, hatte der Sägemüller am frühen Morgen ein Schild angebracht, das noch mit einem Tuch verhüllt war. Unter ihm hing ein aus Zweigen geflochtener Kranz.

Der König bat den Grafen Bernwardt das Tuch abzunehmen. Damit hatte er den braven Mann verwirrt, warum sollte denn ausgerechnet er das Tuch abnehmen. Als das Tuch fiel, da jubelten die Umstehenden, aber des Grafen Augen füllten sich mit Tränen, was dem Herrscher nicht entging. Mitfühlend legte er dem vom Leben so Schwergeprüften einen Arm um die Schulter. „Lieber Graf Bernwardt, diese Ehrung habe ich veranlasst, und die Schönlindener, die Euch so viel verdanken, sind auf diese Idee begeistert eingestiegen. Den Aufzeichnungen von Frau Ulrika habe ich erfreut entnommen, in welcher Weise Ihr das Werden dieses Dorfes gefördert habt. Mit diesem Schild, nein mit dem ganzen schönen Platz, seid Ihr nun für immer mit Schönlinde verbunden. Und diese Ehrung habt Ihr Euch auch redlich verdient. Ihr habt Euch aber nicht nur um dieses Dorf verdient gemacht. Euer unermüdlicher Einsatz hat dafür gesorgt, dass die neue und so kühne Brücke in Veendamm derart gut ausgefallen ist. Auch am bestens gelungenen Bau der neuen Reichsstraße hattet Ihr einen großen Anteil. Ich habe sehr wohl auch mitbekommen und mich darüber gefreut, wie Ihr den Grafen Giselbrecht unterstützt habt, als dieser mit seinem Teilstück der Straße in Verzug geriet.

Außerdem seid Ihr für meinen Oheim längst zum unverzichtbaren, umsichtigen und wichtigsten Helfer geworden. Und damit habt auch Ihr mir einen großen Dienst erwiesen. Insbesondere deswegen, weil so meine Kinder und diejenigen meiner Schwester ihre Großeltern öfters und länger bei uns am Königshof erleben können. Mein Oheim und ich vertrauen Euch völlig, wir schätzen Euch als Person, und würdigen Euer Können und Eure Redlichkeit. Daher erhebe ich Euch wieder in den Rang eines Gaugrafen. Ihr werdet dieses Amt zwar nicht draußen im Herzogtum wahrnehmen, aber als Stellvertreter meines Oheims bei dessen Abwesenheit schon. Diese Ernennung werde ich beim nächsten Adelsthing selbst verkünden!“ Der nun von aller Schuld reingewaschene Graf küsste dankbar seines Herrschers Hand, nun wieder ein von großer Seelenlast befreiter Mensch.

Zwei Wochen später traf ein Königlicher Bote im Amtshaus von Schönlinde ein. Er überreichte dem Amtmann ein Paket, das drei Urkunden enthielt. Diese befanden sich hinter Glas und wurden von einem vergoldeten Rahmen gehalten. Nun hatten sie es in Schönlinde am See stets vor Augen, sie waren zum Musterdorf und zugleich zum Marktort erhoben worden. Der Amtmann Martin Herjedal wurde außerdem per Urkunde in die höchste Stufe seines Berufsstandes erhoben, und seine Frau Ulrika zur Amtsgehilfin ernannt. Alle diese Urkunden hatte König Friedrich Teja sogar persönlich unterschrieben. Seiner Anregung folgend, als er vorschlug, den „Hinteren Platz“ formell „Graf-Bernwardt-Platz“ zu benennen, animierte es die Schönlindener dazu, die bisherige Seestraße ihrem Herzog Hildebrandt zu widmen. In diesem Zuge wurden nun auch alle anderen Wege mit amtlichen Schildern versehen. Einen Monat später brachte ein anderer Bote Ulrikas Aufzeichnungen zurück und mit ihr noch vier gedruckte Exemplare ihres Werkes. Als besondere Ehrung empfanden aber alle das persönliche Schreiben des Herrschers, der sich darin für dieses einmalige, nun überall in Thule zu lesende

Dokument bedankte. Er empfahl diese Kostbarkeit als wertvolles Volksgut gut zu bewahren.

Abb. 2 Schönlinde am See

Eine Dorfgemeinschaft

Zurück in Veendamm trafen König Friedrich Teja und die beiden Königlichen Kinder Friedrich und Agnes, einen zwar noch geschwächten, aber doch wieder gesundeten Oheim an. Nicht nur Herzog Hildebrandt wollte Näheres zum Besuch in Schönlinde erfahren, sondern auch die anderen der Königlichen Familie. Friedrich ließ den beiden „Unzertrennlichen" erst einmal den Vortritt. Begeistert und übersprudelnd berichteten die beiden Kinder. Fedi machte den Anfang: „Mama, stell Dir vor, wir durften ganz lange aufbleiben und ich durfte in Papas Zimmer schlafen! Das war das schönste und größte Zimmer im Gästehaus und es hatte sogar einen Balkon, unter dem der Waldsee lag. Und die Agi schlief im Zimmer neben uns. Sie war gestern Abend so müde geworden, dass sie der Papa hochtragen musste, weil sie schon fast schlief." Die Prinzessin protestierte, allerdings schwach: „Fedi, Du bist aber auch immer wieder eingenickt!" „Das schon, aber höchstens einmal!" „Fedi, das stimmt nicht, Du wärst sogar einmal fast umgefallen, wenn Dich mein Oheim nicht gestützt hätte!" So konterte seine Cousine.

Herzogin Adelheid lachte über den Disput ihrer beiden Enkelkinder. „Und sonst habt Ihr nichts erlebt?" Mit dieser Frage verschaffte sie allen einen Einblick in die Eindrücke, welche die Königlichen Kinder dort draußen gewonnen hatten. Abwechselnd gaben sie nun preis, was ihnen besonders gefallen hatte. Nachdem Fedi und Agi jene Eindrücke losgeworden waren, die ihnen als erste wieder einfielen, richteten sich aller Blicke auf König Friedrich. Fröhlich lachend hatte er zuvor den beiden Kindern gelauscht und sich an deren Freude ergötzt. Dieser Ausflug war sichtlich nach dem Geschmack der beiden Kinder gewesen und hatte sie einmal mehr mit dem einfachen Leben der Landbevölkerung vertraut gemacht. Besonders angetan hatten es ihnen zwei Szenen: Einmal der Empfang durch die begeisterten Dorfkinder und das abendliche Fest am See im Kreise aller

Bewohner von Schönlinde. Der Rundgang war weniger ihre Sache gewesen, einmal abgesehen von den Tieren, die dort gehalten wurden.

Verschmitzt lächelnd enttäuschte der König erst einmal die Familie: „Meine Lieben, nun habt Ihr es ja aus erster Hand gehört. Dann bleibt mir ja fast nichts mehr zu berichten, Ihr wisst ja nun schon alles!“ Doch damit kam er nicht durch. Er wurde gebeten, den Bericht der Kinder auch aus seiner Sicht zu ergänzen. Der Herrscher war voll des Lobes für dieses kleine Dorf und seine fleißigen Bewohner, und gab wieder, was er für dieses getan hatte. Seinem Oheim gefiel es besonders, dass er seine rechte Hand, den Grafen Bernwardt, wieder in den alten Stand erhoben hatte. „Fried, dieser brave Mann hat lange gebüßt, und ist nun durch Dich endlich wieder frei geworden von seiner drückenden Seelenlast. Dafür danke ich Dir von Herzen, denn nur Du allein als unser Herrscher konntest diesen unsichtbaren Bann wieder von ihm nehmen.“

„Oheim, so ganz selbstlos war es nun auch wieder nicht, denn ein wenig war auch ein Nutzen für uns alle dabei!“ „Fried, warum denn dies?“ „Oheim, nun kann er auch vom Titel her als Dein Stellvertreter wirken, was ihm bisher nur informell möglich war. Wir, Deine Kinder und Enkel, wünschen uns doch längst eines: Euch, liebe Tante und lieber Oheim, noch öfters und auch länger bei uns in der Heiligen Stadt zu haben, und dies ist so um einiges leichter. Graf Bernwardt ist fürwahr durch die Hölle gegangen und hat uns dennoch bewiesen, welch ein treuer und tüchtiger Mann er ist. Darüber hat er auch mein Vertrauen wiedergewonnen, was sicher nicht einfach ist, denn ich bin ja zu Recht als misstrauisch bekannt. Er wird Dich gut und würdig vertreten, so kannst Du endlich noch ein Stückchen mehr loslassen.“

Friedrich Teja zeigte jetzt die Aufzeichnungen vor, die ihm die Frau des Amtmanns verehrt hatte. Er sprach von einem einmaligen Zeugnis, in der diese Frau das Werden einer Gemeinschaft, deren Zusammenwirken beim Aufbau ihres Dorfes und des Mansios beschrieben hatte, und auch die Vorgeschichte nicht ausgespart hatte. Er las der Familie nun ein Kapitel aus dem Buch vor, eines, das von den Schwierigkeiten kündete, die die Dorfbewohner miteinander zu überwinden hatten. Sowohl der Stil dieser „Chronik", als auch das, was sie inhaltlich darstellte, bestätigte des Königs Einschätzung. Hier hatten sie es tatsächlich mit einer unerwarteten Kostbarkeit zu tun.

Prinzessin Adelheid, die Schwester des Königs, durchbrach als Erste die Stille, die sich eingestellt hatte. „Fried, was geschieht nun mit diesem besonderen Buch? Wirst Du es in Deiner Bibliothek versenken und uns allen vorenthalten?" „Schwesterlein, das habe ich bestimmt nicht vor, dieses Buch wird wieder zurück in die Hände der Verfasserin gelangen und so auch dem Dorf Schönlinde erhalten bleiben. Allerdings erst dann, wenn davon eine Abschrift erstellt worden ist. Danach wird diese Schrift in größerer Auflage gedruckt werden und so einem breiteren Kreis zugänglich sein."

Hier schaltete sich Königin Amala ein: „Caro, wenn auch die anderen Kapitel so lehrreich und spannend ausfallen, dann wären diese Aufzeichnungen doch ein guter Lehrstoff für unsere Gymnasien. Sie gewährt den Schülern, die doch fast ausschließlich aus dem Adel oder dem gehobenen Bürgertum stammen, einen Einblick in diese ihnen eher ferne Welt der hart arbeitenden Landbevölkerung. Dadurch wird vielleicht der von Dir so beklagten Entfremdung des Bürgertums vom „einfachen Volk" ein wenig Einhalt geboten. Und uns, dem Adel, schadet es auch nicht, wenn wir dadurch noch mehr Verständnis aufbringen, für jene Menschen, die uns mit all dem versorgen, was wir für unser materielles Dasein brauchen.“ Friedrich nickte zustimmend: „Angelina, das ist eine gute Idee, die werden wir umsetzen!“

Tante Adelheid, die Herzogin, die bisher zumeist geschwiegen hatte, wollte von ihrem Neffen wissen, was für einen Menschen sie sich denn hinter dieser Landfrau vorstellen müsse? Statt des Königs antwortete ihre Nichte Prinzessin Adelheid mit schalkhaftem Lachen: „Tante, Du verlangst Unmögliches von meinem Bruder, der sieht doch keine Frau mehr so richtig an, der hat doch nur noch Augen für seine Amala!“ Der Verulkte blieb ihr nichts schuldig: „Adli, Du vergisst Deine und meine Töchter, die immer schöner werden und an deren Anblick ich mich erfreue. Agi, Du hast Dich doch länger mit der Frau des Amtmanns unterhalten, welchen Eindruck hattest denn Du; dann erst versuche ich diese Erzählerin aus dem Volk zu beschreiben.“

Die kleine Prinzessin nahm diese Aufforderung gerne an: „Fedi und ich durften in dem Dorf nicht nur im Boot auf den See hinaus fahren. Wir konnten uns im Dorf sogar ganz frei bewegen und uns alles anschauen, was wir wollten. Die drei netten Töchter des Amtmanns zeigten uns das Haus, in dem sie wohnen. Ihre Mutter, sie heißt Ulrika, die vorher noch im Garten nebenan mit dem Oheim und Graf Irnfried gesprochen hatte, kam dann auch noch dazu. Mama, sie trägt ihre blonden Haare so wie Du, ist aber etwas kleiner und nicht so schlank wie Du. Sie ist wie alle dort braungebrannt, hat schöne blaue Augen; und alle im Dorf mögen sie. Wie alle Frauen im Dorf trug sie gestern eine schöne Tracht, die ist aus weißem Leinen und schön mit roter und gelber Stickerei verziert.“

Nun fühlte sich der Kronprinz zu einer Ergänzung aufgefordert: „Agi, und sie ist auch eine ganz liebe Mutter und mag ihren Mann, dem sie immer wieder heimlich die Hand gedrückt hat. So schön wie Du, Mama, und Du, Tante Adelheid, ist sie zwar nicht, aber wer wäre das denn schon!“ Prinz Friedrich hatte es altklug und im Brustton der Überzeugung von sich gegeben. „Sieh mal an mein Neffe ist also nicht nur ein Lausbub, sondern auch ein Kavalier; hier kommt er wenigstens einmal nicht nach seinem Vater!“ Irgendwie entrüstet mischte sich nun ihre Tochter, in die von ihr nicht akzeptierte Neckerei ein: „Aber Mama, der Oheim ist doch zu allen Menschen nett und alle mögen ihn, dann muss er doch nicht auch noch den Frauen Nettes sagen! Und erst die Kinder, die waren ganz aus dem Häuschen als mein Oheim angekommen ist. Der Oheim ist wegen der Kinder sogar vom Ikarus abgestiegen. Sie haben ihn lautstark als Oheim König begrüßt, vor Freude getanzt und gejubelt, und alle wollten einen Kuss von ihm.“

Nun nahm König Friedrich das Heft wieder an sich: „Meine Lieben, nun sind wir etwas aus der Spur geraten. Denn es ging ja um Ulrika Herjedal, in der ich eine Volksdichterin sehe. Tante, Du müsstest sie eigentlich kennen. Diese junge Frau ist eine Tochter des reichen Stoffhändlers Michaelis, in dessen Laden Du doch immer mal wieder einkaufst.“ „Aber ja, die nette Ulrika half früher ab und an im Laden aus, ist dann aber weg zum Studium gegangen. Ich habe auch noch mitbekommen, dass ihr etwas hochnäsiger Vater mit Ulrikas Wahl ihres Mannes überhaupt nicht einverstanden gewesen ist. Das weiß ich von Gräfin Annalena, des Grafen Bernwardts Frau. Diese hatte sich darüber aufgeregt, dass es bei uns derartige Standesschranken gibt, und das selbst unter den Bürgern. Der junge Martin Herjedal sei doch ein überaus tüchtiger und redlicher Amtsgehilfe und würde daher zu Recht von ihrem Mann gefördert! So schließt sich also der Kreis, die Ulrika Michaelis hat einen guten Mann bekommen und ist eine glückliche Frau und Mutter geworden.“

Wieder ergriff der König das Wort: „Dazu kann ich noch etwas ergänzen, was sie mir beim lockeren Gespräch im Garten „gebeichtet“ hatte. Ihren heutigen Mann Martin habe sie durch ihren Bruder Thomas kennen gelernt und hatte sich sofort in dessen hochgewachsenen, blonden Freund mit dem markanten Gesicht „verschaut". Dieser Martin sei aber nicht nur ein gut aussehender Mann gewesen, sondern auch ein offener und herzlicher Mensch. Ihr Vater habe damals sehr wohl bemerkt, dass sie, seine zweitjüngste Tochter, an dem Freund von Thomas Gefallen gefunden hatte. Als der junge Mann das Haus wieder verlassen hatte, erteilte ihr der Vater eine Lektion. „Meine Tochter, dieser Martin mag ja ein netter und sicher auch ein tüchtiger Kerl sein, der es vielleicht sogar spät in seinem Berufsleben noch zu der respektablen Position eines Amtmanns bringen kann. Obwohl er sich gut ausdrücken kann, habe ich herausgebracht, dass er nun mal aus einfachen Verhältnissen stammt, auch wenn dies nicht auf Anhieb erkennbar ist. Als mein Schwiegersohn kommt er daher nicht in Frage!" Sie solle in ein gut gehendes Geschäft einheiraten, um ausgesorgt zu haben. Heirat aus Liebe sei nicht das Richtige, vor allem dann, wenn der Mann noch dazu ein armer Schlucker ist. Das sei sein Gebot und daran habe sie sich zu halten. Dies hat mir die kluge Frau auf Nachfrage erzählt, und auch, dass sie sich nicht daran gehalten habe. Als ihr Vater diese Übertretung seines Gebots mitbekommen habe, wollte er seine Tochter aus dem Haus werfen. Ihrem Bruder Thomas verdanke sie, dass es dazu nicht gekommen sei. Denn der würde in diesem Fall zu seiner Schwester stehen und sich dann ebenfalls vom Vater lossagen. Zähneknirschend habe der Kaufmann Michaelis dann zu der Ehe seine Zustimmung gegeben, aber erst nach längerer Zeit von seinem Groll abgelassen.

Diese Geschichte ist ein guter Einstieg in das Buch, denn sie kennzeichnet diese Ulrika Herjedal als eine starke und entschlossene Frau. Nachdem sie die anfängliche Scheu vor mir verloren hatte, traute sie sich offen – besser gesagt normal – mit mir zu reden. Immer mehr kam in ihr eine kluge, gebildete und sehr herzliche Frau zum Vorschein." Soweit zu der Person und Einschätzung der Verfasserin der Chronik.

***

Diese Aufzeichnungen füllen ein eigenes Buch und würden den Rahmen dieses Werkes sprengen. Daher können hier nur einige dieser Aufzeichnungen Platz finden!

***

Schon als die Beiden den Weg heraufkamen, sah ich es meinem Mann Martin und meinem Bruder Thomas an, sie kehrten befreiter zurück, als sie es vor dem Ritt an den Waldsee waren. Bei der Abreise war es meinem, doch sonst so unerschrockenen Martin noch ziemlich unwohl zu Mute. Hatte er sich in seinem Bestreben früh im Leben zum Amtmann aufsteigen zu können, unbedacht auf eine Aufgabe eingelassen, die ihm vielleicht überhaupt nicht lag? Jahrelang, fern ab vom nächsten Ort, noch dazu in einem abgeschiedenen Winkel unseres Herzogtums, eine Mansio aufzubauen und diese später auch zu leiten, war es das, was er wirklich wollte? Oder war der Preis dafür zu hoch? Ich habe meinem Mann zugeredet und ihm klar gemacht, dass ich mit ihm gehen und ihn nach Kräften unterstützen würde. Zusammen würden wir es schaffen, und Thomas an unserer Seite zu wissen, wäre doch noch ein weiterer Pluspunkt.

Jetzt war ich schon sehr gespannt darauf, was die Beiden mir nun berichten würden. Aber ich musste mich noch etwas gedulden, denn Thomas wollte auch seine Frau Karen dabeihaben, die doch bisher so große Bedenken hegte. Aber dann kam nicht nur meine Schwägerin mit, sondern auch noch meine Eltern. Das gefiel mir schon gar nicht! Hatte Karen am Ende noch meinen Vater aufgeboten, um ihrem Thomas – und vielleicht auch mir – das ganze Unterfangen madig zu machen? Mein kritischer Vater hatte zuvor doch immer von einem abenteuerlichen Wagnis geredet und davor gewarnt? Nun denn, ich werde mich von ihm bestimmt nicht ins Bockshorn jagen lassen! Da sich beim Eintritt ins Haus jedoch bei Thomas ein vergnügtes Lächeln auf den Lippen zeigte, schienen meine Bedenken nicht zuzutreffen. Und so war es denn auch.

Martin fing an und sprach von drei Glücksfällen, die das ganze Unterfangen um vieles rosiger aussehen ließen. „Thomas und ich sind inzwischen, dank der intensiven Erkundung des Geländes vor Ort, um einiges zuversichtlicher geworden. Unsere ärgsten Bedenken haben sich zu unserer Erleichterung dort als überzogen herausgestellt. Diese Erleichterung verdanken wir maßgeblich den am Standort des künftigen Mansio erlebten günstigen Bedingungen und einem Erlebnis. Den ersten dieser Glücksfälle kann uns jetzt Thomas als Fachmann aber am besten darlegen."

Mein Bruder stieg sogleich darauf ein, er schien darauf gewartet zu haben. „Das erste Erfreuliche liegt darin begründet, dass – mal abgesehen von Eisen- und Kleinteilen – das benötigte Baumaterial direkt vor Ort zu finden ist, was uns viel Arbeit, Zeit und Geld ersparen wird. An vielen Stellen der Reichsstraße liegen Mengen an nun schon abgelagerten Baumstämmen, aus denen sich Balken, Bretter und Schindeln machen lassen. Außerdem ist mir unweit des Baugebiets ein unregelmäßig bewachsener Hang aufgefallen, vermutlich ein alter Bergrutsch. Darunter liegen mit Sicherheit mehr geeignete Steine, als wir zum Bauen brauchen werden. Ich schloss dies aus der schön geschichteten Struktur der dahinter aufsteigenden Bergwand. Kies und Sand können wir entweder den Bächen oder dem Seeufer entnehmen. Die von uns nicht nur in der Bauphase benötigte Wasserkraft verschaffen uns zwei Bäche und vor allem der reißende Abfluss des Waldsees."

Dann war mein Martin wieder an der Reihe: Eine weitere Entdeckung habe ihn sehr erleichtert und erfreut. Die Straßenbauer hatten dort am See ihren zentralen Ausgangspunkt und in geräumigen Hütten gewohnt. Und genau diese Hütten seien nicht abgeräumt, sondern in ordentlichem Zustand zurückgelassen worden. Hier gab es sogar eine große Kochhütte und ein Kontor, in dem zuvor der Bauleiter gewohnt und gearbeitet hatte. Einen willkommenen Beitrag zum Speiseplan bieten das Wild in den Fluren und der Fisch sowie die Krebse aus dem See und den Bächen. Daher muss dort niemand hungern, denn dieses Wildbret gäbe es in fast verschwenderischer Fülle. Einige der größeren freien Flächen, die der Wald nicht bedeckte, ließen sich zum Anbau von Gemüse und Getreide nützen. Den zahlreichen Bienen nach zu schließen, könne man ihnen sicher auch Honig abgewinnen, und – so überhaupt gewünscht – daraus vielleicht Met machen.

„Unser dritter Glücksfall ist nicht minder gewichtig. Wir sind am See auf drei Handwerker gestoßen, die sich zwar gerade als Händler betätigt hatten, aber gerne wieder in ihren eigentlichen Berufen arbeiten wollten. Gemeinsam mit diesen jungen Männern haben wir das Gelände erkundet, um miteinander herauszufinden, wo welche Gebäude hin passten. Deren fachmännische Beurteilung war für Thomas und mich sehr aufschlussreich. Es hat uns von deren Können und Wollen überzeugt. Diese drei Freunde wissen, worauf es ankommt und sie sich einlassen werden, und sie haben klare Vorstellungen darüber, was und wie es zu machen ist.

Der breitgebaute, muskelbepackte Widemir ist ein Schmied, die beiden anderen Männer sind Zimmerleute. Georg, deren Jüngster und eine Frohnatur, kommt aus einer Sägemühle und träumt von einem Sägewerk am Abfluss des Waldsees. Und dieses Sägewerk würde unsere Arbeit sowohl zeitlich als auch von den Kosten her gesehen sehr gut tun. Sein eher grüblerischer aber auch netter Freund und Kollege Andreas hat Thomas von einem überzeugt: Um schnell voranzukommen, sollten wir uns bei den Wohnhäusern zuerst auf einen einzigen Bautyp festlegen. Durch diese Vereinheitlichung könnten wir in Serie bauen und so den benötigten Wohnraum schneller schaffen. Andreas hat seine Vorstellung dieses Ständerbauwerks vor uns in den Sand geritzt, und uns damit beeindruckt! Er wollte uns schon am nächsten Tag den Plan dieser Standardhäuser vorlegen."

Sein Schwager Thomas ergänzte noch. „Die drei Freunde haben mich nicht nur als Fachleute überzeugt, sondern uns auch als fröhliche und offene Gesellen zugesagt. Sie scheinen vor harter Arbeit nicht zurückzuschrecken und sehen in der anstehenden Herausforderung für sich gute Chancen, einen langfristig festen Arbeitsplatz zu bekommen und eine Familie gründen zu können. Der andere Anreiz liegt darin, dass sie sich hier eine Sägemühle, eine Getreidemühle und eine Kunstschmiede vorstellen könnten. Zu Martin hat ihr Wortführer, der Schmied Widemir, noch gesagt: „Amtmann, hier muss nicht nur eine Mansio entstehen und ein kleines Dorf, hier sollten neben den Arbeitsplätzen in dem Mansio noch weitere Erwerbsmöglichkeiten geschaffen werden! Dann lebt das Dorf, kann sich weitgehend selbst versorgen und alle haben etwas zu tun. Nur so fühlen sich die Bewohner in dieser Abgeschiedenheit wohl und können gut überleben. Ohne Arbeit geht es den Menschen nicht gut, es leidet die Selbstachtung und man empfindet sich dann bald als nutzlos oder überflüssig!"

Das, was wir von den Dreien und über sie erfahren haben, hat uns gefallen und sicher gemacht, mit ihnen die Köpfe unserer zukünftigen Mitstreiter gefunden zu haben. Graf Bernwardt hatte ja den Martin beauftragt, die Leute zu beschaffen, die uns beim Aufbau wie beim späteren Betrieb helfen könnten. Wir nehmen an, dass die drei Handwerker sicher noch einige tüchtige und an solchen Herausforderungen interessierte Leute finden werden. Auch wir werden noch einige uns bekannte und fähige Leute ansprechen, um sie für unsere Arbeit zu gewinnen. Sie müssen allerdings auch von ihrer Art her zu uns passen, denn nur so wird da draußen eine gute Gemeinschaft entstehen."

Ausgerechnet mein zuvor noch so skeptischer Vater schaltete sich jetzt ein, was würde er nun sagen? Essig in den Wein gießen und die Zuversicht von Martin und Thomas als übertrieben geißeln? Aber dem war zum Glück nicht so: „Euch Beide kennend, gehe ich davon aus, dass Ihr die richtigen Köpfe gefunden habt. Gestandene Männer, die anpacken und gut mit den ihnen zugeteilten Leuten gut umgehen können." Thomas und Martin nickten und bestätigten meinen Vater. Der wollte noch weiteres wissen: „Aber nun interessiert mich schon noch eines, wie sieht es derzeit denn dort aus, wo Mansio und Dorf entstehen sollen?"

Mein Martin, der sonst so Nüchterne und Abwägende, gab ihm Antwort: „Lieber Schwiegervater, als wir den für uns nicht enden wollenden und auch einengenden Wald verlassen konnten, da überraschte uns ein idyllischer Fleck. Ein türkisfarbener See glitzerte im hellen Sonnenlicht, den lichte Bäume umgaben und in dem ein Talkessel die Enge des Waldtals vergessen ließ. Auf einmal hörten wir wieder das Zwitschern der vielen Vögel, die uns hier begrüßten. Drei Bäche und der Oberlauf des Österälv stürzen sich in den See. Eine Halbinsel, deren „Hüterin" eine riesige und schöne Linde bildet, bietet sich geradezu an, dort das Amtshaus und das Königliche Gästehaus zu bauen. Und jenseits im unteren Bogen der Reichsstraße lässt sich der Technische Bereich anlegen. Deren Gebäude, Stallung und Remise, sowie die Schmiede und Werkstätten umschließen dann in einem Halbkreis einen mit Bäumen bestandenen Hof. Dieser Raum wird auf der westlichen Seite von einem kräftig fließenden Bach begrenzt. Der bietet sich geradezu an hier das Hammerwerk der Schmiede anzulegen.

Die später noch zu bauenden Gebäude sollen dann an der anderen Seite des Platzes erbaut werden. Dieser Dorfkern brauche aber auch noch Läden zum Einkaufen und – das ist allerdings noch Zukunftsmusik – um den Reisenden Erzeugnisse des Dorfes anzubieten. Natürlich muss dort am ansteigenden Platz auch eine Kirche, ein Schulhaus und vielleicht noch – so wie bei den größeren Mansios – eine Bäckerei, Metzgerei und eine Brauerei mit einer Braustube folgen. Dieses „Thomasbier“ werden wir dann auch in Schwarzberg und in Veendamm verkaufen.“

Schallendes Gelächter unterbrach Martins Ausführung, denn alle in der Familie kannten doch den heimlichen Traum von Thomas, den von einer eigenen Brauerei. Der Gefoppte lachte zwar mit, fand aber, dass dies so nicht abgesprochen sei. Martin, der dabei spitzbübisch grinste, frotzelte ihn weiter: „Thomas, ich kann doch Gedanken lesen und habe Deine leuchtenden Augen vor mir, wenn Du das erste Mal das Fass mit Deinem eigenen Bier anstichst. Und mir als Amtmann steht dann der zweite Schluck zu.“ „Martin, sei vorsichtig, am Ende bestehe ich noch darauf und sage unserem Grafen, dass Du darauf bestanden hast!“ Ich sah es meinen Martin an, diesen Wunsch würde er so es sich irgendwie machen ließe, seinem Freund und Schwager erfüllen.

Nach dieser Unterbrechung setzte mein Mann seinen Bericht fort: „Die Reichsstraße Nr. IX macht mitten in diesem Bereich einen weiten Knick und schwingt sich danach in einem großen Bogen und über zwei Brücken zum Steig hoch, der hinüber zum Schwarzberggau führt. Dieser Knick lässt sich zu einem Platz erweitern und mit Brunnen auflockern. Ihn würde ich gerne „Friedrichsplatz“ nennen, denn unserem hochverehrten Herrscher verdanken wir doch diese Straße. Den Namen für den künftigen Ort haben wir am Lagerfeuer der drei Freunde auch schon gefunden: Wir werden ihn „Schönlinde am See“ nennen.“

Ulrika berichtete weiter: Thomas legte danach seine Planskizze auf den Tisch, die er am nächsten Tag in der Hofkanzlei dem

Grafen Bernwardt präsentieren wollte. So konnten wir uns auch bildlich vorstellen, was Martin soeben dargelegt hatte. Mein Mann hatte, ergänzend zum Lageplan, schon mal den Personalbedarf für die Startphase berechnet und die Kosten für die nächsten drei Monate überschlagen. Martin will seinen ihm so gewogenen Mentor von vornherein eingebunden wissen. Er will das in ihn gesetzte Vertrauen bestätigen und alles dafür tun, dass keine Missverständnisse die Beziehung trüben. Ich bin gespannt wie der einflussreiche Graf, der ja auch das Ohr unseres Herzogs hat, den Bericht aufnehmen wird.

***

Heute fand das Gespräch in der Hofkanzlei statt, und es verlief laut Thomas, der so direkt noch nie mit Graf Bernwardt zu tun hatte, in bestem Einvernehmen. Thomas sprach danach voller Respekt von dem hohen Herrn. Der Graf kenne sich in der Sache bestens aus, stelle kluge Fragen und sei Martin sichtlich zugetan. „Ulrika, stell Dir vor, er sagte zu Martin: Lieber Martin, Ihr habt mir wieder einmal bewiesen, dass ich mich voll und ganz auf Euch verlassen kann. Daher werde auch ich das Meine dazu tun, dass diese Herausforderung zum Erfolg wird. Ich werde den Kostenrahmen noch etwas aufstocken, um auch Unvorhersehbares abgedeckt zu wissen. Solltet Ihr beiden Männer Euch bei der Abschätzung der benötigten Leute geirrt haben, dann lasst es mich wissen.

Danach kamen wir auf die drei Handwerker zu sprechen, die Martin und ich als Schlüsselpersonen bezeichnet haben. Der Graf machte dazu folgende Bemerkung: „Martin, ich habe Euch nicht absichtslos die Rekrutierung des Personals überlassen. Ich weiß um Euren Instinkt für gute Leute. Dennoch würde ich diese drei Männer gerne kennen lernen, allerdings aus reiner Neugierde.“ Wir hatten uns zuvor schon in der Löwenburg mit den Dreien getroffen, denn sie wollten doch auch wissen, wie der hohe Herr den Lageplan und den Bericht bewertete. Sie warteten daher gespannt vor St. Michael im unteren Hof der Löwenburg.

Graf Bernwardt ließ sich die Männer vorstellen und examinierte sie, vermutlich auch im Interesse von Martin, den er unterstützen wollte. Sichtlich zufrieden entließ der Graf sie dann mit den Worten: „Wenn die Führenden harmonieren, dann wird das Werk gedeihen." Er ließ die drei Freunde noch im Vorzimmer warten. Zu uns sagte er dann: „Mein Glückwunsch, das sind gute Leute, sicher auch tüchtig und engagiert. Zwei Wünsche, die hier geäußert wurden, die kann ich Euch erfüllen. Das Sägewerk, das wir noch zum Brückenbau benötigt hatten, kann nun verkleinert werden. Dadurch wird eine Sägestraße frei, die Ihr bekommen werdet. Außerdem werden dort auch die beiden letzten Bautrupps frei; beide haben hervorragende Arbeit geleistet. Das sind allerdings Bautrupps, die in ganz Thule arbeiten und ein fast nomadisches Dasein leben. Thomas, Ihr müsstet doch diese beiden Bautrupps kennen.

Die einen führt Heinrich, den sie den „wilden Heinrich" nennen, weil er überall auftaucht, schimpft und antreibt. Aber dieser Trupp ist gut organisiert und sehr tüchtig, trotz der eigenwilligen und schwer zu führenden Leute. Der andere Baumeister ist allerdings auch kein einfacher Mann, es ist der „Rote Konrad" mit seiner ebenfalls sehr eigenwilligen, pietistisch geprägten Mannschaft. Konrad ist empfindlich, ein unglücklich gewähltes Wort kann er schon mal in den falschen Hals bekommen. Er und seine Leute halten sich gerne abseits von allen anderen, fürchtend ansonsten mit dem „Bösen" in Berührung zu kommen. Sie wohnen mit ihren Familien in Karren, die wie kleine Häuser ausgebaut sind. Sie führen alles mit sich, was sie auf ihren Baustellen benötigen und haben es nicht gerne, wenn man sich in ihre Arbeit einmischt, was aber auch für Heinrichs Männer gilt.

Doch für welchen der beiden Bautrupps Ihr Euch entscheidet, dies, Ihr beiden Schwäger, das überlasse ich Euch. Denn Ihr müsst mit ihnen vor Ort zu Recht kommen. Noch eine Empfehlung will ich Euch zum Abschluss mitgeben. Baut zuerst die noch fehlenden Hütten, das erspart Euch viel Ärger, den wir leider sowohl beim Bau der Straße, als auch bei dem der Brücke hatten."

Schwesterlein, das war weit mehr als wir erwartet hatten und stimmt mich sehr zuversichtlich. Das wird zwar keine einfache Sache werden, aber eine, die sich lohnt. Und ich selbst werde vom Dienst am Hof freigestellt und darf beim Bau mitmachen. Martin hat unsere drei Mitstreiter noch in der Kanzlei registrieren und dort auch auf die Lohnliste setzen lassen. Sie werden nachher mit Martin kommen, denn wir wollen im „Bären" noch besprechen, wie wir nun das Vorhaben angehen werden."

Da ich zugegeben neugierig auf die so gepriesenen drei Freunde war, machte ich einen Gegenvorschlag: „Brüderlein, das könnt Ihr doch auch bei uns im Garten machen, am Bier wird's nicht scheitern. Dann lerne ich Eure neuen Kollegen auch kennen, und vielleicht kommt Deine Karen noch dazu."

Wir wohnten damals in einem kleinen Haus am Park, direkt am Fuße der Löwenburg. Wir hatten dort ein Gärtchen mit freiem Blick auf die Hochschule für Landbau, die der ganze Stolz unseres verehrten Herzogs ist. Ruhig war es bei uns nur im Gartenbereich, denn vorne auf der Straßenseite rumpelten ständig schwere Fuhrwerke vorbei, klapperten die Pferdehufe und ertönten die Rufe der Vorbeigehenden. Es waren nicht wenige, denn viele hatten im Herzogshof etwas zu erledigen oder wollten auch nur in St. Michael beten. Thomas befolgte meinen Ratschlag und kam bald wieder mit seiner Frau Karen zurück. Meine Schwägerin wollte nun ihren Entscheid, in einem Monat mit in das provisorische Lager zu ziehen, auch davon abhängig machen, ob ihr die drei

Freunde gefielen. Ich selbst hatte mich längst entschieden, denn ich will doch meinen Martin unterstützen. Mich schreckt diese neue Aufgabe nicht, mir ist eines viel wichtiger, unsere Familie soll nicht auseinander gerissen werden. Meine Kinder brauchen doch ihren Vater!

Wir haben dann hinter unserem Haus drei vergnügliche Stunden zugebracht und uns von Anfang an bestens verstanden. Martins spontanen Entscheid, auf diese drei Freunde zu setzen, konnte ich nun nachempfinden. Ich habe dabei erfahren, dass die drei jungen Männer aus einem großen Dorf an der oberen Isteria stammen, entfernte Cousins sind und alle aus Handwerkerfamilien kommen. Da es dort nicht immer ausreichend handwerkliche Arbeit gab, mussten ihre Eltern nebenbei auch Landwirtschaft betreiben. Und sie selbst mussten schon von Kindertagen an mithelfen. „Das hat noch keinem von uns geschadet", meinte der breitschultrige Hüne Widemir. „So haben wir all das nebenbei gelernt, was außerdem noch an Arbeit anstand. Jeder von uns hat beim Großvater oder Vater seine Lehre gemacht und einen Handwerksberuf von Grund auf erlernt. Aber eines war uns von vornherein auch klar; mehr zu können als nur den erlernten Beruf, ist sicher kein Schaden! Wir, die nachgeborenen Kinder, kamen doch nie in Betracht, einmal das Geschäft der Eltern zu übernehmen, denn das blieb nun mal dem ältesten Bruder vorbehalten. Daher mussten wir uns schon als gerade ausgelernte Handwerksgesellen auswärts verdingen. Erschwerend kam noch hinzu, dass wir als enge Freunde beieinander bleiben wollten. So verblieb für uns nur die Arbeitssuche auf großen Gütern, in denen Handwerker gebraucht werden. Sechs Jahre arbeiteten wir dann zusammen im Norden auf einem Gut in der Nähe von Hohenufer. Doch als dort der Verwalter starb, entließ sein Nachfolger alle Beschäftigten, selbst die Älteren unter ihnen. Er brachte seine eigene Mannschaft mit, darunter Gestalten, denen ich nicht über den Weg trauen würde. Damit waren unsere Träume vom Heiraten vorerst mal ausgeträumt, und unsere Bräute müssen warten.

Seither waren wir drei Freunde auf der Suche nach einer ständigen Arbeit, nach einer, die es uns auch erlaubt zu heiraten. Da wir aber bis dahin nicht untätig bleiben wollten, haben wir uns eben mit dem Austausch von Bier gegen Öl über Wasser gehalten. Die Veendammer wollen gutes Öl verwenden, und die Schwarzberger das Veendammer Bier trinken. Davon hätten wir gut leben können, aber wir sind nun mal keine Händler. Wir wollen mit unserer Hände Arbeit etwas tun, sehen was daraus wird, und doch nicht vom Aufschlag bei auswärts eingekauften Produkten leben."

Lachend brachte Martin ein: „Vorsicht Widemir, meine Frau ist die Tochter eines hiesigen Händlers und noch dazu eine Lehrerin. Sie setzt also vorwiegend den Kopf und die Zunge ein, kann sehr gut Lesen, Schreiben und Rechnen." Der Schmied lachte nur und entgegnete ihm locker: „Amtmann, wenn sie mit Dir in die Wildnis ziehen will, dann kann sie auch zupacken. Frau Ulrika, ich sehe es Euch an, Ihr wisst genau, worauf Ihr Euch da draußen am See einlassen werdet. Und wir brauchen doch in Schönlinde bald auch eine Schule, in der unsere Kinder früh die Voraussetzungen erwerben, die ihnen noch andere Möglichkeiten im Leben eröffnen. Wir drei mussten uns diese unabdingbaren Fähigkeiten mühsam nach Feierabend erwerben, um weiterzukommen. Und jetzt können wir sie brauchen!" Dieser Widemir gefiel mir gut. Er hatte klare Ansichten und schien ein kluger Kopf zu sein. Er war zwar kein gut aussehender Mann, was an der krummen Nase und den buschigen dunklen Brauen über den hellen Augen lag. Aber wenn er sprach und einen offen anblickte, verlor sich dieser Eindruck alsbald.

Andreas, der grauäugige Hüne mit seinem gestutzten, braunen Bart und dem wallendem Kopfhaar, gesegnet mit einem herzlichen Gemüt, wurde von unseren Kindern gleich in Beschlag genommen. Er bog ihnen aus einem Draht ein Pferd und aus einem Rohr machte er einen Vogel. Sein fröhliches Lachen in dröhnendem Bass ist so richtig ansteckend. Andreas, der Zimmerer und Schreiner ging von einem aus: Die spätere Tätigkeit in der Mansio würde nicht immer eine tagesfüllende Arbeit sein. Dazu würden künftig nicht genügend Reisende die neue Reichsstraße benützen. „Dann müssen wir doch schauen, was es sonst noch zu tun gibt. Georg stellt sich eine Sägemühle vor, so wie sie sein Großvater betreibt, und ich würde gerne in der freien Zeit Möbel und Schulbänke schreinern, und eben all das, was man so im Haushalt an Bütten und Holzsachen braucht. Wir hatten daheim nicht nur eine Zimmerei, sondern auch eine Getreidemühle, die meine Mutter in die Ehe eingebracht hat. Es könnte ja sein, dass in Schönlinde auch eine Mühle gebaut werden kann."

Als Letzter kam Georg, der Jüngste der Freunde zum Zug. Er hatte einen schmalen Kopf, blaue Augen und einen blonden Bart. Sein Kopfhaar lichtete sich schon an der Stirn, dennoch war er der Hübscheste der drei Männer. Seine sonnige Art brach sich immer wieder in einem fröhlichen Lachen Bahn. Auch er hatte etwas zu sagen: „Unser gnädiger Herzog hat uns sogar all die seit dem Bau an der Reichsstraße gelagerten Baumstämme überlassen. Es sind viele, sie dort in regelmäßigen Abständen liegen, und zwar von der Mündung des Österälvs in die Salvia bis hinauf zum Scheitelpunkt der Steige. In diese Gunst sind auch die Stämme eingeschlossen, die wir für die Errichtung der Bauten noch fällen müssen. Es sollen, so unseres Herrschers in Thule allgemein gültiges Gebot, nur die Bäume gefällt werden, die wichtigen Vorhaben im Wege stehen. Und daran sollten wir uns halten! Mein Fazit: Damit verfügen wir über weit mehr gutes Holz, als wir je für den Bau von Mansio und Häusern brauchen werden."

Danach vertieften wir uns alle in den Standardplan für die in Serie zu erstellenden Wohnhäuser. Die beiden Zimmerer hatten sich hier ein Haus ausgedacht, das nicht nur großen Familien Platz bieten würde, sondern auch sehr praktisch zu sein schien. In solch einem sollten auch wir solange leben, bis das Amtshaus fertig sein würde. Laut Thomas war dieses repräsentative Gebäude unmittelbar vor dem Bauplatz unseres vorübergehenden Domizils vorgesehen. Dieses zuerst von uns bewohnte Haus sollte später das Personal des Königlichen Gästehauses aufnehmen. Selbst Karen gefiel der Plan. Hier könne sie die Baujahre gut verbringen fand sie, die ja selten aus unserem Veendamm hinausgekommen war. Karen ging wohl davon aus, danach wieder nach Veendamm zurück zu ziehen; ob sie sich da nicht irrte? Denn ich wusste von meinem Bruder, dass Thomas schon damit liebäugelte, sich fest in Schönlinde niederzulassen. So ganz war er zwar noch nicht damit herausgerückt, was er dann vorhat, doch ich ahne es schon. Er hat sich schon als Kind und Jugendlicher bei unserem Oheim Thomas, seinem Paten und dem Besitzer der Löwenbrauerei von Veendamm "herumgedrückt". Er spricht doch nicht absichtslos immer wieder von dem klaren und weichen Wasser Schönlindes.

Dann kamen wir noch auf die vielen zusätzlich benötigten Arbeitskräfte zu sprechen, worauf Thomas sofort einstieg. „Ich kenne den „Roten Konrad“ gut und kam mit ihm einigermaßen zu Recht, was nicht so einfach ist. Mit seinem Kollegen, dem „Wilden Heinrich“ habe ich mich allerdings weniger gut vertragen und sogar einmal einen heftigen Krach gehabt. Letztlich hat Graf Bernwardt zu meinen Gunsten ein Machtwort gesprochen, was der Heinrich mir sicher immer noch nachträgt. Martin, wenn Du einverstanden bist, dann suche ich morgen den „Roten Konrad“ auf und mache ihm mein Anliegen schmackhaft.“ „Thomas, Du kennst den Baumeister und auch seine Truppe, ich hatte mit ihnen noch nie etwas zu tun. Ich verlasse mich voll und ganz auf Dein

Urteil. Aber damit hätten wir zwar die Männer für den Rohbau, aber noch keine für den Innenausbau und vor allem für die Zeit, in dem wir die Mansio und hoffentlich noch Weiteres betreiben wollen.“ Georg nahm den Gedanken auf: „Amtmann Martin, bei uns daheim warten noch etliche Männer auf eine gute Arbeit, und die müssen wir in Schönlinde schaffen. Ich kann mir gut vorstellen dass sie dort gerne sesshaft werden wollen. Die Schönheit und Stille des Tales am See sind allemal ein Anreiz, zumal dann, wenn alle, die dort mit uns leben und arbeiten werden, ein gutes Auskommen und ein gutes Einvernehmen vorfinden werden!“

Ich war darauf eingestellt, dass wir in der Klosterbrauerei nochmals Bier holen müssten, doch das war nicht der Fall. Unsere Gäste und zukünftigen Mitstreiter waren selbst was das Trinken anging bescheidene Männer. Mit diesen Männern würde es keine Schwierigkeiten geben, sie sollten mit Martin und Thomas zum Kern der künftigen Dorfgemeinschaft werden. Karen, die zuvor doch so viele Bedenken angemeldet hatte, war nach dem Gespräch mit den drei Freunden wie umgewandelt. Nun war sie bereit mit meinem Bruder Thomas in einem Monat nach Schönlinde zu ziehen.

***

Endlich, nach vier langen Wochen, durfte ich meinen Martin wieder in die Arme schließen. Unsere Kinder wollten den Papa nicht mehr loslassen, so glücklich waren sie, ihn wieder zu haben. Braungebrannt und mit Schwielen an den Händen kam er an, aber auch mit einer zufriedenen Miene. Leider musste er bald hinauf in die Burg, um Graf Bernwardt zu danken und ihm über den Fortgang des Baus am See zu berichten. Martin konnte mir gerade noch zurufen, dass die Arbeit gut verlaufe und sie dem Plan voraus seien. Nicht lange darauf kamen dann meine Eltern mit Thomas und Karen, die sich sehr für den Stand der Arbeiten am Waldsee interessierten. Martin kam schneller als gedacht wieder zurück, denn er hatte den Grafen schon vor der Kirche getroffen. Dieser wehrte seinen Dank ab und fand: „Martin, wir bauen ja für unseren Herzog, der hier seinen Neffen, unseren verehrten Herrscher vertritt. Unserem König Friedrich Teja, ist doch nicht nur der Bau der Straßen ein großes Anliegen, sondern auch der an ihnen liegenden Mansios. Daher will ich Euch von hier aus nach Kräften unterstützen. Ich freue mich mit und für Euch und kann nun beruhigt unserem Herzog berichten, dass Ihr gut vorankommt und Ihr mein in Euch gesetztes Vertrauen so bestätigt. Ich würde mich gerne morgen noch etwas eingehender mit Euch besprechen, passt es so um 10.00 Uhr? Dann bis morgen, mein getreuer Amtmann." Haarklein hatte der darauf mächtig stolze Martin, uns die Aussage des Grafen wiedergegeben.

Nun erfuhren wir: Die Männer hatten die Unterkünfte am Waldsee inzwischen so ausgebaut, dass sie von Familien und Ehepaaren bezogen werden konnten. Sie hatten sogar für den Schulbetrieb der Kinder ein Zelt besorgt, was mich besonders freute. Doch vom wichtigsten Erfolg berichtete uns mein Bruder. Thomas konnte tatsächlich den „Roten Konrad" ermutigen, mit seinem Trupp nach Schönlinde zu kommen, um dort mit uns zu arbeiten. Ein Argument habe dabei vor allem gezogen: Die Abgeschiedenheit des Sees und damit die Aussicht für seine streng religiöse Sippe, dort unbeeinträchtigt ihren Bräuchen nachgehen zu können.

Seine Frage, wer denn dort das Sagen habe, beantwortete ihm mein Bruder sogleich: „Meister Konrad, mein Schwager Martin, der verantwortliche Amtmann, hat einen mächtigen Gönner, nämlich seinen ihm sehr gewogenen Mentor Graf Bernwardt!" Das überzeugte den Meister, der großen Respekt vor dem Grafen hatte. Denn der hatte bei den beiden Bauvorhaben, an denen er mitgewirkt habe, dafür gesorgt, dass alles bestens koordiniert ablief. Graf Bernwardt hatte sogar dem streitsüchtigen „Wilden Heinrich“ deutlich die Leviten gelesen. Der Graf habe sich auch darum gekümmert, dass alle ausreichend versorgt wurden und möglichst keine Unfälle auftraten. „Thomas, für Dich dem Bauleiter, ist es gut, wenn Dein Schwager beim mächtigen Grafen so in der Sonne steht. Dann bekommen wir auch jenen Rückhalt, den es braucht, um gut arbeiten zu können. Thomas, Du hast mein Wort, wir machen mit und Du kannst Dich auf uns verlassen!“

***

Thomas berichtete weiter: „Eine Woche später zog dann eine merkwürdig anmutende Kolonne die Reichsstraße herauf. Kräftige Kaltblüter aus Gepidia zogen die Bauwagen, aber nicht nur diese. Die Truppe des „Roten Konrad“ hatte tatsächlich alle die Gerätschaften dabei, die es beim Bauen brauchte: Ein großer Laufradkran, Hebezeug, Ketten, Seile, Leitern und Schubkarren, Schaufeln und Hacken. Sie hatten auf einem der überdachten Wagen sogar Säcke mit Kalk und Vulkanasche dabei, damit sie den wasserfesten Cementitum anrühren konnten. Mittendrin fuhr ein tief liegender, sehr stabiler Wagen. Auf diesem befand sich, und dies zur großen Freude von Andreas und Georg, das von ihnen so sehnlich erhoffte Arbeitsgerät. Sie erkannten eine Gattersäge mit Sägetisch und alle dazu gehörigen Teile, aus denen eine Sägestraße gebaut werden konnte. Graf Bernwardt hatte dem „roten Konrad“ einen Plan zum Bau eines Wasserrades mitgegeben, den er Thomas aushändigte. Außerdem hatte der Graf für sie auch neue Handsägen besorgen lassen, mit denen die verschiedenen Verrichtungen des Zimmerers erledigt werden konnten. Beigesteuert hatte er auch noch neue Äxte, Beile und Spaltkeile.

Der Anführer der Kolonne, Baumeister Konrad, stieg vom ersten Wagen ab und kam auf Martin und mich zu. Ich stellte ihm meinem Schwager Martin vor, der ihn herzlich begrüßte und sich dafür bedankte, dass er und seine Leute gekommen waren, um sie zu unterstützen. Von der Tüchtigkeit und dem fleißigen Einsatz seiner Mannschaft habe er schon vernommen. Dem Meister gefiel dieser Empfang, denn er sagte: „So warmherzig begrüßt zu werden, das lässt sich schon mal gut an und macht Mut für das Kommende!“ Er deutete auf den tief liegenden Wagen: „Dies alles schickt Euch Graf Bernwardt, der mich gebeten hat, Euch alles heil zu übergeben. Amtmann, bei dem müsst Ihr ja einen Riesenstein im Brett haben. Ich sehe jetzt mit Verwunderung, aber auch eines mit Freude. Ihr seid Euch, der ein wenig mitgenommenen Kleidung nach zu schließen, und was auch Euren Händen anzusehen ist, nicht zu schade, selbst mit anzupacken.“

Mein Martin, so Thomas, lachte und entgegnete ihm: „Meister Konrad, nur wer selbst mitarbeitet, bekommt doch mit, wo es klemmt und wie er die anderen unterstützen kann. Soll ich denn rumstehen und mich in die Arbeit tüchtiger Leute einmischen. Nein, so was liegt mir nicht! Ich freue mich daher so sehr darüber, dass Euch mein Schwager Thomas für unsere Sache gewinnen konnte. Er betonte nämlich einen wichtigen Punkt ganz besonders. Ihr wisst worauf es ankommt und arbeitet selbständig. Dass Ihr ein Meister in Eurem Fach seid, weiß ich nicht nur von Thomas, sondern auch vom Grafen Bernwardt!“ Dann streckte ihm Martin die Hand hin und sagte: „Auf gute Zusammenarbeit!“ Worauf der „Rote Konrad“ zustimmend einschlug. Inzwischen waren auch die drei Freunde hinzugekommen, mit denen ihn Martin bekannt machte. „Meister Konrad, wir sechs, die hier beieinander stehen, sind diejenigen, die sich immer wieder abstimmen werden; und ein jeder von uns versteht sein Handwerk.“

Von der Wagen beäugten uns die Menschen, die alles mitbekommen hatten, denn ihr Anführer und Familienoberhaupt hatte für sie alle gesprochen. Sie, die nun im geschlossenen

Verband daher kamen, würden ja eine lange Zeit mit uns zusammen arbeiten und neben uns ihr Eigenleben führen. Nach dieser Begrüßung setzte sich die Wagenkolonne wieder in Bewegung und folgte Martin, der ihnen ihren Standplatz zuwies. Zuletzt folgten die Wagen, in denen ihre Familien wohnten. Lediglich für die Jugendlichen gab es – allerdings streng nach Geschlechtern getrennt – je einen Gemeinschaftswagen.

An diesem Standort hatten wir an den Tagen zuvor für eine hölzerne Wasserleitung, eine große überdachte Kochstelle und vier Toiletten gesorgt. Etwas abseits davon war aus Ästen, Zweigen und Seeschilf ein Unterstand für deren Pferde entstanden. Diese starken Tiere sollten schon am nächsten Tag eingesetzt werden. Entweder rückten sie die an den Baustellen gefällten Bäume weg, rissen dort mit Ketten die Baumstümpfe heraus oder sie zogen den mit Baumaterial beladenen flachen Wagen zur jeweiligen Baustelle.

Mit dieser Vorbereitung für den Bautrupp hatten wir sichtlich gut getan, denn diese wurde sofort gewürdigt. Viele Kinder, die Mädchen “gekrönt“ mit kleinen Hauben, entstiegen nun den Wohnwagen und drängten erst einmal hin zum See. Währenddessen ordneten die Männer die Wohnwagen zu einem weiten Kreis, was fast so wie eine Wagenburg anmutete. Martin und ich stellten uns den etwa sechzig Erwachsenen vor, darunter auch die Frauen in grauen Gewändern; Schürzen und dunklen Hauben, und begrüßten sie freundlich. Martin versicherte ihnen, dass sie hier selbst bestimmen konnten, wie sie nach der Arbeit leben wollten. Ihm sei bekannt, dass sie einer religiösen Gemeinschaft angehörten, die auf die Toleranz der anderen angewiesen sei. Dieser Wunsch sei uns Gebot, selbstverständlich würde er hier respektiert! Das, was Martin ihnen jetzt versprach, war ihnen sichtlich wichtig, denn Meister Konrad dankte ihm im Namen seiner Sippe für diese Rücksichtnahme. „Lieber Amtmann, wir werden uns sicher auch in diesem Punkt mit Euch vertragen. Geht davon aus, dass wir nicht ganz so abgeschieden leben wollen wie in einem Kloster. Uns ist ja nur eines wichtig, wir wollen unsere Riten und Bräuche frei ausüben dürfen! Und dies habt Ihr uns damit schon zugesagt. Wir werden uns auch nicht von Euch anderen absondern. Eines wird Euch dann jedoch auffallen, wir meiden Bier, Wein und Met, aber nicht die Geselligkeit, sofern sie nicht ausartet.“

Noch an diesem späten Nachmittag haben wir fünf Männer und Konrad mit seinen beiden ältesten Söhnen, den Unterführern, vor Martins Hütte zusammengesessen. Anhand des Lageplans und der Bauzeichnungen beratschlagten wir wie wir am besten vorgehen sollten. Konrad fand es richtig, zuerst die Häuser zu bauen und erst danach an die Errichtung der Gebäude des Mansio zu gehen. Und er brachte gleich eine gute Idee ein. „Lasst uns neben der Reichsstraße einen Weg anlegen, auf dem wir dann sowohl den Aushub als auch das Baumaterial bewegen können. Wir würden sonst die neue Reichsstraße beschädigen und müssten sie dann immer wieder herrichten. Das hält uns nur unnötig auf!“

Einer seiner Söhne schlug vor, die Reihenfolge der zu erstellenden Wohnhäuser abzuändern. Er hielt es für sinnvoller, zuerst jene Häuser unterhalb des Berghangs zu bauen und erst danach die auf der anderen Straßenseite. Er brachte folgendes ein: „Da in diesem Gebiet überall Keller ausgehoben werden sollen, fiele eine Menge Aushub an, die auf dem Gelände des künftigen Gasthofs zwischengelagert werden kann. Dort können dann die Frauen und Heranwachsenden die kleinen Steine aussortieren, die immer wieder als Füllmaterial gebraucht werden. Die dabei anfallende Erde werden wir später auch noch verwerten können. Es bietet sich hier an, von Ost nach West hin vorzugehen und nicht umgekehrt, so wie es im Ablaufplan vorgesehen war. Denn so arbeiten wir uns allmählich in die Halde des Bergsturzes hinein und können dort zuletzt den kleinen Platz anlegen." Ich nickte zustimmend und Martin, dem ja die Entscheidung oblag, lobte den jungen Mann. „Meister Konrad, wie ich mit Freude mitbekomme, schlagen Eure Söhne Euch nach, das wird uns allen weiterhelfen!"

Zuerst wurden an den ersten drei Baustellen die Bäume gefällt, entastet und zum Holzplatz gezogen, was Andreas und Georg sowie Widemir und Konrad oblag. Danach ging es daran, die Baumstümpfe soweit auszugraben, dass sie zuletzt von den Kaltblütern herausgerissen werden konnten. Vom Wurzelkrater aus wurde dann von einer anderen Gruppe der Grund des Hauses ausgehoben. Eine andere Mannschaft ging währenddessen daran, der Halde die Steine zu entnehmen. Diese wurden gemäß der späteren Verwendung sortiert und dann an den jeweiligen Baustellen gelagert. Die Grundmauern der Häuser und die Bodenplatten mauerten und verfugten wieder eine andere Gruppe. All diese Männer arbeiteten stetig und strikt in geplanter Abfolge und auch unglaublich gut zusammen. Kaum einmal stockte der Ablauf. Die nun fast hundert Arbeitenden, trafen sich zu den drei geplanten Pausen an der Kochstelle, wo während der Mahlzeiten stets gute Stimmung aufkam. Schon nach zwei Wochen waren die Fundamente der oberen Häuserreihe bis kurz vor der Halde fertig.

***

Nachzutragen ist noch Folgendes. Am ersten Wochenende reisten die drei Freunde in ihre Heimat, um dort zu heiraten. Das lange Warten fand nun ein Ende. Doch nicht nur die frischen Ehefrauen zogen mit nach Schönlinde, ihnen hatten sich noch achtzehn Verwandte, Freunde und Bekannte angeschlossen. Alle waren von den drei Freunden handverlesen, denn diese Neuen sollten jetzt mithelfen, das Sägewerk aufzubauen und Andreas und Georg an den Baustellen zu entlasten. Die beiden Zimmerer wollten so bald wie möglich in dem Sägewerk die beim Hausbau benötigten Balken, Dielen und Bretter sägen. Ihr Ziel war es auf den Fundamenten den Rohbau der ersten zehn Häuser noch vor dem Herbst fertig zu haben. Konrad zweigte eine Mannschaft ab, die beim Errichten des Sägewerks mit anpackte. Dabei ging es vor allem um die Kanalmauer, über der dann die Sägemühle aufgebaut wurde. Der Laufradkran war dort beim Heben und Bugsieren der schweren Steine eine große Erleichterung. Ohne ihn hätten wir uns beim Einsetzen des Wasserrades sehr schwer getan. Dieses hatten die Zimmerer nach Feierabend gebaut und freuten sich über dessen ruhigen Lauf. Eine kleine Feier weihte das Sägewerk ein. Nun hatte es ein Ende mit dem so mühsamen Sägen von Hand. So konnte auch der riesige Holzplatz allmählich abgetragen werden um Platz für anderes zu gewinnen. Georg, ohnehin ein fröhlicher Geselle, hat seinen Lebenstraum erfüllt bekommen und war nun offiziell der Pächter einer Sägemühle. Daneben ist Andreas dabei die Getreidemühle zu planen, deren Bau allerdings noch auf sich warten lassen muss. Erst einmal sollen die zu einer Mansio gehörenden Kerngebäude errichtet werden. Jüngst haben wir eine provisorische Gästeunterkunft fertiggestellt, in der zwanzig Reisende nächtigen können."

***

Ulrika Herjedal erzählte nun über ihr eigenes Erleben. Jetzt sind wir vier schon über vier Wochen hier in Schönlinde, und meine Kinder sind so was von glücklich. Aber auch mir geht es sehr gut. Nun habe ich meinen Mann bei mir und die Kinder ihren Vater. Noch dazu bin ich wieder schwanger und in dieser Zeit ging es mir immer sehr gut. Mein Vater hat uns, Karen und deren Tochter Annika in seiner Kutsche hierher gefahren. Hinter uns rumpelten zwei Planwagen, die unseren Hausrat mit sich führten. Etwas dahinter folgte ein eigenartiges Fahrzeug, eines mit besonderer Federung und einem ebenfalls schwingend gelagertem Transportkasten. In diesem befanden sich die einheitlichen und gut verpackten Fenster für die Hütten. Doch nicht nur diese kamen mit sondern auch diejenigen für die Türen. Die vier Fahrer waren erleichtert als sie feststellten, dass kein einziges Fenster zu Schaden gekommen war Dieser Wagen der Königlichen Glasmanufaktur in Manfredia, transportiert nur solch große Lieferungen. Diese erste Fuhre ist sofort verbaut worden, denn deren Einbau war penibel vorbereitet worden.

In einem dieser Häuser leben wir jetzt, und das so gerne. Uns umgibt eine schöne Natur und am Abend eine himmlische Ruhe. Tagsüber sieht es jedoch nicht so aus, denn da bestimmt die Geschäftigkeit der Baustellen alles. Aber es geht voran! Nun kann ich mit eigenen Augen sehen, mit welchem Fleiß und welchem Können sich die Leute auf den Baustellen einbringen. Mittendrin sind Martin und Thomas, die sich überall sehen lassen, Thomas der Bauleiter und mein Mann, der von allen geschätzte Herzogliche Amtmann. Jeden Dienstag kommt ein Wagen, der uns mit den zuvor bestellten Lebensmitteln versorgt und auch das mitbringt, was auf den Baustellen zusätzlich benötigt wird, zumeist Einzelteile. Es ist allerdings das Bestreben aller, hier möglichst wenig zusätzlich zu ordern, denn wir wollen unabhängig bleiben.

***

Seitdem das Sägewerk errichtet ist, geht es noch schneller voran. Georg sägt mit seinen Leuten all das, was sein Freund Andreas mit seinem Trupp zum Verbauen braucht. Konrad und die Seinen sind gerade dabei, den Grund für die nächsten elf jenseits der Straße zu errichtenden Wohnhäuser auszuheben. Die Bäume sind schon gefällt, die Baumstümpfe entfernt und nun geht es daran die Keller zu mauern. Der Abwasserkanal ist fertiggestellt, die Abläufe von den Häusern sind gegraben. Dieser Kanal endet hinter dem Holzplatz in einem Sammelbecken, aus dem nur alles

Flüssige in den Österälv abfließt, die festen Teile aber zurückhält, die später als Dünger verwendet werden sollen. Nachdem diese Häuser fertiggestellt sind, kommt mit dem Technischen Bereich das erste Gebäude des Mansio an die Reihe.

Martin hat entschieden, dass danach vor dem Amtshaus das Gasthaus erbaut werden soll. Dieses soll auch nicht, wie eigentlich geplant, ein reines Steinhaus werden. Nur der erste Stock mit Wirtsstube, Küche und Nebenräumen wird in Stein gebaut, die beiden darüber liegenden Stockwerke hingegen in Holzbauweise. Die Halde ist bereits zur Hälfte abgetragen, die darauf gewachsenen jungen Bäume sind samt Wurzeln sorglich entfernt worden und werden andernorts wieder eingepflanzt. Die großen Bäume, die nur schwer zu bewegen sind, verbleiben auf dem nun entstehenden kleinen Platz. Die penibel sortierten Steine und Platten befinden sich nun fast alle an den späteren Baustellen. Die dafür nicht nutzbaren Steine und Platten, aber auch die Holz- und Bretterabschnitte, stehen allen zur Verfügung. Davon wurde sogleich reger Gebrauch gemacht, Anbauten erstellt, mit der freien Erde Vorgärten angelegt und dazu noch Obstbäume gepflanzt. Einer der Männer veredelte sogar die Bäume der Wildkirschen mit aufgepfropften Edelreisern. Alles wurde verwertet, selbst die Äste und Zweige. Ein Neuzugezogener errichtete aus diesen Holzresten einen Kohlenmeiler. Die so gewonnene Holzkohle nahm ihm Widemir fast vollständig ab.

Denkt man sich mal die Baustellen weg, dann leben wir hier in diesem herrlichen Tal wie im Paradies. Der türkisfarbene und so fischreiche See bildet dessen Kleinod, eines, das von lichten Wäldern umrahmt wird und hinter dessen Bäumen die roten Häuser unter ihren hellen Schindeldächern hervorleuchten. Zu einem Garten Eden gehören aber auch Menschen, die sich verstehen und das Miteinander pflegen. Darüber hatte ich mir zuvor viele Gedanken gemacht; würden wir uns denn verstehen mit all diesen Leuten? Davor war mir ein wenig bange. Aber inzwischen genieße ich diese fröhliche Gemeinschaft. Fast alle sind nachgeborene Kinder, die sich hier ein unabhängiges, aber in gute Gemeinschaft eingebundenes Dasein versprechen. Nun erlebe ich einen selbstverständlichen Austausch und viel gegenseitige Hilfe. Alle bringen sich ein, nicht nur die Männer und Frauen, selbst die Kinder wollen mitarbeiten. Unseres Königs Gebot ist dabei aber jedem von uns gewärtig, es darf bei den Kindern nicht zur Arbeit ausarten.

Morgens unterrichte ich die über fünf Jahre alten Kinder, lehre sie Schreiben und Lesen, singe mit ihnen und lese ihnen aus der Bibel vor. Selbst die Kinder aus Konrads Sippe dürfen nun am Unterricht teilnehmen, und sie lernen begierig. Nachmittags haben die Kinder frei und können im entstehenden Ort umherstreifen. Hier lernen sie das Leben und den Alltag kennen. Die Jungen zieht es eher zu den Handwerkern, denn auf den Baustellen ist immer was los, aber auch bei den ihnen zuarbeitenden Gewerken. Anfangs waren es drei, die sie besonders interessierten, nämlich die Steinmetze, Schindelmacher und Kaminbauer, die auch die Herde und Öfen bauten. Umlagert war das Anfertigen und allem voran der Einbau der Wasserräder, was auch die Erwachsenen anlockte. Als dann die ersten Nutztiere angeschafft wurden, zogen diese vor allem die Mädchen an, die beim Versorgen mithalfen. Mein Fazit: Diese über Tage und Wochen erlebten Verrichtungen erachte ich für die beste Lebensschule, auf die ich mich im Unterricht beziehen und Grundlagen des Rechnens und der Physik erklären kann. Das von unserem Herrscher so wichtig erachtete Schulfach Lebenskunde können wahrscheinlich die Stadtkinder, trotz aller Erkundungen, eher theoretisch erlernen.

Ansonsten dürfen die Kinder ihren Eingebungen folgen, allerdings abgestimmt und beobachtet, denn unser kleines Paradies ist nicht ohne Gefahren. Die Baustellen und die Bewegungen auf der Straße bilden dabei noch die geringste Gefahr. Die droht eher von unserem lockenden, aber tiefen See, den Strömungen durchziehen. Er ist daher nur guten Schwimmern zu empfehlen und deren werden dank des Schwimmunterrichts immer mehr. Die Bäche, welche die Jungen so reizen, sind reißend, daher nur jenen erlaubt, die sich der Gefahr bewusst sind und nicht der Übermut plagt. Sie freuen sich, wenn sie unsere Kost mit Krebsen bereichern können. Unbewaffnet in die Wälder jenseits des Sees einzudringen ist selbst für die Männer leichtsinnig, denn diese sind zwar sehr wildreich, aber auch das Reich der Bären. Meister Petz ist zum Glück hier selten zu sehen, zwar hat sich erst einer auf dem flachen Abhang jenseits des Sees gezeigt, was dann allen zur Warnung diente.

Die Zeit geht schnell dahin und unsere Familie hat sich vergrößert, denn die kleine Annegret hat sich eingestellt. Sie ist allerdings nicht das einzige Neugeborene hier, denn in unseren jungen Familien sind viele Kinder zur Welt gekommen. Dieser Kindersegen trägt noch mehr zur engen Bindung der Mütter bei. Unsere Hebamme Friderica, die Frau von Konrad, hat all diesen Neugeborenen auf die Welt geholfen, und zuvor schon den werdenden Müttern die Angst genommen. Andreas und Georg haben für unsere Annegret eine Wiege gebaut und noch dazu einen kleinen Wagen mit dem sie ausgeführt werden kann. Es ist rührend zu sehen, wie die kleinen Mädchen sich um die noch kleineren kümmern und schon früh ihre künftige Mutterrolle einüben.

***

Bei der wöchentlichen Versammlung nach dem Kirchgang hatte mein Martin einen Gedanken zur Diskussion gestellt, der allerdings sofort kontrovers erörtert wurde. So stieg mein Mann ein: Abgesehen vom Königlichen Gästehaus und dem Amtshaus seien nun alle Gebäude des Mansios errichtet worden. Nur für diese Gebäude stünden von der Herzoglichen Hofkanzlei noch finanzielle Mittel bereit, nicht jedoch für weitergehende Vorhaben. Dafür müssten entweder eigene Mittel aufgebracht oder Zuschüsse beantragt werden. Eine dritte Alternative sehe er noch darin, die Hofkanzlei dafür zu gewinnen, weitere Bauten zu errichten und sie dann an Dorfbewohner zu verpachten. Ihm selbst schwebe aber vor, möglichst vieles aus eigener Kraft zu stemmen.

Dann listete er auf, was bei ihm alles beantragt worden war. Zuerst sprach er jene Vorhaben an, bei denen er zuversichtlich war, die Hofkanzlei als Bauherrn gewinnen zu können. Dies gelte für folgende Gebäude: Kirche, Schule, Badstube, Brauerei und Getreidemühle, denn diese gehörten bei allen größeren Mansios dazu. Die dort Tätigen fänden so eine feste Stelle und die Pächter von Brauerei und Getreidemühle bekämen dadurch ein Auskommen. Zuschüsse könnte es vielleicht auch noch für Bäckerei, Metzgerei und Molkerei geben. Mit den daraus resultierenden Arbeitsplätzen würden jedoch noch nicht alle der Arbeitsuchenden eingebunden.

Diese müssten folglich außerhalb, aber in einer gewissen Verbindung mit dem Mansio entstehen. Dazu führte er ein Beispiel an: Bauernhöfe liefern nicht nur Milch an die Molkerei, Fleisch an Metzgerei und Gasthaus, sondern auch Getreide – über den Zwischenschritt der Mühle – als Mehl an Bäckerei, Haushalte und Gasthaus. Dennoch kann dieser Ansatz nicht unser einziger bleiben, uns muss noch mehr einfallen. Es geht dabei vor allem um Betriebe, deren Erzeugnisse über den Bedarf von Schönlinde hinausgehen und andernorts nachgefragt werden.

Diese übrigen noch gewünschten Betriebe, aber auch die zusätzlichen privaten Häuser lassen sich allerdings nur mit Eigenmitteln ermöglichen. „Meine Freunde, keiner von uns verfügt jedoch über die Mittel, solch einen Betrieb aus eigener

Kraft zu gründen und dauerhaft zu betreiben. Das gilt auch für den Bau oder den Kauf seines Eigenheims. Ich bin jedoch beim letztgenannten Punkt zuversichtlich." Hier wurde er bei seiner Ausführung unterbrochen und gefragt, warum es nicht beim gegenwärtigen eingespielten Status bleiben könne. „Wir zahlen doch nur eine geringe Pacht; da müssen wir unsere Häuser nicht auch noch erwerben!" Dafür bekam der Fragende viel Zustimmung.

Mein Martin ließ sich dadurch nicht aus dem Konzept bringen und entgegnete ihm: „Unser Herzog wollte hier eine Mansio erbauen und betreiben lassen, sowie für die dort Beschäftigten Wohnungen bereitstellen. Davon hast Du eine abbekommen und noch dazu eine feste Stelle. Das gilt jedoch nicht für alle in unserer Gemeinschaft, und vor allem nicht für unsere Kinder! Diese werden sich in einigen Jahren – so wie vor nicht allzu langer Zeit viele von uns – leider auswärts verdingen müssen. Das finde ich weder erstrebenswert noch gerecht. Leider ist unsere Mansio nur in der Kategorie III eingestuft. Das bedeutet für den Reisenden, er kann hier nur eine begrenzte Anzahl von Dienstleistungen erwarten. Dieser Status ist zwar generell einzusehen, er ist aber für uns mit Nachteilen verbunden. Wir haben hier inzwischen weit mehr Häuser erbaut, als ursprünglich für die Mansio vorgesehen waren, und für diese leisten wir nun Pacht an die Hofkanzlei. Ich habe dort nun erreichen können, dass wir diese Häuser erwerben dürfen, und dies zu einem für uns möglichen Preis und über einen längeren Zeitraum gestreckt.

So verlockend diese Aussicht auch sein mag, davor steht eine für den Einzelnen kaum übersteigbare Hürde, es fehlen die dafür notwendigen Denare. Wir alle bauen uns erst allmählich ein kleines Vermögen auf, legen wir jedoch alle zusammen, dann können wir schon bald größere Sprünge machen. Und damit komme ich zu meinem Vorschlag: Wir alle legen unsere freien

Mittel zusammen und verschaffen uns dadurch einen Geldtopf, aus dem wir allmählich alle Projekte realisieren können, und zwar gemäß den miteinander vereinbarten Prioritäten."

Erneut erhoben sich Einsprüche, die darin gipfelten, die eigenen Mittel zum Überleben zu brauchen. Einer rief ihm sogar zu: „Du als hochbezahlter Amtmann hast gut reden, aber doch nicht wir, die so gerade noch über die Runden kommen. Wir leben derzeit noch von der Arbeit auf den Baustellen. Aber was ist danach?" Martin gab den Zweiflern und Bremsern zwar Recht, wendete aber ein: „Freunde, versteht mich doch! Ich will Euch doch gerade aus dieser Einengung befreien, und dies durch langfristig tragfähige feste Stellen. Selbstversorgung ist bestimmt nicht der Weg aus der Armutsfalle! Eure Kinder bleiben mit Euch darin gefangen, und das ist doch nicht erstrebenswert. Selbst eine gute Schulbildung hilft hier nicht weiter, denn sie findet keinen Ankergrund in unserem dafür zu kleinen Dorf Schönlinde.

Unser aller Ziel muss es doch sein, hier in unserem Dorf so viele Arbeitsplätze zu schaffen, dass ein jeder von uns davon leben kann oder wenigstens ein Zubrot bekommt. Das gilt auch für diejenigen, die in ihrem Anbau Nutztiere halten und sich dadurch teilweise versorgen können. Ihnen würde eine zusätzliche und bezahlte Tätigkeit, und sei sie auch nur stundenweise, auch gut tun. Denkt auch daran, was unser erhabener Herrscher für alle seine Thulaner erreichen will. Frieden und Wohlstand! Unser König hat dazu aber auch gesagt, dies sei nicht allein durch Handauflegen und auch nicht mit den Mitteln der Krone zu erreichen. Es erfordere das Mitwirken aller Thulaner. Und das, meine Freunde und Nachbarn, sollten wir als Dorfgemeinschaft beherzigen."

Sein Appell und der Verweis auf unseren König blieben nicht ohne Wirkung, und vor allem zog Martins nächstes Argument.

„Die Hälfte dieses Topfes werden wir, Andreas, Georg, Konrad, Thomas, Widemir und ich einbringen. Wir sechs haben, und da gebe ich Euch Recht, auch nach der Bauzeit ein festes Einkommen. Und eben das wollen wir Euch allen ebenfalls ermöglichen. Ich weiß doch auch, dass Ihr diese Mittel nicht auf der hohen Kante liegen habt und sie erst allmählich aufbringen könnt. Überlegt Euch, welchen Anteil Ihr langfristig übernehmen könnt und wollt. Gerne stehe ich Euch bei dieser Entscheidung bei. Überlegt Euch auch, was Ihr von Euren Erzeugnissen erübrigen könnt und entweder mit den Nachbarn tauscht, oder gar als Ware den Märkten zuführen wollt. Stimmt Euch dabei aber mit den Nachbarn ab, um zu verhindern, dass es von dem einen Gut zu viel und dem anderen zu wenig gibt. Wir, die Gründer dieses Gemeinschaftswerkes, schauen in die Zukunft, um herauszufinden, wodurch wir feste Arbeitsplätze schaffen können und was wir daher als erstes Vorhaben angehen sollten!"

Eines beschlossen sie dann sofort: Gemeinsam wollen sie dreißig Kühe und einen Stier anschaffen, eine große Weidefläche einzäunen und die Allmende später um eine Schafherde erweitern. Dadurch fanden zwei Männer als Hirten ihr Auskommen und die Dorfgemeinschaft bekommt so noch zusätzlich Milch und Käse. Das war der Anstoß für weitere Vorhaben! Dem folgte die Anschaffung von zwei Webstühlen und vier Spinnrädern.

***

Die Einweihung des Königlichen Gästehauses steht in wenigen Tagen an. Damit ist nunmehr nach drei Jahren der Bauarbeiten ein wichtiger Abschluss in Sicht. Mit diesem Tage will ich meine Aufzeichnungen beschließen und hoffe sehr, dass der ehrwürdige Herzog zu diesem Fest erscheinen wird. Nur ihm werde ich dieses Büchlein verehren. Mich drängt es dazu, dem Hohen Herrn den letzten Stand unseres gemeinsamen Tuns darzulegen. Was haben wir inzwischen alles erreicht? Alle die zu einer Mansio gehörenden Gebäude und Funktionen sind unserem Auftrag gemäß erstellt und eingerichtet worden. Rings um die Mansio sind Wohnhäuser entstanden, in denen mehr Menschen wohnen als bei der Mansio beschäftigt sind. Mit „Schönlinde am See“ ist, so wie es sein Name ankündigt, ein schönes, sauberes Dorf mit dem Standard einer Stadt entstanden. Jedes Haus verfügt über fließendes Wasser und ist an den Abwasserkanal angeschlossen. Und keiner musste für dessen Einrichtungen selbst aufkommen, denn diese hat die Herzogliche Kanzlei bezahlt.

Martins Vision der zusätzlichen Arbeitsplätze hat sich erfüllt: Jeder arbeitsfähige Mann fand seinen Arbeitsplatz, zwar nicht immer den, welchen er sich vorgestellt hatte, aber wie Martin dies darlegt: In jedem Tun lässt sich Erfüllendes finden und im Zusammenwirken aller das Besondere. Wir haben nun eine Schule und eine Kirche für Geist und Seele, eine Braustube für die Geselligkeit, die allerdings an schönen Tagen gegen den Lindenplatz getauscht wird. In unserem Ort gibt es nun zwei Bauernhöfe, je eine Brauerei, Bäckerei, Fischerei, Metzgerei und das Forstamt mit seiner Wildräucherei sowie vier Imker. Diese Betriebe stillen unseren Hunger und den Durst. In all diesen Bereichen gibt es zudem auch eine feste Arbeit. Doch damit nicht genug, die drei Mühlen, Kunstschmiede, Baubetrieb, Schreinerei und die drei Läden beschäftigen weitere Arbeitskräfte. Selbst die Frauen steuern in Heimarbeit zum Einkommen der Familien mit bei. Drei von ihnen, die Weberei, Stickerei und Schneiderei beschäftigen inzwischen sogar noch weitere Frauen.

Wer arbeiten will und Ideen hat, der findet oder schafft Arbeitsplätze. Ich selbst als Mutter von fünf Kindern arbeite am Nachmittag bei meinem Mann mit: Mein Martin käme sonst als Amtmann und Schultheiß, trotz eines Amtsgehilfen, nicht mehr rund. Für meine Tätigkeit als Lehrerin werde ich sogar vergütet.

Kein Salär will unser Pfarrer, der von der Kirche bezahlt wird. Ihn zu finden war schon nicht einfach, aber die Kirchenverwaltung in Veendamm zu überzeugen auch für sein Salär aufzukommen, war ein Meisterwerk von Martin. Die erste Amtshandlung unseres neuen Pfarrers war leider eine Traurige. Unser geschätzter Baumeister Konrad, der so viel für das Dorf getan hatte, brach ausgerechnet beim Bau des letzten Gebäudes, seinem eigenen Baugeschäft, zusammen und starb. Neben den drei Kindergräbern ruht er nun als erster Erwachsener im kleinen Friedhof hinter unserem Kirchlein. Aus dem einstigen „Roten Konrad“ war bei uns ein eher graubärtiger Konrad geworden, der seinen Lebensabend bei uns verbringen wollte. Er hatte noch einen letzten Auftrag angenommen, und den am Ort seiner Geburt, der Heiligen Stadt. Seine Witwe Friederica, unsere so geschätzte Hebamme, bezog nun das Haus und mit ihr Johannes, der jüngste Sohn und heutige Betreiber des Baugeschäfts mit seiner Familie. Seine Brüder übernahmen statt des Vaters den großen Auftrag in Theodericia. Sie hatten aber jetzt einen festen Ort, der ihnen zur Heimat geworden war. Dort wollen sie nach ihrem Wanderdasein das Alter verbringen.

Ich wurde zur Vorsitzenden unserer Gemeinschaftskasse gewählt, was ich seitdem unentgeltlich und gern mache. Dank der Pachteinnahmen fließen inzwischen bereits Erträge an die Anteilseigner. Ein Leben in Veendamm kann ich mir überhaupt nicht mehr vorstellen und alle anderen im Dorf auch nicht. Meine Kinder und ihre Freunde genießen eine schöne und freie Kindheit in einem für sie anregenden Ort. Inzwischen sind wir alle nicht nur zu einer engen Gemeinschaft zusammengewachsen, sondern auch zu auf ihren Erfolg und ihr Tun stolzen und selbstbewussten Menschen geworden.

„Damenkabinett“ und Kinderfest

Bei der Doppelhochzeit der Geschwister Herzog Markulf VI. mit Amala von Totilaberg und Gräfin Theodelinde mit Graf Irnfried kam des Herrschers Hochzeitsgeschenk für die beiden Paare völlig unerwartet. Der später des Amtes enthobene Herzog Markulf V. hatte vor Jahren sein schönes Palais in der Altstadt von Theodericia verkauft, um mit diesem Erlös seine Armee für den Aufstand gegen den im Sterben liegenden Herrscher zu finanzieren. König Friedrich, der sich damals darüber gewundert hatte, kaufte über einen Mittelsmann das Palais. Nach der Probezeit des jungen künftigen Herzogs Markulf VI. schenkte er es nun den Rabenholmern wieder zurück. Dort hatte jetzt das Paar Irnfried und Theodelinde seinen festen Wohnsitz und das junge Herzogspaar fand bei ihren Besuchen in der Heiligen Stadt eine repräsentative Wohnung vor. Damit machte der König den Rabenholmern ein riesiges Geschenk, denn diese hatten den Verlust ihres schönen Palais nur schwer verschmerzen können.

Und noch etwas hatte der Herrscher dabei bedacht. Dort sollte künftig auch Herzogin Griseldis, die bisherige Regentin von Holmenland, ihr gemäßes Domizil finden, sie, die ja nun von allen offiziellen Verpflichtungen entbunden war. Somit konnte der Herrscher seiner geschätzten Nenntante seinen Wunsch unterbreiten. Er wollte sie zur Ministerin für Kultur und Kultus machen. Wieder einmal brach der stets für Überraschungen sorgende König mit den „Üblichkeiten“, denn Ministerämter und hohe Positionen waren bis dahin nur den Männern vorbehalten gewesen, und nun sollte erstmals in der Geschichte Thules eine Frau zur Ministerin werden, wenngleich Herzogin Griseldis mit Regierungsgeschäften gut vertraut war. Sie hatte zwei Jahre lang als Regentin das Herzogtum Holmenland ganz im Sinne des Herrschers regiert. Wie nicht anders zu erwarten war, grummelten etliche Herren insgeheim, sich offen dagegen zu stellen, das wagte jedoch keiner von ihnen. Das Ministerium für Kultur und Kultus residierte direkt am Thingplatz und lag zwei Stock über dem Ministerium des Innern, das ihrem Schwiegersohn Graf Irnfried unterstand. Die Herzogin nahm ihr neues Amt mit großer Freude an, denn so konnte diese hochgebildete Dame zum einen wieder ein verantwortliches Amt ausüben und zum anderen ihr Herzensanliegen vorantreiben. In kurzer Zeit hatte sie die Skeptiker überzeugt, dem Ministerium wieder Leben eingehaucht und des Königs Anliegen, Kunst und Kultur in Thule stärker zu verankern, mit vielen Aktivitäten belebt.

König und Kanzler bereinigten in diesem Zuge eine zwar seit langem eingespielte, aber für Außenstehende nicht auf den ersten Blick durchschaubare oberste Zuständigkeit. Kanzler Rainald übernahm nun auch formell das Handelsministerium in Personalunion. Dessen Stellvertreter, der Vizekanzler Graf Thorismund d. J. führte jetzt das Justizministerium auch offiziell. Dem Ministerium für Straßenbau, Bergbau und Technik stand ab sofort Graf Arnulf vor. Das bis dahin von mehreren Herren „betreute“ Heeres- und Marineministerium bekam nun einen mächtigen Herrn: Prinz Theodemir würde es künftig leiten, und dies auf seinen eigenen Wunsch hin.

Damit blieb auf mittlere Sicht nur noch die Position Hausgutverwaltung neu zu besetzen. Diese gehörte bisher mit zum Aufgabenbereich des Kanzlers, der jedoch seinen König darum gebeten hatte, ihm diese Belastung mittelfristig abzunehmen. Diesen dem König sehr wichtigen Posten wollte der Herrscher seinem Zögling Manfred offenhalten, der sein Studium glanzvoll abgeschlossen hatte. Nach der Einarbeitung durch König und Kanzler sollte der promovierte Jurist und Ökonom diese zunehmend gewichtiger gewordenen Aufgabe wahrnehmen. Manfred hatte unmittelbar nach dem Examen Bianca von Caserta geheiratet. Von seinem König und Ziehvater hatte er zur Hochzeit ein Haus geschenkt bekommen. Dies lag neben dem Anwesen des Oberrats Siegmund, hatte einen schönen Garten und beeindruckte mit einem weiten Blick auf den Amelungensee.

Durch die neue Aufgabe von Herzogin Griseldis ergab sich auch ein erfreulicher Nebeneffekt für Königin Amala. Sie, die dieses Anliegen ihres Gemahls stets unterstützt hatte, fand nun in ihrer Tante Griseldis eine gleichgesinnte Mitstreiterin. An der regen Diskussion der beiden Damen nahmen bald auch Prinzessin Adelheid und die Gräfinnen Beatrix, Hildegard und Winthala teil. Deren Männer hatten alle am Königshof hohe Ämter inne und sie tauschten sich darüber auch intensiv mit ihren Frauen aus. Fast zwangsläufig erörterten die sechs Damen daher auch das eine oder andere Mal übergeordnete politische Themen. Daraus ergaben sich immer wieder mal auch Bitten an den Herrscher, die ihm entweder Königin Amala oder seine Schwester Prinzessin Adelheid übermittelten. Was die Damen erhofft, aber nicht erwartet hatten, König Friedrich empfand diese Bitten und Vorschläge als hilfreich. Er gab nun seinerseits dem „Damenkabinett“ – so sein liebevoller Spott – Themen vor. Jeden Donnerstag tagten die Damen in lockerer Atmosphäre, tauschten sich aus und machten Vorschläge zu den anstehenden Themen. Gelegentlich stellte sich sogar der König ein, um der Diskussion der Damen zu lauschen. Er hörte interessiert zu, stellte Fragen und brachte seinerseits Ergänzungen ein. Der Herrscher gestand den Damen dabei, dass ihre andere Sicht und Herangehensweise ihm bei manchem Thema einen neuen Zugang eröffne, den er gerne aufnehmen wolle.

***

Am 23. September 1373 feierte die Stadt Theodericia, nein ganz Thule, einen großen Tag, den alle akribisch und lange vorbereitet hatten. Zugleich war es der Jahrestag der Landung ihrer Ahnen in der Willkommensbucht. Vor 820 Jahren waren sie hier an Land gelangen und hatten dort ihre neue Heimat gefunden. Aber dieser früher so wichtige Gedenktag trat, so wie in den vergangenen zweiundzwanzig Jahren in den Hintergrund, denn längst war des Königs Geburtstag der für die Thulaner gewichtigere Anlass. Ihr hochverehrter König Friedrich Teja beging nämlich an diesem höchsten weltlichen Feiertag des Inselreichs seinen vierzigsten Geburtstag. Dieses Mal kam der Herrscher seinem Volk nicht aus, so wie zuvor bei seinem zwanzigsten Thronjubiläum. Dessen gedachte er vor zwei Jahren nur im Kreise seiner Familie und ausgewählter Gäste. Seine Getreuen erinnerten ihn früh genug im Jahr an sein Versprechen, dem Wunsch seiner Thulaner nach einem großen Geburtstagsfest zu entsprechen.

Lange hatten sich die Stadtväter den Kopf zerbrochen, was sie an diesem Tag besonderes auf die Beine stellen konnten? Einer der jüngeren Räte warf die Frage auf: „Woran hat denn unser Herrscher am meisten Freude?“ Diese Frage konnte der Stadtpatrizius Gerhardus seinem jungen Rat sofort beantworten: „Nichts erfreut unseren Hohen Herrn mehr, als das Strahlen und Lachen der Kinder!“ Daraus erwuchs die Idee, die Schulen und Waisenhäuser zu bitten, zum Geburtstag des Königs einen Beitrag zu leisten. Daran würden sich zwar auch die Erwachsenen erfreuen, die allerdings auch noch auf andere Veranstaltungen erpicht seien. Daher sollte wenigstens der Wettkampf der Zünfte beim Rollen der vollen Weinfässer stattfinden. Dann dürfe auch das Wettrudern auf dem Hechtsee nicht fehlen, fanden gleich mehrere Räte. Außerdem wurden ja an jedem Geburtstag des Königs die Knappen des Hofes in der Arena auf ihre Fähigkeiten hin geprüft und bei deren Bestehen durch den Herrscher zum Ritter geschlagen. Alle anderen sonst bei großen Festen noch üblichen Veranstaltungen müssten daher dieses Mal dahinter zurückstehen. Weder die Kinder noch die Erwachsenen sollten überfordert werden, zumal es auf den Plätzen der Heiligen Stadt danach stets ans Schmausen und Trinken ginge.

Mit der Idee, die Kinder einzubeziehen, hatten die Räte der Heiligen Stadt dem Herrscher eine ganz besondere Freude bereitet. Die von den Schulen ausgewählten Kindergruppen sammelten sich auf dem Indulfplatz. Die Räte, angetan mit ihren Festgewändern, und die Betreuer der Kinder ordneten deren großen Zug. Diese etwa vierhundert Schüler vibrierten voller Vorfreude, denn sie durften den Herrscher, ihren Oheim König, heute von Nahem sehen. Die Mädchen trugen ein Blumenkränzchen im Haar und einen Strauß in der Hand. Sie alle hatten weiße Kleider an, auch diejenigen aus den ärmeren Familien, denn diesen Kindern hatte es die Stadt geschenkt. Mit selbst gewundenen Girlanden und Bändern verbanden sich die Gruppen miteinander zu einem bunten Zug. Ein mit farbigen Bändern behangenes Bäumchen wurde jeder Gruppe vorausgetragen. Die Jungen versammelten sich hinter den Schildern, welche ihre jeweilige Schule ankündigten. Jeder trug eine hellblaue Tunika, deren Rückseite der goldene Löwe Thules zierte. So wie bei den Mädchen hatte die Stadt auch hier den weniger begüterten Kindern dieses Gewand gestiftet. Statt eines bei den Spielen der Jungen oft üblichen Holzschwerts, hielten sie heute einen Palmzweig in der Hand, symbolisierten damit die Friedenszeit. Jeder Anführer trug eine von den Kindern selbst angefertigte Fahne mit dem Symbol der jeweiligen Einrichtung. Geleitet wurden sie von ihren Lehrkräften oder Betreuern, der Rat der Stadt flankierte den Kopf des Zuges, um den gedanklich oftmals durchgespielten Festzug der Kinder zu „sichern“. Diese Vorsichtsmaßnahme erwies sich jedoch später als unnötig, denn die Kinder verhielten sich ungeachtet ihrer großen Vorfreude mustergültig.

Trotz all der Aufregung setzte sich der Zug wohlgeordnet in Bewegung, mit freudestrahlenden Gesichtern zogen die Kinder hin zum Schloss ihres Oheims König. Alle Gebäude, an denen sie nun vorbeizogen waren mit Girlanden, Blumenkränzen und Fähnchen geschmückt, um diesem besonderen Tag einen festlichen Rahmen zu geben. Auf dem ganzen Weg zum Königsschloss wurden die Kinder von einer dicht gedrängten Menge bejubelt. Solch ein Ereignis hatte es nie gegeben, daher erfreute dieser Zug der unschuldigen Kinder die Bewohner der Heiligen Stadt und die vielen Thulaner, die es von außerhalb zu diesem Festtag gezogen hatte.

Unweit des Königlichen Schlosses salutierten die Jungen vor dem Denkmal des Königs, die Mädchen winkten ihm mit ihren Blumensträuße zu. Die Kinder hatten diese Geste offenkundig den Kriegern bei der Militärparade abgeschaut. Jubel stiebte bei den Zuschauern auf, der sogar auf dem Thingplatz wahrgenommen wurde und dort den Zug der Kinder ankündigte. Nur wenige dieser Kinder waren jemals im Königshof gewesen und nun durften sie ihn mit eigenen Augen sehen. Wie würde es denn dort wohl aussehen? Schon der von hohen Gebäuden umrahmte Brunnenhof gab einen Vorgeschmack auf das, was die Kinder noch zu sehen bekamen. Durch das Spalier der in ihrem Prunkgewand angetretenen Schlosswachen betraten sie nun den Thingplatz. Oberhalb dieses riesigen Platzes erhob sich das Innere Schloss, das Machtzentrum Thules und die Residenz des Königs.

Hohe Paläste säumten den Thingplatz. Mit ihren umlaufenden Arkaden und zierlichen Doppelsäulen, waren sie noch üppiger geschmückt als die Häuser an der Straße, die ihr Zug genommen hatte. Von dort oben winkten und jubelten ihnen jene Menschen zu, die ins Schloss eingelassen worden waren. Die Kleinen erwiderten diesen Empfang mit erhobenen Armen. Die mächtige Treppe mit ihren drei gigantischen Löwen zog dann ihre Blicke auf sich. Der Löwe in der Mitte hielt die goldene Rostra in seinen hochgestreckten Pranken. Der goldene Schalldeckel funkelte in der

Morgensonne wie auch die silbernen Kronen auf den Köpfen der Wappentiere Thules. Über der Königstreppe stiegen drei Türme auf, die sich über den Zugängen zum Inneren Schloss dem Himmel entgegen streckten.

In der mittleren Pforte spiegelte sich das Himmelsgestirn auf dem goldglänzenden Metall. Aus dieser Königspforte würde der König heraus treten, ihr Oheim König und der Schutzpatron der Kinder. Zu beiden Seiten dieser goldenen Pforte hatte sich der prächtig gekleidete Hochadel aufgestellt. Diese Hohen Herrschaften mit ihren Angehörigen freuten sich über den Auftritt der Kinder. Aber noch ließ sich weder der Herrscher, noch seine Familie sehen. Dies nutzten die Kinder, um die sie hier umgebende Pracht zu bestaunen. Darum würden sie ihre Mitschüler brennend beneiden, und ihre Familien auch.

So wie lange vorbereitet ordneten sich die Kindergruppen nun ein, aus dem Zug entstanden jetzt zwei L-förmige Aufstellungen. Dadurch gewannen alle diese Kinder einen freien Blick auf den König, und der zu Feiernde konnte so die bunte Schar der Kleinen gut sehen. Als die Kinder ihre Plätze eingenommen hatten, öffneten zwei Leibwächter die Königspforte, ein Trompetensignal kündete Thules Herrscher und seine Familie an. Unruhe ergriff die Kinder, denn jetzt erschien ihr Oheim König. Mit dem König betraten Königin Amala und ihre fünf Kinder den schmalen Platz, zu dem die Treppe hochführte. Ihnen folgte das Prinzenpaar Adelheid und Theodemir mit ihren drei Kindern. Alle trugen ein prächtiges Gewand und eine Krone, für die staunenden Kinder ein erhebender Anblick und ein erfüllter Traum. In den Märchen waren doch zumeist die Prinzen und Prinzessinnen die Hauptpersonen. Und nun durften sie diese leibhaftig vor sich sehen; vier gekrönte „Große“ und acht „Kleine“ Hoheiten.

***

Früh am Morgen hatten die Königskinder ihre Vorfreude und Ungeduld nicht mehr ausgehalten und drängten hinein ins elterliche Schlafzimmer. Friedrich, der Zehnjährige, führte seine beiden kleinen Geschwister Konrad und Beatrix an der Hand, Manfred und Adelheid folgten ihnen. Ihr Papa war längst wach, denn er hatte mit diesem „Überfall“ gerechnet. Ihre Mama hatte zwar dem Papa schon zum Geburtstag gratuliert, war aber noch etwas schlaftrunken. Fedi, der „kleine König“ hatte mit seinen Geschwistern ein kleines Geburtstagsständchen einstudiert, in das auch die zweijährige Beatrix mit ihrem hellen Stimmchen einfiel. Danach gratulierten sie ihrem Vater im Chor, aber dann gab es kein Halten mehr. Alle Fünfe stürzten sich ins Bett und auf den Papa. Jedes Kind gratulierte jetzt dem geliebten Vater auf seine Weise. Die drei Prinzen balgten sich mit ihm, die beiden Mädchen herzten ihn. Die Mutter und Königin, zuerst etwas unwillig wegen der frühen Störung, konnte nun diese Familienidylle einmal mehr von Herzen genießen. Für ihren Mann und Jubilar war die ungekünstelte Zuneigung seiner Kinder wie immer ein Quell der Freude. Noch war er heute nicht die hohe Majestät, der alle ihre Verehrung zeigen wollten, sondern ausschließlich der Vater und Ehemann.

Was nur seine Gemahlin wissen durfte, den König hatte in dieser Nacht wieder einmal einer seiner schrecklichen Träume heimgesucht. In diesem Albtraum musste er ohnmächtig miterleben – so wie schon einige Male zuvor – wie sein geliebtes Thule in den Gewalten der entfesselten Natur unterging. Es wurde verschlungen von den nachtdunklen aufgewühlten Fluten des Ozeans, erdrückt vom Ascheregen der ausbrechenden Vulkane und vergiftet von deren Gluthauch. All sein Wehren und Flehen nützte ihm nichts, niemand blieb verschont von diesem Inferno, weder Mensch noch Tier. Alle die Bauten versanken brennend in der Tiefe des Meeres, nur noch einige Berggipfel verschonte das

Inferno! Amala war durch seinen entsetzten Aufschrei wach geworden und holte ihn wieder ins reale Dasein zurück.

Das Thulanische Volk schrieb seinem Herrscher eine von seiner Ahnin Amalaberga auf ihn überkommene seherische Gabe zu, die als besonderes Geschenk Gottes und seiner Vorfahren wahrgenommen wurde. Für König Friedrich bedeutete diese zweifelhafte Gabe jedoch weit eher ein ihn quälendes Danaergeschenk. Musste denn sein geliebtes Thule auf eine derart schreckliche Weise versinken, so wie es Atlantis in der Sage widerfuhr? Und dies ausgerechnet in der Zeit seiner Herrschaft? Das durfte nicht sein! Sein Thule war doch schon nahe daran zu einem idealen Staat zu werden und seine Thulaner zu glücklichen Menschen! Amalas und seiner Kinder Liebe drängten diesen Albtraum wieder zurück in sein Unterbewusstsein, der heutige Geburtstag sollte nicht mit trüben Gedanken beginnen.

***

Als König Friedrich an diesem, seinem vierzigsten Geburtstag hinaustrat aus der „Goldenen Pforte“ und den Kindern zuwinkte, entlud sich deren Spannung in einem Orkan aus hellen Stimmen. Dann erhob der Stadtpatrizius Gerhardus seine rechte Hand, die Stimmen verwandelten sich in einen Chor, der allerdings dann doch eher zu einem Kanon wurde: „Lieber Oheim König, wir, Deine Kinder aus der Heiligen Stadt, gratulieren Dir von Herzen zu Deinem Geburtstag! Du sollst noch ganz lange leben, gesund bleiben und uns als unser Herrscher beschützen können!“ Die Kinder hatten den langen Text gut gelernt, ihn mit Inbrunst vorgetragen und waren nun erleichtert, dass sie es geschafft hatten. Über König Friedrich Teja wussten die Kinder, dass vor seinen Augen die geliebten Eltern ermordet worden waren, als er selbst noch ein Kind war. Der Herrscher, der den Kindern von früher

Kindheit an immer besonders zugetan war, dankte den Kleinen mit hocherhobenen Armen.

Danach trat er in die Rostra und wendete sich an die Kinder: „Meine lieben kleinen Freunde, Euer von Herzen kommender Glückwunsch freut mich ganz besonders. Euch und Eure strahlenden Gesichter zu sehen, ist für mich ein wunderschöner Beginn meines Geburtstages. Seitdem ich denken kann, habt Ihr Kinder mit Eurem Lachen und Eurer Liebe mein Leben bereichert. Für mich, der lange alleine aufwuchs, ersetzten mir meine gleichaltrigen Freunde die Geschwister. Ihr, die Ihr wegen guter Leistungen Eure Schulen vertreten dürft, habt einen guten Schritt in das Leben getan, dennoch auch noch viele Jahre vor Euch. Ihr bekommt dabei neben der Liebe Eurer Eltern auch meinen Schutz, denn dieser liegt mir am Herzen. Eines kann ich Euch aber auch heute schon geben, meinen Segen!“

Der König breitete seine Arme aus und segnete die Kinder, danach betete er mit ihnen das Vaterunser. König Friedrich fügte an das Gebet noch an: „Gnädiger Vater im Himmel, bewahre diese Kinder vor allem Unheil, schenke ihnen ein Leben voller Glück und Freude. Lasse sie zu tüchtigen und zufriedenen Menschen werden!“ Als sich die Kinder wieder erhoben hatten, da tauchten aus den Kolonaden die Knappen und Pagen des Hofes auf. Sie drückten jedem der Kinder ein kleines Geschenk in die Hand. Mit dieser Gabe des Herrschers hatte niemand gerechnet. Neben einigen seltenen Süßigkeiten schenkte der König jedem Kind einen Doppeldenar, der sein Bildnis trug und die Prägung „zu Ehren des Königs Geburtstag“. Doch damit hatte es sich noch nicht, denn der König lud die Kinder ein, sich nun geordnet hinauf zum Festplatz zu begeben. Was sie dort wohl erwarten würde?

Dort oben angekommen blickten sie auf eine Reihe von Marktständen. Jedes Kind durfte sich hier das zum Essen holen, was das Herz begehrte, und die Küche des Hofes hatte wahrlich vieles für sie hergerichtet. So manches Kind wusste nicht wie ihm geschah, und wieder andere waren angesichts des Angebotenen fast überfordert. Aber es pendelte sich dann doch noch ein. Der große Hof hatte so viel an überbordender Freude und Kinderglück noch nicht erlebt. Aber auch die sie begleitenden Erwachsenen kamen nicht zu kurz. Der König hatte seinerseits die ihm bereitete Freude mit dieser Überraschung „vergolten". Da saßen nun die Kinder in Grüppchen freudig schmausend im Gras, und das wollte sich die Königliche Familie nicht entgehen lassen. Sie kam dazu und freute sich am Anblick der glücklichen Kinder. So manchem Kind bescherte des Königs großer Geburtstag das Erlebnis seines jungen Lebens. Und nun durften sie ihrem Oheim König, seiner Königin, dem Engel von Thule, sogar noch ganz nahe sein und auch den Prinzessinnen und Prinzen.

Der Kindervormittag endete mit einer Neuheit und riesigen Überraschung. Vor dem Festhaus wurden jetzt vier Körbe enthüllt, jeder in einer anderen Farbe. In ihnen lagen kleine Tüten, die Zettel mit einer Nummer verbargen. Diese Lose würden den glücklichen Gewinnern etwas Besonderes bescheren, so die Ankündigung durch Friedrich den „Kleinen König", der das Verfahren bekanntgab und auch überwachte. In jedem dieser Körbe waren gleich viele und gleich wertvolle Gewinne enthalten. Gegliedert nach der bevorzugten Farbe standen alsbald die Kinder an; gesteuert durch die Betreuer bildeten sich dann vier gleichlange Reihen. Es ging schnell mit dem Zugriff, nach wenigen Minuten hatte jedes Kind ein Los ergriffen. Der Festplatz glich jetzt einem Bienenschwarm vor dem Jungfernflug. Jedes Kind hoffte natürlich unter den Gewinnern zu sein. Gespannt waren sie, was es denn hier zu gewinnen gab. Die jeweiligen Gewinner wurden per Nummernaufruf aufgefordert, sich im Festsaal zu erkundigen, was ihnen ihr Los beschert hatte. Auf sechs Tafeln konnten sie dort ablesen, was sie gewonnen hatten.

Der Hauptgewinn bedeutete ein Stipendium für die Schlossschule, Thules bester Schule. Und dieses erhielt ein sehr begabtes Waisenkind, das vor freudiger Erregung laut schluchzen musste. Weiteren fünf Kindern stiftete der König einen Freiplatz an der Schule ihrer Wahl. Zehn Kinder durften das Innere Schloss kennen lernen und sich mit den Königskindern in deren Spielgarten tummeln. Zwanzig Kindern war es vergönnt, eine ganztägige Seereise mit dem König auf dem Amelungensee zu unternehmen. Dreißig Kinder durften einen Tag auf dem Gestüt zubringen und weiteren Vierzig war es vergönnt, die sonst unzugängliche Indulfsburg zu besuchen. Die Gewinner durften, so sie es sich wünschten, auch untereinander tauschen, um so den ihnen noch lieberen Wunsch erfüllt zu bekommen.

Alle Kinder, die kein Losglück hatten, bekamen zum Trost ein kleines Spielzeug. Eine unglückliche Kleine ließ sich aber selbst dadurch nicht trösten. Sie wäre doch die Beste in ihrer Klasse und hätte heute sogar mit dem Oheim König Geburtstag. Erst als sie der König hochnahm, ihr über den Kopf strich und sie auf die Wange küsste, verwandelte sich ihre Enttäuschung in ein glückliches Strahlen. Er ließ sich von dem kleinen Mädchen den Vor- und Familiennamen nennen. Einer seiner Sekretäre notierte diesen, wie auch Schule und Adresse des Kindes. Er eruierte am nächsten Werktag im Auftrag seines Herrn die Lebensumstände von ihr. Er fand folgendes heraus: Das Kind lebte mit drei Geschwistern in der Obhut ihrer Großmutter, und das in einer ärmlichen aber blitzsauberen Wohnung, die unweit der Witoldbrücke lag. Ihre Lehrer attestierten der begabten und fleißigen Griseldis, dass sie ihre beste Schülerin sei. Auf diesem Umweg kam es, dass auch dieses Mädchen einen Platz in der Schlossschule erhielt, und so doch noch das große Los gezogen hatte.

Am Nachmittag fanden dann jene Veranstaltungen statt, die den Erwachsenen so viel bedeuteten. Nicht fehlen durfte das Fest der Fässer, das Wettrudern auf dem Hechtsee und die Pferderennen. Den Abschluss der Ereignisse dieses Tages bildeten die Prüfungen der Knappen, mit denen sie beweisen mussten, würdig zu sein, um in den Stand eines Ritters erhoben zu werden. Dem Anlass entsprechend wurden am heutigen Tag vierzig Knappen geprüft. Alle schafften die Prüfungen und wurden dafür vom Herrscher mit dem Schwert auf beiden Schultern berührt und so zu Rittern geschlagen. Am Abend verlief es so wie immer bei den seltenen großen Festen. Auf den Plätzen der Heiligen Stadt wurde gefeiert, getrunken und gegessen, getanzt und gesungen. Die große Familie und die Gäste des Königs feierten auf den Plätzen und Höfen des Schlosses. Überall ließ sich der König und mit ihm seine Familie sehen. Alle Kinder- und Jugendfreunde Friedrichs hatten sich mit ihren Angehörigen zu diesem großartigen Fest eingefunden.

Die Amalaravorstadt

Gerhardus der Stadtpatrizius von Theodericia hatte seinen König um eine Audienz gebeten. Die beiden hohen Herren hatten zwar immer wieder miteinander zu tun, doch dieses Mal kam das Stadtoberhaupt mit einer gewichtigen Bitte zum Herrscher. Den Rat der Heiligen Stadt beschäftigte und besorgte das stetige Wachstum von Thules Hauptstadt immer mehr. Doch was auch immer sie bisher erörtert hatten, stets drehte es sich um den einen Punkt: Es gab so gut wie keine erschwinglichen Wohnungen mehr, denn der Mietzins stieg in den Privatleuten gehörenden Anwesen von Jahr zu Jahr. Bei den preisgebundenen Miethäusern von Krone und Stadt gab es eine lange Liste von Wartenden, die dort um eine Wohnung ansuchten. In der Kernstadt war inzwischen sogar jeder freie Platz überbaut worden, nur noch Parks, Gärten und Weinberge waren als unantastbare Freiflächen gegeben. Diese sollten den Erholungssuchenden und den Weinbauern erhalten bleiben.

Es blieb aus der Sicht des Rats nichts anderes übrig, als die Außenbereiche immer weiter ins Umland hinaus zu erweitern. Vorrangig wollten sie auf dem nahen Klosterberg eine Siedlung anlegen. Aber den diesbezüglichen Verhandlungen mit den Klöstern war kein Erfolg beschieden, denn deren Äbte wollten weder Klostergrund abgeben, noch einer weiteren Besiedlung des Klosterbergs zustimmen. Aber was konnten sie denn sonst noch tun? All die kleinen Verbesserungen, wie Erhöhen geeigneter Häuser oder Genehmigen von Anbauten milderten den Druck nicht mehr. Bei diesem Dilemma konnte ihnen jetzt nur noch einer helfen, ihr Herrscher. Hier stieß die von ihm so gewünschte Selbstverwaltung der Städte an ihre Grenzen und überforderte die Stadtregierung.

Die Audienz verlief ganz anders als sonst üblich, denn der König lud den ihm vertrauten Gerhardus ein, sich mit ihm im Terrassengarten zu ergehen. Kaum hatte sich der Herrscher dort gezeigt, da wurde er auch schon zum „Opfer“ der kleinen Hoheiten, die unbedingt ihrem Vater und Oheim eine große Sandburg zeigen wollten. Also lenkten die beiden Herren ihre Schritte erst einmal zum Prinzengarten, um das Werk zu würdigen. Dort ließen sie sich dann auch auf einer Bank nieder, nun ungestört von den Kleinen. Der König hörte sich die Sorgen seiner Heimatstadt an, vorerst ohne den Patrizius zu unterbrechen. Gerhardus, seinen Herrn kennend, wusste dass er ihm dessen ungeachtet interessiert zuhörte. Der König ließ sich erst einmal berichten, was die Stadt bisher unternommen hatte, um das Problem zu mildern. Anerkennend nickte er, denn die Räte hatten sich wirklich intensiv mit dem Dilemma auseinander gesetzt und tatsächlich alle ihre Möglichkeiten ausgeschöpft. Nun war der Herrscher bereit einzusteigen.

„Lieber Gerhardus, mein enger Vertrauter, Ihr und Euer Rat habt wirklich alles in Eurer Macht stehende unternommen, um hier Abhilfe zu schaffen. Doch Eure Bemühungen müssen zwangsläufig daran scheitern, dass es im Kernraum schlicht keine Bauplätze gibt. Hier hilft also nur noch ein großer Wurf, mit kleinen Maßnahmen kommen wir nicht weiter. Wie seid Ihr denn zu mir hergekommen?“ „Majestät, ich bin zu Fuß gegangen.“ „Das, was ich nun mit Euch besichtigen will, ist zu Fuß zu weit. Wollt Ihr nun lieber reiten oder mit einer Kutsche fahren?“ Lachend entgegnete ihm der alte Herr: „Majestät, das Fahren mit der Kutsche wäre zwar bequemer, aber ich kenne doch Eure Abneigung den Kutschen gegenüber. Daher bevorzuge ich einen Ritt.“

Am kleinen Tor neben dem Amtspalais warteten vier Paladine und zwei Knappen, die des Königs Sultan und einen gutmütigen

Wallach für das Stadtoberhaupt bereithielten. Wohin würde der Herr von Thule nun reiten wollen? Hinunter an die Albia, hinauf auf den Klosterberg oder hinüber nach St. Lukas? Als sie auf die Witoldbrücke einbogen, verblieb nun nur noch eine Alternative. Unterhalb des Lukasbergs gab es in den unteren Weinbergen noch die Möglichkeit etwa fünfzig Häuser zu bauen. Das war zwar nicht viel, würde aber für einige Zeit den Druck reduzieren helfen. Doch diese Überlegungen konnte Gerhardus gleich wieder vergessen. Warum dies? Nach der Brücke bog der König nämlich nach links ab in das Markusviertel. Zügig ritt die Gruppe durch die drei Stadttore, ehe es sich die Bürger noch versahen, war ihr Idol auch schon wieder vorbei. Kurz darauf verließen die hohen Herren und ihre Begleiter die gepflasterte Reichsstraße und wendeten sich nach links dem nahen See zu.

Sie nahmen einen relativ steil nach unten führenden holprigen Feldweg. Diesen hatten die Fuhrleute noch etwas erbreitert, um das Baumaterial für den entstehenden Fährhafen anliefern zu können. Aber auch diese Baustelle blieb links liegen, denn des Königs Ziel lag auf der anderen Seite. Die Reitergruppe ritt mitten hinein in die freie Flur. Der König hob den Arm und sein Gefolge hielt an.

Der Herrscher deutete hinauf auf die sich über ihnen erstreckende Szenerie. Unmittelbar nach dem Uferstreifen auf dem sie sich befanden, stieg der Berghang an und endete am dicht bewaldeten Steilabhang der Landeskrone. Rechts oben erhob sich die Gaugrafenburg Manfredshöhe, die inzwischen zur Heimat der Sänger geworden war. Dort herrschte seitdem reges Treiben, denn hier wurden auch jene ausgebildet, die sich diesem Beruf zuwenden wollten. Seitdem gab es in der Burg auch gern aufgesuchte Veranstaltungen für daran interessierte Bürger. Links von der Burg, unmittelbar vor dem nahen Amalaraschloss, zeigten sich zwei mitten in Gärten liegende repräsentative Häuser. Eines von ihnen wurde vom Königlichen Oberrat Sigmund, dem Freund des Königs bewohnt. Die Blicke schweiften weiter, verweilten am Amalaraschloss und dessen Nebengebäuden. Es lag inmitten von Weinbergen, die sich bis hinauf zum Steilabbruch der Landeskrone und links bis hinüber zum Trollälv erstreckten. Hangabwärts reichten die Rebenfelder bis hinunter zur Reichsstraße. Dort glichen hohe Mauern das starke Gefälle ein wenig aus. Ganz links am Rande der oberen Weinberge, unmittelbar am Trollälv, lag das große Weingut der Königin. Unterhalb der Reichsstraße wechselten sich kleine Gärten mit Gemüsefeldern und Weideflächen ab. Alles in allem breitete sich vor ihren Augen ein ansprechendes Bild aus.

König Friedrich wendete sich jetzt an das Stadtoberhaupt und fragte ihn: „Gerhardus, was haltet Ihr davon, wenn wir diesen unteren Bereich bis hin zum Trollälv bebauen und dabei auch noch die unteren Weinberge oberhalb der Reichsstraße einbeziehen? Da würden wir doch an die zehntausend Menschen unterbringen können!“ Dem Patrizius verschlug es für einen Moment die Sprache, denn das, was ihm sein verehrter König nun anbot, war wirklich ein großer Wurf, einer, der zuvor undenkbar erschienen war. Der König musste gut vorbereitet sein, er hatte wohl damit gerechnet, dass die Stadtväter irgendwann mit genau dieser Problematik auf ihn zukommen würden.

„Majestät, das wäre tatsächlich eine großartige Lösung, eine, die uns mit einem Schlag ein immer dringlicher werdendes Problem vom Halse schaffen würde. Aber was wird dann aus jenen Bürgern, die dieses Gelände zu Lehen haben?“ „Keine Sorge, das habe ich schon recherchiert. Der Grund unterhalb der Weingärten gehört überwiegend zum Hausbesitz der Königlichen Familie. Die wenigen anderen Grundbesitzer bekommen von der Krone einen Gebietstausch angeboten oder erhalten eine gute Abfindung für die Ablösung des Lehens. Die Weingärten unterhalb des ersten

Steilabbruchs gehören gänzlich zur Königlichen Güterverwaltung. Deren Erträge sind noch dazu um einiges besser als jene der unteren Weinberge, die zum Baugrund umgewidmet werden. Ich gehe davon aus, dass der Tausch eines Teils dieses Geländes gegen weiter unten liegende Weingärten verlockt. Ich verzichte zwar höchst ungern auf diese Rebenhänge, aber hier geht das Anliegen der Stadt allemal vor."

Der alte Patrizius staunte einmal mehr über seinen König. Er hatte es zwar schon öfters mitbekommen, wie konzentriert aber auch zügig der Herrscher vorging, aber in dieser Angelegenheit war das eigentlich nicht zu erwarten. Und der Herrscher fuhr fort: „Lieber Gerhardus, über den Plan der Vorstadt und die dort anzusiedelnden Geschäfte, Gaststätten, Handwerkerhöfe, Schulen und Mietshäuser sollen sich dann die Spezialisten den Kopf zerbrechen. Allerdings bestehe ich auf einigen Vorgaben. Zweitwohnungen wird es hier nicht geben, die im Baugebiet erstellten Häuser und Wohnungen stehen ausschließlich den Menschen zu, die schon lange in der Heiligen Stadt wohnen. Und noch etwas: Die Finanzierung überlassen wir auf keinen Fall den wohlhabenden Privatleuten. Wir übernehmen sie gemeinsam, die Stadt und die Krone. Denn nur so kommen auch jene Wohnungssuchenden zum Zuge, die es sich sonst nicht leisten könnten. Außerdem entstehen hier viele Arbeitsplätze, nicht zuletzt in einer neuen Werft und am Fährhafen. Zwischen ihm und dem Fischerhafen stelle ich mir noch einen Volkshafen vor, in dem die Segelfreunde und Ruderbootbesitzer ihre Boote vertäuen können. Ein Bootsverleih wie am Hechtsee wird sich hier sicher auch ergeben. Am See außerdem noch ein großes Gasthaus anzusiedeln, das würde sich förmlich anbieten. Hier, wo wir stehen würde sich vielleicht ein Seepark für die Allgemeinheit anbieten, in dem sich am Abend und des Sonntags die Bürger am See ergehen können. "

Dem Patrizius der Heiligen Stadt kam es gerade so vor, als wäre er selbst beschenkt worden. Was für eine einmalige Chance bekam seine Stadt mit diesem Angebot. Der König war aber noch nicht am Ende mit seinen Ausführungen: „Lieber Gerhardus, erst dann wenn die Pläne vorliegen werden, machen wir uns wieder darüber her, um eventuell notwendige Korrekturen einzubringen.“ „Majestät, ich bin fast erschlagen und Euch überaus dankbar. Einmal mehr zeigt Ihr uns wie gewogen Ihr Eurer Heimatstadt seid. Wie soll denn diese Vorstadt bezeichnet werden?“ Auf das hoch oben thronende Schloss zeigend entgegnete ihm der König: „Wie wäre es mit Amalaravorstadt zu Ehren meiner Urgroßmutter? Das würde mir als Bezeichnung gut gefallen.“ Das gefiel auch dem Stadtoberhaupt, das sich dafür stark machen wollte. Da es ein Wunsch des Herrschers war, würden diesem die Stadtväter bestimmt ausnahmslos zustimmen.

Als sie gerade im Begriff waren sich einem kleinen Gasthaus unweit der unteren Brücke über den Trolläly zu nähern, wurden sie abgelenkt. Eine größere Gruppe kleiner Kinder hatte die acht Reiter entdeckt und ein kecker Junge rief aufgeregt: „Dort ist unser Oheim König!“ Nun gab es kein Halten mehr, in heller Freude rannten sie über die schon abgemähte Wiese. Artig hielten sie vor dem Herrscher an, verbeugten sich und staunten ihn an. „Liebe Kinder, wo kommt Ihr denn schon her am frühen Morgen? Habt Ihr denn keine Schule?“ Die Antwort kam nicht von den Kindern sondern von der nun herbeigeeilten Lehrerin: „Hohe Majestät, verzeiht, dass Euch meine Schüler belästigen, aber sie sind mir ausgekommen, als sie Euch entdeckten.“ „Liebe junge Frau, ich mag Kinder, sie sind mir nie lästig und sie müssen sich auch nicht wie Erwachsene verhalten. Ich wiederhole meine Frage, warum die Kinder heute keine Schule haben?“ Ängstlich kam ihre Antwort: „Eure hohe Majestät, wir haben heute einen Ausflug unternommen, denn wir hatten in der Lebenskunde über Schiffe und Transport gesprochen. Und dafür schien mir der im Entstehen begriffene Fährhafen ein geeignetes Anschauungsbeispiel zu sein. Hier kann ich deren Aufmerksamkeit weit besser gewinnen. Habe ich da etwas falsch gemacht?“

Des Königs Lächeln signalisierte ihr schon vor seiner Entgegnung, dass er ihre Antwort wohlwollend aufnahm. Er erinnerte daran, dass auch er als Kind viel lieber das Geschehen vor Ort beobachtete, als es theoretisch zu behandeln. Diese Eindrücke hatten sich ihm viel besser eingeprägt. Er befragte Lehrerin und Kinder nach ihrer Schule und den dortigen Gegebenheiten. Das, was er nun erfuhr, bestärkte ihn darin, dass es in dem neuen Stadtteil eine großzügige Schule geben musste.

„Nun begrüßt aber auch noch unser Stadtoberhaupt!“ Und dies taten sie dann im Chor. Ein Kind wagte es den König anzusprechen und fragte ihn: „Oheim König, gibst Du uns heute auch Deinen Segen?“ „Den erhaltet Ihr nachher, aber zuerst gehen wir miteinander hinüber zu der Gaststätte. Vielleicht gibt es dort für uns alle auch eine Kleinigkeit zum Essen.“ Dass dies eine gute Idee war, bestätigte ihm der Freudenausbruch der Kinder. Auch dem achtfachen Großvater Gerhardus und der sichtlich erleichterten Lehrerin gefiel diese Einladung. Wann je hatten normale Sterbliche schon die Gelegenheit den verehrten Herrscher so nahe zu erleben.

Als sich die hochbeglückten Kinder eine Stunde später von König und Patrizius verabschiedeten, da konnten sie ein Erlebnis mitnehmen, an das sie sich ihr Leben lang erinnern würden. Der Herrscher hatte ihnen zum Abschied seinen Segen gegeben, zuvor ihre Fragen beantwortet und die Kleinen bewirten lassen. vieles wollten sie von ihm wissen, allerdings zuerst einmal zu dem, was ihnen die Lehrerin auf der Baustelle gezeigt hatte. Sie erfuhren nun, dass vom fertiggebauten Fährhafen einmal jede Stunde ein Fährschiff entweder nach Kronstadt oder Seebrücke abfahren würde. Und jedes dieser Schiffe würde bis zu acht voll beladene Fuhrwerke und ihre Zugpferde tragen; ja, und auch noch fünfzig Menschen mitnehmen können.

Ob denn dann nur die Fuhrleute mitfahren dürften? Das verneinte der König. Jeder, der dies wolle, könne dann mitreisen, manche sogar einfach einen Ausflug machen. Warum denn derzeit so viele Straßen gebaut würden? Jede neue Straße bringe die Menschen näher zusammen und ließe das, was sie erzeugt haben, schneller dahin bringen, wo es gekauft würde. Den Händlern und den Käufern gefiele dies, denn der eine bekomme Denare dafür, die anderen, das was sie sich wünschten. Außerdem würden die Straßenbauer ja auch entlohnt und können so ihren Lebensunterhalt sichern. Anhand von einfachen Beispiele erschloss sich des Königs Wollen so den Kindern. Damit hatte sich die Erkundung sowohl für die Kinder als auch für ihre Lehrerin mehr als gelohnt.

Die Kinder hatten ihre Scheu vor dem Herrscher immer mehr verloren und getrauten sich nun auch, ganz Persönliches zu erfragen. Ob er denn seine Kinder möge und sie auch in den Arm nehmen würde. Aber ja, er sei ja nicht nur der König sondern auch der Vater von fünf Kindern, die er sehr gerne hatte. Dies und noch mehr wollten sie wissen, denn das, was sie jetzt erfuhren, das konnten sie im Elternhaus und ihren Freunden erzählen. Unbewusst verband sich damit schon auch so etwas wie eigene Bedeutung, wer hatte schon je die Gelegenheit den hochverehrten König so direkt zu erleben. Aber nicht nur die Kinder zogen begeistert ab, auch die Lehrerin wähnte sich in einem Traum gefangen zu sein. Derart wohlwollend, ja herzlich vom großen König behandelt zu werden, das würde auch in ihrem ferneren Leben immer einer der Höhepunkte bleiben. Gerhardus, der seinen Herrscher ja schon als Prinz Sonnenschein erlebt und seither oft direkt mit ihm zu tun hatte, wurde wieder einmal in seiner

Einschätzung bestätigt: König Friedrich war tatsächlich das ihnen so lange verheißene Gottesgeschenk. Auch er fühlte sich von dem Erlebten bereichert, sein genialer Herrscher war fürwahr auch ein unglaublich liebenswürdiger und zugewendeter Mensch und Monarch.

Selbst dem König hatte diese Fragestunde etwas Wesentliches eingetragen, nämlich die Vorstellungen der Kinder zum Lernen wie zum Rahmen, in dem dieses ablaufen sollte. Die aufgeweckten und immer offener und zutraulicher werdenden Kinder hatten sich vor allem drei Dinge gewünscht:

1. Kürzere Unterrichtsstunden und mehr Pausen bei gleicher täglicher Schuldauer.
2. Einen großen Schulhof, auf dem sie sich während der Pausen austoben können.
3. Noch mehr Begehungen im Rahmen des zu Erlernenden.

Mehr war es nicht, aber speziell der zweite Wunsch machte den König nachdenklich. Die im Stadtteil St. Markus gelegene Schule lag nämlich direkt an der hier sehr belebten Reichsstraße. Diese würde aufgrund des Fährhafens und des neuen Stadtteils noch mehr Verkehr aufnehmen müssen, ein wahrer Albtraum bei der Lage der Schule. Hier musste seitens der Stadt unbedingt eine Lösung gefunden werden, was er danach mit Gerhardus erörterte.

Für das geplante Stadtviertel gab es hiermit noch eine weitere Vorgabe: Die Schule dürfe nicht direkt von der Reichsstraße aus zugänglich sein. Außerdem müsse sie einen mit Bäumen bestandenen größeren Schulhof erhalten, damit die Kinder selbst bei brütender Hitze im Schatten spielen können. Diesem neuen Schulsprengel zugeordnet werden sollten auch die Kinder der dem Stadtviertel St. Markus vorgelagerten Häuser, aber auch die der Manfredshöhe und des Amalaraschlossbereichs. Der direkt vor der künftigen Schule gelegene Weinberg könne später noch mit einem oder mehreren Schulgebäuden bebaut werden, sollte die Schülerzahl für die vorgesehenen Räume zu groß werden.

„Gerhardus, wem übertragen wir denn die Leitung unseres neuen Vorhabens?“ Mit dieser Frage brachte er den Patrizius in Verlegenheit, denn der Stadtbaumeister der Heiligen Stadt sollte demnächst in den Ruhestand gehen. Sein vorgesehener Nachfolger wäre mit einem solch großen Projekt vorerst noch überfordert. „Majestät, könnte denn nicht ein Mitarbeiter des Oberrats Sigmund dieses Projekt verantworten? Und ich würde mich gerne auch immer wieder einbringen!“ Der König nickte und meinte: „Ich habe dem Bereich Technik bereits den Bau des Fährhafens und der Werft übertragen und will mal vorfühlen, ob die Herren auch noch die Planung des Stadtviertels mit übernehmen können. Ich gehe davon aus, dass dies Sigmund und seine Männer reizen wird.“ Dies besprachen sie auf dem Ritt zurück, der nicht so unbeachtet blieb wie zuvor und von vielen Freudenrufen begleitet wurde.

Gerhardus stieg auf dem Theoderichsplatz vom Pferd, um den kurzen Weg zum Stadtpalast zu Fuß zurückzulegen. Dort konnte er an diesem Tag die abendliche Sitzung des Senats kaum erwarten, denn er konnte seinen Mitstreitern eine riesige Freudenbotschaft überbringen. König Friedrich ließ vor dem Ministerium für Straßenbau, Bergbau und Technik anhalten und begab sich direkt zu seinem Freund Sigmund. Dort traf er auch einen neuen Mitarbeiter von Sigmund an. Der wollte sich sofort zurückziehen, was dem König nicht recht war, denn diesen jungen Mann, den kannte er ja schon. Er erinnerte sich an die ungewöhnliche Fragestunde anlässlich seines Besuchs in der Hochschule für Technik in Seeburg. Dieser junge Mann hatte ihn doch damals mit einer ungewöhnlichen Frage überrascht. Der damalige Student wollte von ihm wissen, was denn in Italien noch an die Goten erinnern würde. Friedrich reichte ihm huldvoll die Hand. Als der

Herrscher nach einer guten Stunde das Ministerium wieder verließ, da hatte er Sigmund und den jungen Hildebrecht mit seiner Begeisterung für das neue Vorhaben angesteckt. Sigmund folgte der Bitte seines Freundes sehr gerne. „Majestät, lieber Friedrich, das möchte ich gerne in meiner persönlichen Zuständigkeit behalten. Die unmittelbare Bauaufsicht würde ich aber gerne meinem jungen und sehr tüchtigen Ingenieur Hildebrecht übertragen, der vor einem Jahr die Hochschule für Technik in Seebrücke absolviert hat." Das war ganz im Sinne des Herrschers, der dies als eine gute Lösung betrachtete. So bekam auch der junge Ingenieur Hildebrecht unmittelbar mit, welchen Stellenwert sein Vorgesetzter Sigmund beim Herrn von Thule hatte. Er hatte zwar schon davon gehört, dass der Oberrat Sigmund ein Kinderfreund des Königs sei. Doch nun zu erleben wie vertraut die beiden Freunde miteinander umgingen, das war dann schon noch etwas anderes.

Bereits nach zwei Wochen legte Sigmund dem Herrscher den Entwurf des Stadtplans vor. Er und Hildebrecht hatten dem König gut zugehört und dessen Vorstellungen eingearbeitet. Nur eine einzige größere Querstraße der auf dem Plan deutlich erbreiterten Reichsstraße hatte er vorgesehen. Deren Schnittpunkt bildete zusammen mit der von den Weinbergen her zuführenden Straße einen Platz, der als Zentrum der geplanten Vorstadt gedacht war. An ihm sollten daher auch die Läden der Bäcker, Metzger und all die anderen Geschäfte liegen, die den täglichen Bedarf der Bürger abdecken mussten. Diesen Platz würde laut Plan ein von Bäumen umstandener Brunnen auflockern. Ansonsten führten vom Seebereich nur noch zwei Treppenfluchten hinauf zur zentralen Straßenachse. Den schmäler ausfallenden und höher liegenden Bereich unterhalb der Weinberge hatte Sigmund in vier kleine Wohnviertel eingeteilt.

Auch einen dringlichen Wunsch des Königs hatten die beiden Ingenieure aufgenommen. In einem einstigen, mit großen Bäumen bestandenen Garten hatten sie die Schule vorgesehen, die nur von der Weinbergseite her zugänglich war. Damit sollte das spontane Verhalten der Kinder ein wenig kanalisiert werden. Dort würden auch die zweite Kirche der Vorstadt und ein kleines Pfarrhaus entstehen. Der gesamte Hofbereich sollte allerdings der Schule zugeschlagen werden. Diese zweite Kirche war bei den geplanten zehntausend Einwohnern unabdingbar, denn die bestehende, auf einer Geländezunge in Höhe der Reichsstraße liegende Kirche St. Johannes konnte den vielen Gläubigen der Vorstadt nicht genügend Platz anbieten.

Überall erschlossen Parallelstraßen die Quartiere, was sich angesichts des ansteigenden Hangs zwangsläufig anbot. Fast alle der Anwesen würden außerdem noch über Treppen erreichbar sein. Alles in allem würde hier ein lichtes und grünes Stadtviertel entstehen, das Gärten und viele Bäume schmückten. „Sigmund, wir sollten versuchen die kleineren Bäume in den bisherigen Gärten auszugraben und sie an jenen Bereichen wieder einpflanzen, an denen Du sie vorgesehen hast. Ich vermute, dass der Aushub der Baustellen uns auch nicht genügend Steine liefern wird, um damit viele Häuser bauen zu können. Dieses benötigte Baumaterial wird aber sehr wahrscheinlich bei der Trassierung der neuen, nach Westervik führenden Reichstraße anfallen. Damit lösen wir auch dort ein Problem."

Das verschaffte Sigmund nun eine Chance: „Majestät, lieber Friedrich, könnten wir denn hier nicht auf eine viel Baumaterial verschlingende Stadtmauer verzichten?" König Friedrich schaute sich daraufhin den Stadtplan nochmals genau an. „Sigmund, die Zeiten, in denen wir uns selbst im Landesinneren durch Mauern schützen mussten, sind zum Glück Geschichte. Du hast recht, hier brauchen wir wirklich keine Stadtmauer, denn der Trollälv bildet ohnehin schon eine natürliche Begrenzung.“ Zusammen fanden sie noch eine Ergänzung: In dem kleinen Steinbruch, der im unteren Weinberg lag, sollte noch ein Weingut vorgesehen werden. „Ob dieses dann von der Krone betrieben wird, oder ob es einer der privaten Weinbauern übernimmt, das ist für unsere Planung vorerst unerheblich!“

Danach betrachteten die drei Herren nochmals den Bereich am See. Dort hatte Sigmund einen großen Bereich für die Allgemeinheit freigelassen. Auf ihm konnten sich die Bewohner ergehen, unter Bäumen Schatten suchen, sich im kühlen Nass tummeln, am Kiesstrand spielen und auf der Wiese Sport treiben. Ein flacher großer Brunnen würde dort den kleinen Kindern ein gefahrloses Baden ermöglichen. Das Gasthaus in dem der König die Schulkinder bewirten ließ, sollte vergrößert werden, damit dort auch das leibliche Wohl nicht zu kurz kommt. Ein hölzerner Steg führte auf dem Plan in den See hinaus, von dem aus man die benachbarte Werft und die drei Häfen einsehen oder das thulanische Binnenmeer auf sich wirken lassen konnte. Dort am Fährhafen und daneben lagen die repräsentativen Gebäude, allen voran die beiden Empfangsgebäude des Fährhafens. Aber auch das geplante Seehaus des Volkshafens wie das Verwaltungsgebäude der Werft zählten dazu.

Dazu gab der Herrscher den beiden Planern noch einige Hinweise: Im linken Gebäude des Fährhafens sollten Verwaltungs- und Geschäftsräume vorgesehen werden, allen voran eine Filiale der Königlichen Bank und eine Poststelle. In dieser Bank konnten dann die Kreditsuchenden verhandeln und später die Bewohner ihre Geldgeschäfte erledigen. Außerdem würden in diesem Gebäude auch Speditionen und Fernhändlern Räume angeboten werden. Damit ersparten sich die Bewohner den weiten Weg ins Zentrum der Heiligen Stadt. Die Amalaravorstadt gehöre zwar zu Theodericia solle aber auch relativ autonom werden, daher brauche es hier im Gebäude noch Räume für den von der Stadt delegierten Vogt und seine Mitarbeiter.

Hinter dem See- und Fährhafengebäuden waren hohe Häuser vorgesehen, in deren Erdgeschossen und Innenhöfen die Handwerker ihre Werkstätten einrichten können. Deren vier obere Etagen sollten allerdings nur den Mietwohnungen vorbehalten bleiben. Sie dürfen jedoch den über dem Steilabbruch zu bauenden Häuser weder das Licht noch die Sicht rauben! Erschlossen soll das Seeviertel durch die jetzt schon als Zufahrt genutzte aber leider auch ziemlich steile Straße werden, die wie gesagt, dann in den repräsentativen Platz einmünden würde und jenseits weiterführte.

Was König Friedrich zwar überraschte aber sichtlich gefiel, Sigmund und sein Mitstreiter hatten eine Lösung für die Wasserversorgung gefunden. Vor drei Tagen sei nämlich sein Kollege und künftiger Bauleiter Hildebrecht in die Schlucht des Trollälvs eingestiegen. Dort hatte er unmittelbar nach der kräftig sprudelnden Quelle des Trollälvs eine Stelle gefunden, wo dem Bach viel Wasser entnommen werden könne. Außerdem ließe sich hier ohne großen Aufwand eine Rinne anlegen, die am Ausgang der Schlucht in ein Aquädukt eingeleitet werden könne. Das so gewonnene Wasser könne nach ihrer Vorstellung dann in einem Turm unterhalb des Weinguts der Königin gesammelt und in Röhren auf das Viertel verteilt werden. In der folgenden Diskussion beschlossen die beiden Herren noch, dass das Aquädukt bis hinunter zur Reichstraße geführt werden und dort einen zweiten Wasserturm füllen solle. Dadurch ließe sich das Seeviertel nach Ansicht der Herren einfacher versorgen.

Am Ende des Vortrags zogen Sigmund und Hildebrecht zufrieden weiter, denn sie hatten ein großes Lob erhalten, was bei König Friedrich schon etwas Besonderes war. Danach stimmten sich die beiden Ingenieure noch mit dem Stadtbaumeister ab, der gleich seinen Patrizius und den für Stadt- und Straßenbau zuständigen Senator hinzu bat. Gerhardus sprach es aus: „Meine Herren, was ich diesem Plan entnehmen kann, gefällt mir ausnehmend gut. Hier wird ein Stadtviertel entstehen, das unserem Theodericia bestens ansteht. Nichts habt Ihr vergessen und alle Wünsche unseres Herrschers einbezogen. Darauf könnt Ihr wahrlich stolz sein!“ Natürlich wollten die Herren wissen, was denn der König von der Planung hielte. „Unser aller Herr hat uns sogar gelobt, war davon angetan und sehr zufrieden.“

Damit war alles klar, die Grundstücksbesitzer wurden eingeladen, sie wählten wegen der lukrativen Summe zumeist die angebotene Ablösung ihres Lehens. Lediglich drei Winzer nahmen das andere Angebot an, nämlich ihre Weingärten einzutauschen. Einer sprach es offen aus: „Da hole ich doch mehr Ertrag heraus und kann dort noch einen besseren Wein erzeugen als auf meinem bisherigen Grund.“ Einer von den Dreien war sogar daran interessiert das geplante Weingut zu erwerben. Er machte es allerdings abhängig von den Konditionen des dafür erforderlichen Kredits.

Nach nur einer Woche konnte die Stadt somit die Bauaufträge vergeben, im ersten Bauabschnitt sollte mit dem Bau der Häuser oberhalb der Reichsstraße begonnen werden. Als Zeitvorgabe für die Fertigstellung der Vorstadt hatte Sigmund anspruchsvolle vierundzwanzig Monate vorgegeben. Für die Senatoren war es eine Ehrensache dem Wunsch ihres Königs zu entsprechen und das neu entstehende Stadtviertel „Amalaravorstadt“ zu nennen. Dies veranlasste den Herrscher ein Denkmal seiner Urgroßmutter in Auftrag zu geben, das mitten auf dem zentralen Platz des Seeviertels aufgestellt werden sollte. Mit diesem raschen Start des großen Vorhabens lösten sich gleich zwei Sorgen der Stadtherren in Freude auf. Ihre Bauleute hatten auf einmal alle wieder Arbeit. Die Stadt selbst hatte damit in zwei Jahren das Problem der fehlenden Wohnungen und gewerblichen Räume gelöst. Nicht zu vergessen war dabei auch eines, die durch das neue Viertel entstehenden zusätzlichen Arbeitsplätze taten dem Stadtsäckel gut.

Abb. 3 Plan der Amalaravorstadt

Reise in den Nordwesten

Als Gaugraf Ardarich und seine Familie sich gerade zum Abendbrot niedergelassen hatten, meldete einer der Diener den Boten des Königs. Dessen Erscheinen elektrisierte nicht nur den Herrn des Gepidiagaus sondern auch die Seinen. Vor einer Woche hatte der Graf nämlich ein Schreiben an seinen König gesendet, mit der Anfrage, ob es dem Herrscher denn möglich wäre, an der großen Feier Gepidias teilzunehmen. Und nun kam die Antwort schneller als erhofft. Gab es eine Absage des vielbeschäftigten Herrn von Thule oder durften sie sich auf sein Kommen freuen? Der rotgewandete Königsbote wurde von einem anderen Diener zum Hausherrn geführt, dem er eine versiegelte Botschaft überreichte. Trotz seiner Neugierde öffnete der Gaugraf das Schreiben nicht sofort, sondern kam erst einmal seiner Gastgeberpflicht nach. Voller Hoffnung auf einen günstigen Bescheid und froh über die umgehende Antwort des Herrschers bat er den erschöpften Königsboten an seine Tafel.

Gespannt erbrach der Gaugraf das Siegel und entrollte das königliche Schreiben. Er überflog den Inhalt und seiner sich mit Freude überziehenden Miene nach zu schließen, konnte es nur ein günstiger Bescheid sein. Bevor Ardarich dann den Brief zur Gänze vorlas, rief er seiner Familie zu: „Er kommt!“ Höchst erfreut verkündete es Gaugraf Ardarich seiner Familie.

„Lieber Graf Ardarich,

ich danke Euch vielmals für Eure Einladung, der ich gerne Folge leisten werde. Dank gebührt Euch auch dafür, dass Ihr mich an dieses so besondere Ereignis erinnert habt. Dieses ist es fürwahr wert groß begangen zu werden. Ohne die Weisheit und Eingebung Eures Ahns Markgraf Ardarich und dem Mut der Königsbefreier – darunter auch Euer Großoheim Markgraf und Kanzler Theoderich

– würde kein Hohenstaufen den Thron Thules einnehmen! Die enge Verbundenheit meiner Familie mit dem Hause Gepidia wird schon hieraus deutlich. Bitte richtet es so ein, dass ich bei der Feier an alle, die sich dort einfinden werden, einige Worte richten kann. Geht bitte davon aus, dass es sich die „große Familie“ nicht nehmen lassen wird, auch dabei sein zu dürfen.

Ich freue mich darauf mit Euch zu feiern.

In Verbundenheit FTRT.

„Was sagt Ihr nun, meine Lieben. Solch eine große Freude! Und unser hochverehrter großer König wird sogar eine Rede halten. Endlich einmal stehen auch wir im Mittelpunkt, die ansonsten in einem abgeschiedenen Bereich Thules liegen. Die ganze königliche Familie wird zu uns kommen und natürlich unser Herzog Wittich, aber auch all die anderen Hohen Herrschaften werden uns beehren.

Nun müssen wir allerdings dafür sorgen, dass wir diese erlauchten Gäste gebührend unterbringen können. Unsere beiden Gasthäuser müssen mit unserer Unterstützung auf Vordermann gebracht werden und natürlich auch unser eigenes Gästehaus. Zusätzlich müssen wir das Gefolge der hohen Herrschaften unterbringen und etliche bitten, doch ihre Reisezelte mitzubringen. Als Zeltplatz ist der Garten hinter dem Amtspalais vorzusehen.“ So wurde es auch dem Rat der Stadt weitergegeben, der dem großen Ereignis nicht minder aufgeregt entgegenfieberte. Was für eine Freude und welch ein einmaliges Ereignis.

Damit zur Vorgeschichte dieses anberaumten Festes. Als in Thule das Königshaus der Indulfinger im Männerstamm ausstarb, griffen drei Herzöge nach dem Thron und der Macht. Daraus entwickelte sich alsbald ein verstörender Bürgerkrieg. Lange schien die Lage hoffnungslos verfahren zu sein. Trotz der neun zäh und kontrovers verlaufenden Beratungen des Kronrats zeichnete sich keine Lösung ab. Dank der herzlichen Bitte der Regentin Königin Amalaberga verweigerte sich der angesehene Kronrat Gaugraf Ardarich von Gepidia dem zehnten Zusammentreffen der Kronräte nicht. Unterwegs, aber noch in seinem Gau, gab die Seherin Vistulis dem sehr alten Herrn den Hinweis auf das uralte Buch der Weissagungen. Dieses war, wie Ardarich wusste, in der Bibliothek der Indulfsburg zu finden, zugänglich war es allerdings nur den Herrschenden. In diesem Buch – so Vistulis – befinde sich jener Schlüssel, mit dessen Hilfe der unsägliche Bürgerkrieg endlich beendet werden könne. Und so war es dann auch. Der weise Ardarich entschlüsselte darin eine rätselhafte Botschaft und wies damit den Edlen Thules den Lösungsweg. Er empfahl daraufhin der Regentin und dem Thronrat zumindest einen der drei in Italien eingekerkerten staufischen Prinzen zu befreien. Nach hitziger Diskussion wurde schließlich dem Rat des weisen Ardarich stattgegeben und die entsprechende Mission zur Befreiung aller drei Prinzen beschlossen.

Deshalb waren im Frühsommer des Jahres 1275 drei Schiffe unter Führung des Markgrafen Witold nach Italien aufgebrochen. Unter den vier leitenden Edlen befand sich mit Graf Theoderich auch der junge Enkel Ardarichs. Gemeinsam mit ihren Männern gelang es den vier mutigen Thulanern, das schier unmögliche Unterfangen zum Erfolg zu führen. Sie schafften es tatsächlich, einen der im apulischen Castel del Monte eingekerkerten staufischen Prinzen zu befreien. Dieser wurde nach Thule gebracht und bestieg einige Jahre später als König Friedrich I. Theoderich den Thron des Reiches. Seitdem regierten dessen Nachkommen das Inselreich Thule, und es war eine glanzvolle Herrschaft. Insbesondere unter dem derzeitigen König Friedrich II. Teja blühte Thule und lebte in Frieden und Wohlstand. Dieser Herrscher war untrüglich der den Thulaner seit sieben Jahrhunderten verheißene große König.

Und nun, hundert Jahre nach der kühnen Expedition, befand sich die Landstadt Gepidia und mit ihr der gleichnamige Gau in freudiger Aufregung. Alle Tätigkeiten wurden auf den hohen Besuch hin ausgerichtet, so manches Haus bekam deshalb einen neuen Anstrich. Das, was den hohen Gästen bei ihrem Einzug in die Stadt ins Auge stechen könnte, musste selbst kritischen Blicken standhalten können. Bei des Gaugrafen finaler Inspektion genügte dann alles seinem Anspruch. Er gab, was eher selten vorkam, sogar seiner Zufriedenheit lobend Ausdruck. Damit waren die baulichen und optischen Vorbereitungen beendet. Nun galt es noch für die Grafenfamilie wie für die Bürger des Gaus, den Hochverehrten und die Hohen Herrschaften, die ihn begleiteten, gebührend zu empfangen. Das ohnehin schmucke Städtchen konnte sich jetzt wirklich sehen lassen. Es hatte sich herausgeputzt und geschmückt wie nie zuvor.

Doch damit hatte es sich für viele Gepidianer immer noch nicht. Wem sein bestes Gewand für das einmalige Ereignis nicht genügte, der verschaffte nun den Schneidern willkommene Aufträge. Aber auch die anderen Zünfte gingen nicht leer aus. Bäcker, Gärtner, Metzger und die beiden kleinen Brauereien stellten sich auf den zu erwartenden großen Absatz ein. Die Gastwirte ertränkten ihre Lokale fast im Putzwasser, legten Vorräte an und baten ihre ganze Familie um Hilfe. An dem Fest sollte ja nicht nur der König und sein Gefolge bewirtet werden, denn auch die vielen Gäste aus dem eigenen Gau, wie jene aus den beiden Nachbargauen, freuten sich auf einen festlichen Schmaus und einen kräftigen Schluck. Endlich war auch bei den Bewirtenden alles so vorbereitet, wie es sich der gestrenge Gaugraf gewünscht hatte. Nun konnten die Königliche Familie und der Hochadel kommen und die Bürger und ihre Stadt Gepidia in festlich geschmücktem Rahmen erleben. Die meisten der hohen Herrschaften kannten das Städtchen nicht, selbst der Herrscher war letztmals als Siebzehnjähriger hier gewesen.

***

Währenddessen setzte sich in der Heiligen Stadt früh am Morgen eine illustre Schar in Bewegung. König Friedrich und die engere Staufische Familie wurden begleitet von Vertretern des Hochadels. Ihnen hatten sich einigen Nachkommen der verehrten „Königsbefreier“ angeschlossen. Unter diesen befanden sich mit Herzog Beowulf und Markgraf Thorismund auch zwei Mitglieder des Hochadels.

Als in Gepidia noch die letzten Vorbereitungen getroffen wurden, zogen die erwarteten Gäste gemächlich auf der erst vor wenigen Jahren fertiggestellten Reichstrasse dahin. Nächtigen wollten sie in einer neuen Mansio zwischen den Städten Wallheim und Silja. Dort in dieser großen Raststation konnten sie alle gut unterkommen. Doch noch war es lange nicht soweit, erst einmal galt es die Passhöhe des Gebirgsrückens zu erreichen, der sich von der Landeskrone gen Westen zog. Die in den Hang eingegrabene Straße stieg stetig, aber auch sanft bergan. Einen ersten kurzen Halt gab es an der neuentdeckten Heilquelle unweit der Passhöhe. Diese stark fließende Quelle war inzwischen gefasst worden und lud ein, hier eine Rast einzulegen.

Von der nahen Passhöhe herab genossen sie kurz darauf einen geradezu atemberaubenden Ausblick. Der Amelungensund und die Sundauen zeigten sich ihren staunenden Blicken, die sich erst weit in der Ferne verloren. Unter ihnen, am westlichen Ende des Sunds, lag nun fast zum Greifen nahe die Stadt Westervik. In vielen Kehren ging es hinunter, die Bauleute hatten hier ein wahres Meisterwerk vollbracht. Der Ausblick verkürzte sich zwar von

Kehre zu Kehre immer mehr, aber dennoch blieb jenen, die erstmals hier ritten, das Staunen erhalten. Fröhlich empfangen wurden sie in Westervik, das ja vor einem Jahr das Fest der Einweihung der neuen Straße ausrichten durfte.

Schon dort, wie auf dem bisherigen Weg, hatte diese Gesellschaft eine fröhliche Stimmung ergriffen. Sie fühlten sich – so wie stets – in der „Großen Familie“ wohl, wozu auch die Königlichen Hoheiten beitrugen. Je weiter sie sich von Westervik entfernten, desto weniger dicht besiedelt erlebten die Reisenden das flache Land. Hier dominierten die von Rinderweiden gesäumten Einzelhöfe und kleineren Ortschaften. So wie es bei der Entdeckung dieses Gebiets der uralte Waffenmeister Hildebrandt eingeschätzt hatte, waren die Sundauen ein ideales Gebiet zur Rinderzucht. Äcker gab es nur im Umkreis der Ortschaften oder direkt an den Höfen. Große Waldinseln und dichte Auwälder an den Flüssen lockerten die Ebene auf und boten dem Wild Rückzugsräume. Hier gab es noch viel freies Land, das sich zum Besiedeln geradezu anbot. Blickten die Reisenden hinüber auf die entgegengesetzte Seite, zeigten sich ihnen dort die bewaldeten und sanft aufsteigenden Berge. Das Mittagsmahl nahmen die Herrschaften im Kloster St. Justinus ein, um diese Ehre dieses Besuchs hatte der Abt den Herrscher gebeten.

Der König hatte nicht nur diesen Aufenthalt eingeplant, er ging auch davon aus, dass sie auch unterwegs in den Städten aufgehalten wurden. Selbst in dem einst von ihm gemiedenen Wallheim wurden sie wider Erwarten herzlich empfangen. Davon angenehm überrascht erteilte der König den Bürgern seinen Segen. Mit dieser Geste löschte er sowohl für sich als auch die Bürger der Stadt seine unbewusste Abneigung. Warum hegte der Herrscher derartige Vorbehalte gegenüber dieser einst so katholischen Stadt?

Die Ursache seiner Abneigung rührte von einem üblen Ereignis her. Von diesem Wallheim ging zu des Königs Kindertagen die große Verschwörung aus. Im nahen Meierhof des Gaugrafen Hugo von Streitburg hatten sich damals die siebzehn Verschwörer getroffen und die Pläne zur Ermordung aller Staufer ausgeheckt. Dieser Verschwörung fielen Friedrichs königliche Eltern zum Opfer, er selbst, der zu jener Zeit Zwölfjährige, entkam damals nur knapp dem heimtückischen Anschlag der Katholiken. In Wallheim sah er danach lange nur die getreue Stadt des Gaugrafen Hugo. Dieser Cousin seiner Großmutter Königin Greta war einer der drei Anführer der Verschwörer gegen das Königshaus. Zwar hatte er sich an der Ermordung von Friedrichs Eltern nur indirekt beteiligt, aber sehr wohl war ihm an dieser Freveltat ein großer Anteil zuzumessen. Ihn und seine Söhne tötete der König als „Ritter des Roten Löwen“ Jahre später in einem erbitterten Kampf unweit der Rosenburg. Doch dies war längst Geschichte, heute residierte mit Graf Wilhelm, dem getreuen Bruder des Markgrafen Thorismund, hier ein anderer Gaugraf. Dennoch hatte sich bis heute bei dem nachtragenden Herrscher ein Vorurteil festgesetzt. Graf Wilhelm, auch er einer der Nachkommen des Kanzlers Markgraf Witold, zog nun mit ihnen nach Gepidia.

Am späten Nachmittag kam die neue Mansio in Sicht, die dicht am Fluss Ronga lag und ihnen für diese Nacht ein Quartier bieten würde. Alle dort Beschäftigten standen vor der Raststätte und erwarteten gespannt die illustren Gäste. Obwohl diese Mansio bis dahin noch keine Gäste beherbergt hatte, waren deren Gebäude geschmückt und Fahnen begrüßten die hohen Herrschaften. Der Leiter der Station tat sich schwer mit seiner Ansprache, der des Redens nicht gewohnte Graukopf, suchte sichtlich nach Worten. Er hatte seinen König bisher nur aus der Ferne gesehen, und nun stand er ihm direkt gegenüber. Doch als der König dem Amtmann für den ehrerbietigen Gruß dankte und sich lobend zu dem Schmuck des Mansio äußerte, da verließen ihn und seine

Mitstreiter die Ängste wieder. Er hatte alles trefflich vorbereiten lassen und konnte so alle Gäste gebührend unterbringen, außerdem erwartete die Gäste zum abendlichen Mahl eine köstliche Bewirtung. Die drei Speisefolgen als Auswahl stellten alle zufrieden, denn es gab Wild aus den nahen Bergen, oder Fisch aus dem Amelungensund und eine besondere Mehlspeise für die jüngeren Herrschaften. Da er beim Einkauf freie Hand hatte, konnte auch der Wein verwöhnte Gaumen zufriedenstellen.

Nachdem sich alle Gäste eingerichtet hatten, trafen sie sich bald darauf in der großen Halle, in der später auch das Abendbrot gereicht werden würde. Nach den langen Stunden im Sattel oder in der Kutsche tat dies allen gut. Der König und sein Schwager Theodemir wollten zuvor jedoch noch die Mansio besichtigen, denn diese war nach neuen Vorgaben erstellt worden. All das was bisher in diesen Raststätten gefehlt hatte oder bemängelt wurde, das hatte das Ressort für Straßenbau des Ministeriums für Straßenbau-, Bergbau und Technik bei der neuen Reichsstraße behoben, zumindest laut ihrem Abschlussbericht. Und genau davon wollte der Herrscher sich nun selbst überzeugen, obwohl die Verantwortlichen ja eines wussten, ihr König wollte in eben dieser Raststätte nächtigen; und mit ihm ein großes und erlauchtes Gefolge.

Der Gästebereich in dieser Mansio war erweitert worden, neben den beiden Gasthäusern gab es nun auch vier ruhig gelegene Pensionen. Ein Spielplatz für die Kinder der Reisenden wie auch für die der Bewohner war neu und dies gefiel den beiden Hohen Herren und Vätern. Ein weiteres Novum stellte ein Ladengeschäft dar, in dem sowohl die Gäste als auch die Bediensteten die wesentlichen Güter des täglichen Bedarfs einkaufen konnten. Insoweit die Werkstätten nicht durch die Betreuung der Reisenden ausgelastet waren, durften sie nun auch – wenngleich nachrangig – für die Nachbarschaft arbeiten. Eine weitere Neuerung lag darin, dass die Bewohner der umliegenden Dörfer und Höfe hier künftig ihre Überschüsse anbieten konnten. Neu war auch eine Schule, in der die Kinder der dienstbaren Geister, aber auch jene aus der Nachbarschaft unterrichtet werden konnten. Immerhin verschaffte solch eine große Mansio zusammen mit den von hier aus betreuten Abschnitten der Reichsstraße über dreihundert Menschen eine Arbeit. Deren Häuschen waren hier etwas abgelegener errichtet worden als jene in den bis dahin gebauten Mansios. Damit sollte den Beschäftigten in ihrer Freizeit mehr Ruhe verschafft werden. Wohlwollend hatte der Herrscher alles konstatiert, er freute sich darüber, dass alle gewünschten Veränderungen tatsächlich erfolgt waren.

Wie in der großen Familie nicht anders zu erwarten war, entwickelte sich der gemeinsame Abend zu einem fröhlichen Beisammensein. Hier gab es kein einengendes Ritual, weder bei der Sitzordnung noch bei den Hierarchien. Selbst die Königlichen Hoheiten konnten sich frei bewegen. Diejenigen Mitreisenden, denen dieser lockere Umgang noch fremd war, wurden schnell einbezogen. Dies war nicht nur dem König ein Anliegen, auch der Hochadel gewann so einen Einblick in das Geschehen außerhalb seiner eigenen Welt. Ihre Diener, Knappen, Zofen und Knechte saßen – wenn auch abseits – mit im Saal und wurden so nun selbst einmal bewirtet. Noch dazu bekamen sie dasselbe Essen serviert wie ihre Herrschaft. Da alle früh am nächsten Morgen wieder aus den Federn zu kriechen hatten dehnte sich der Abend nicht über Gebühr aus. Selbst die trinkfesten älteren Herren zollten dem langen Ritt Tribut und suchten bald ihr Nachtlager auf.

Wie bei Wallheim hegte der Königs auch gegen die nächste Stadt eine gewisse Abneigung. In Silja hatte er vor vielen Jahren den Gaugrafen Walafrid und mit ihm drei weitere Adelige auf dem großen Platz hinrichten lassen. Mit diesem harten, abschreckenden Exempel hatte der Herrscher den widerspenstigen Adel Stormlands letztlich befriedet. Dadurch verschaffte er seinem Schwiegervater Wittich, dem neuem Herzog, jene Voraussetzungen, von der aus es ihm möglich wurde, das vernachlässigte Herzogtum wieder aufzubauen. So allmählich konnte Herzog Wittich sein Stormland jenem Wohlstand annähern, den die anderen Regionen Thules längst genossen. Der einstige Paladin Erarich wurde damals als Regent des Siljagaus eingesetzt, den er seitdem anstelle des zum Markgrafen erhobenen Seegrafen Hildebrecht treulich verwaltete. Graf Erarich hatte es sich nicht nehmen lassen, die durch seine Stadt ziehenden hohen Herrschaften zu empfangen und mit ihnen zu Mittag zu speisen. Dort stieß auch Herzog Wittich zum Zug, allseits herzlich begrüßt und dies nicht nur von seiner Tochter Königin Amala, den Enkeln und dem Schwiegersohn König Friedrich.

Die Zeit reichte sogar noch zu einer Besichtigung der malerisch am großen Siljasee gelegenen Stadt. Dieses Silja war ein Zentrum der Ledererzeugung. Felle von Rindern, Ziegen und Wild wurden hier von den vielen Gerbereien zu Leder verarbeitet. Ihr Zunfthaus und das der Seefischer lag im Inselviertel, wie auch die von den hiesigen Zünften gestiftete Kirche St. Lukas. Mitten in dieser zweitgrößten Stadt Stormlands lag der Burgberg mit dem Gaugrafensitz und der Verwaltung des Siljagaus. Die Stadt hatte sich ein monumentales Rathaus geleistet, das selbst einer größeren Stadt gut anstehen würde. Unterhalb des Burgbergs lagen die beiden Brauereien einträchtig nebeneinander. Drei tief in den Burgberg hineingetriebene Keller sorgten für die kühle Lagerung des Bieres. Weinberge wie im Süden gab es hier nicht, lediglich ein winziger Weinberg unterhalb der Kirche St. Michael bescherte dem Rat seinen Seewein, der nur zu besonderen Tagen zum Ausschank kam, so auch am heutigen Tag. Entweder labten sich die Bürger am hiesigen Bier oder am Obstwein, der von den Früchten der vielen Obstbäumen am steilen Hang im Norden der Stadt oder von den Alleebäumen stammte. Voller Stolz zeigten

Regent und Rat der Stadt den hohen Gästen ihre Schulen. In drei Gebäuden wurden die Schüler unterrichtet, die Begabtesten durften dann die daneben liegende weiterführende Schule besuchen. Hierfür bekamen sie vom Herrscher ein Lob gezollt.

Beim Weiterritt nach Gepidia deutete Herzog Wittich unmittelbar nach dem Gepidiator auf ein Gebäude, das auf der rechten Seite auftauchte. Dort würde er selbst inzwischen Sättel, Zaumzeug und die Radumhüllungen der Kutschen fertigen lassen. In den benachbarten Manufakturen würden andere Unternehmer ebenfalls Produkte aus dem hiesigen Leder anfertigen lassen. Bekannt seien aber vor allem die mit silbernen Plattierungen gezierten Gürtel und Mäntel aus feinem Hirschleder. Silja sei nicht nur die schönste, sondern auch die wohlhabendste Stadt seines Herzogtums und für ihn eine stete Freude. „Friedrich, Dein gewaltiger Hieb gegen den verschlagenen Walafrid hat die Menschen nicht nur hier sondern im ganzen Herzogtum von einem Albtraum befreit und eine neue Zeit eingeläutet. Jetzt kann ich ja eingestehen, dass mich damals fast so etwas wie Panik erfasst hatte und Angst vor den Folgen Deines harten Handelns. Aber meine Bedenken waren völlig unbegründet, denn die Bürger der Landstädte atmeten auf und die wenigen aufsässigen Adeligen duckten sich erst einmal. Doch heute habe ich das Gefühl, nein es ist Gewissheit, inzwischen haben sie den Aufbruch nicht nur akzeptiert, sondern begrüßen ihn.“

Sein Schwiegersohn äußerte sich nicht dazu, doch sein Lächeln sprach Bände. Je näher sie auf dem weiteren Weg ihrem Ziel Gepidia kamen, desto mehr verdichteten sich die Weiler und Einzelhöfe. In diesem Bereich der Sundebene blies heute ein kräftiger Ostwind, der für die morgige Feier gutes Wetter verhieß. Öfters, so Graf Erarich würden alles austrocknende Westwinde dieser Region zusetzen.

Abb. 4 Amelungensund und die Sundebenen

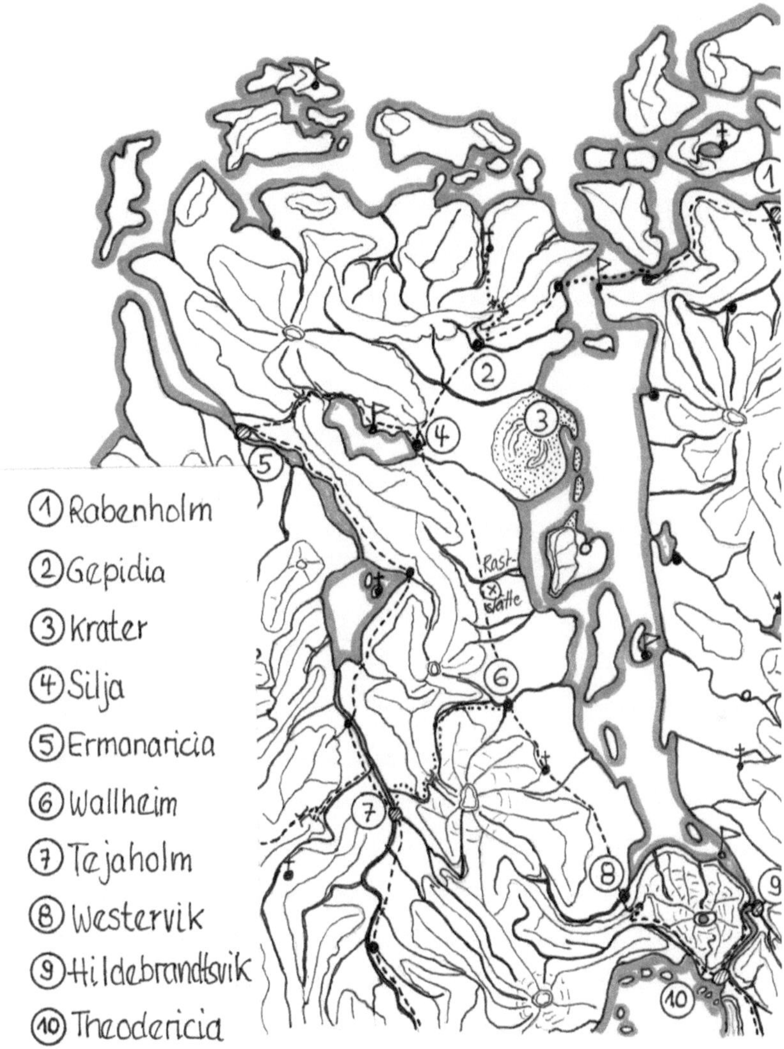

Abb. 5 Silja am See

Gepidia

Am späten Nachmittag vor dem großen Ereignis ertönte das Horn des Türmers der Burg von Gepidia. Dreimal stieß er hinein, um allen zu verkünden, dass es bald soweit wäre. Unten im Burghof angekommen rief er: „In der Ferne zeigt sich der große Zug, unser Herrscher wird bald bei uns sein.“ Nun eilten alle an die ihnen zuvor zugewiesen Plätze. Gaugraf Ardarich und seine Familie ritten zum Siljatorplatz, ihnen schlossen sich die Edlen des Gaus an. Auf diesem geschlossenen Platz, wo bereits viele festlich gestimmte Menschen warteten, übergaben sie die Pferde an ihre Knappen und Knechte.

Auf dem Ritt dahin kam dem Grafen seine erste Begegnung mit König Friedrich wieder in den Sinn. Damals durfte er als Sechzehnjähriger seinen Großvater nach Ermanaricia zum Empfang des Königs begleiten. Herzog Eurich empfing den jungen König, der zwar seinerzeit noch nicht regierte, aber schon alles bestimmte, höchst unfreundlich. Er wagte es sogar einige Zeit später die längst abgelehnte Frage nach seiner Nachfolge erneut einzubringen. Der König wies das Ansinnen des Herzogs schroff zurück, was ein feindseliges Klima auslöste. Ardarich hatte es noch gut im Ohr, wie der junge König damals den Herzog vor der Kampfkraft seiner Begleitung warnte und auf die provozierend starke Bewaffnung der herzoglichen Garde hinwies. Das hatte ihn den Sechzehnjährigen mächtig beeindruckt, wie auch das unerschrockene Auftreten des künftigen Herrschers. Aber hier und heute galt es den Herrscher gebührend zu empfangen.

Sie mussten nicht lange warten, denn die Gäste kamen zügig daher. Inmitten seines großen Gefolges kam der Herrscher angeritten. Ardarich freute sich dabei über eines, König Friedrich ritt auf seinem Staatsross Ikarus, was nur bei besonderen Ereignissen der Fall war. Daraus durfte er erfreut schließen, wie wichtig auch der Herr Thules dieses Fest nahm. König und

Königin stiegen als erste von den Pferden, der Herrscher half dabei so wie stets seiner geliebten Gemahlin. Hand in Hand gingen sie ihren Gastgebern entgegen, die sich tief verbeugten. König Friedrich umarmte den beglückten und damit geehrten Gaugrafen, während Königin Amala die Gräfin Karolina genau so herzlich begrüßte. „Lieber Ardarich, habt Dank für Eure Begrüßung und den festlichen Rahmen, den Ihr uns allen bietet. Ich danke Euch auch noch einmal für die Einladung und die Erinnerung an diesen besonderen Tag, der fürwahr eines besonderen Gedenkens wert ist. So herzlich auf diesem festlich geschmückten Platz empfangen zu werden, ist eine gute Einstimmung auf das große Ereignis." Der Herrscher deutete auf das über ihnen aufragenden Standbild des legendären Gepidenführers Graf Ardarich I.: „Dieses Denkmal Eures verdienstvollen Ahns erinnert mich heute wie damals bei meinem letzten Besuch an unsere Gemeinsamkeiten. Ihr wie auch ich, wir sind die Nachkommen von hier gastfreundlich aufgenommenen Flüchtlingen. Mehr noch nicht dazu, denn ich will ja meiner Ansprache von morgen nicht vorgreifen."

Danach ließ der König sich und seiner Gemahlin, die Kinder des Grafenpaares und die sie hier empfangenden Würdenträger vorstellen. Gräfin Karolina ehrte er durch Wangenküsse und die anderen Herrschaften erfreute er durch seine freundliche Ansprache und nahm ihnen damit die Befangenheit. Die herzliche Art der verehrten Königin tat noch das ihre dazu, um von vornherein eine gelöste Stimmung entstehen zu lassen. Einige der Herrschaften hatten ihren König zwar schon bei einem Thing erlebt, aber so nahe wie heute war ihm außer dem Grafenpaar noch niemand der Anwesenden gekommen.

Unter den östlichen Kolonaden des Platzes standen oder saßen die hier wohnenden Alten und Kranken, die sich trotz aller Beschwerden den besonderen Königsbesuchs auf keinen Fall entgehen lassen wollten. Nach der Begrüßung, in die nun auch das

Gefolge des Herrschers einbezogen wurde, wendete sich das Königspaar den Alten und Kranken zu. Dies hatte niemand erwartete, aber es gefiel allgemein. König Friedrich sprach diese Menschen sogar direkt an: „Euch, die Ihr es nicht immer leicht habt in diesem Dasein, grüße ich herzlich. Wir danken Euch, die uns hier auch erwartet haben und denen es teilweise sicher körperlich schwer gefallen ist, hier unten auf uns zu warten.“ Er segnete diese davon sehr berührten Menschen, die ja, so wie es ihr Heros festgestellt hatte, zumeist nicht mehr auf der Sonnenseite des Lebens standen, und er machte ihnen damit eine große Freude.

Nach dem Empfang ritten Gäste und Gastgeber hinein in die kleine Stadt. Alle Gebäude auf ihrem Weg, ja selbst die Bäume, trugen festliche Blumengebinde, Girlanden, Stoffbänder und Fahnen. Sie überquerten zunächst die beiden Arme des Flusses Orta. Hinter dem Spalier der sie bejubelnden Menschen, erkannten sie die Mühlen auf der kleinen Insel. Weiter ging es hinüber zur Aligernstraße, die hin zum Indulfplatz führte. Beeindruckte die Gäste zuvor schon der Brückentorplatz, dann galt dies noch mehr für diesen großen Platz. Ihn teilte ein kanalisierter Arm der Orta, den mittig eine breite Brücke überspannte. Vier Brunnen zierten diesen Platz, der an drei Seiten von hohen Gebäuden umgeben war, die noch von zwei Türmen überragt wurden. Links wurde der Platz von der Kirche St. Peter dominiert, die so wie der ganze Platz von mächtigen Platanen umrahmt wurde. Bänke luden die Bewohner und deren Gäste dazu ein, sich in diesem großzügigen Stadtraum aufzuhalten. Doch danach stand jedoch heute keinem der Gepidianer der Sinn. Alle Blicke galten jetzt dem hohen Besuch, der sie winkend begrüßte und den sie bejubelten. Fast alle Einheimischen trugen eine hohe, rot bestickte weiße Mütze, ein Relikt aus ihrer gepidischen Geschichte.

Eine leicht ansteigende Straße nahm sie auf, die auf einen hohen mit Fresken bemalten Torturm hin führte. Dieser bildete den

Zugang zur Bergstadt und damit zum größten Platz der Stadt. Hier befanden sich auch die repräsentativen Gebäude des Städtchens. Doch nicht diese Gebäude zogen die Blicke auf sich, sondern der riesige parkähnliche Ardarichplatz. Zwischen den Alleebäumen hingen Girlanden und bunte Bänder, welche erst einmal die Blicke von den Brunnen und Denkmalen ablenkten. Dahinter erstreckten sich zwei Häuserzeilen, deren vordere bildeten Geschäfte und Gasthäuser, die hintere „gehörte" hingegen den Handwerkern. Diese Häuser wurden von einem mächtigen runden Wasserturm überragt, dem ein Aquädukt frisches Bergwasser zuführte. Aber nicht nur dieser Turm regte zu Nachfragen an. Diese galten auch der ungewöhnlichen, angesichts der Einwohnerzahl des Städtchens nicht erwarteten Häufung von Plätzen, Geschäften, Gaststätten und Handwerksbetrieben.

Graf Ardarich gab den Fragenden darauf gerne die erwünschten Erklärungen. Die Stadt Gepidia sei zwar in erster Linie das Einkaufszentrum des großen Gaus, aber dank der Gebirgspfade, die den Gepidiagau mit den östlichen Tälern des Nordmeergaus verbanden, würden hier auch deren Bewohner ihre nicht alltäglichen Besorgungen erledigen. „Neuerdings profitieren wir auch noch von der neuen Straße zur Robbenbucht. Der dortige Fährhafen entwickelt sich immer besser, wofür wir sehr dankbar sind. Nun können unsere Pferdezüchter ihre Kaltblüter auch drüben im Holmenland verkaufen. Wie morgen zu sehen sein wird, ist die Zucht unserer starken und gutwilligen Kaltblüter ein bedeutender Zweig unseres Handels. Daneben sind für uns noch drei weitere Wirtschaftszweige wesentlich. Unser überwiegend in Heimarbeit erzeugtes und besticktes Leinen findet in ganz Thule seinen Markt und unser Honig wie der daraus gewonnene Met werden ebenfalls gerne gekauft. Der besondere Hartkäse aus unserer Region findet guten Absatz, er ist selbst in den guten Geschäften der Heiligen Stadt zu erhalten. Ansonsten dominiert bei uns – so wie es in Thules ländlichem Raum üblich ist – die

Selbstversorgung unserer Bauern. Deren Überschüsse werden ausschließlich auf unserem Wochenmarkt angeboten. Eines habe ich noch vergessen zu erwähnen: Die hier gezogenen Wachskerzen brennen sogar im Dom zum „Heiligen Kreuz“ in Theodericia.“

Auf der linken Seite, verdeckt durch die Baumreihen, lag das heutige Ziel der Gäste. Geborgen hinter frisch getünchten hellgrauen Mauern zeigte sich die Burg des Gaugrafen. Doch die Gäste wendeten sich erst einmal nicht dieser Burg zu, sie widmeten sich zunächst der anderen Seite. Die Kirche St. Michael mit ihren beiden hohen Türmen beherrschte diesen Bereich des Stadtraums. Es fiel einigen Gästen auf, dass die ihr zugesellten Brunnen zwar die Symmetrie des Platzes aufnahmen, aber dadurch nicht so recht mit der Lage der Kirche harmonierten. Deren Inneres sollten sie erst morgen kennen lernen. Nachdem die Herrschaften wieder von ihren Pferden und aus den Kutschen gestiegen waren, schritten sie um die Kirche herum.

Hinter dem von Bäumen umgebenen Gotteshaus lagen zwei hohe Gebäude, die jeweils mit schönen Innenhöfen aufwarten konnten. Das kleinere Amtspalais beherbergte sowohl die Verwaltung des Gepidiagaus als auch jene der Stadt in ihren Mauern. Selbst ein kleines Museum mit Zeugnissen aus der Geschichte der Gepiden präsentierte sich hier noch in zwei Räumen. Mehr als doppelt so groß war jedoch dessen Nachbargebäude. Bei diesem handelte es sich um ein Anwesen, das verschiedenen Einrichtungen in seinen Mauern diente. Den vorderen Bereich nahm die Schule ein, und das Pfarramt belegte hier drei kleine Räume. Im hinteren Gebäudeteil befand sich ein Internat für die auswärtigen Schüler. Davon abgeteilt lebten in einem der Stockwerke dreißig Waisenkinder und ihre Betreuer.

Diese elternlosen Kinder im Alter von vier bis zwölf Jahren hatten sich neben dem Treppenaufgang versammelt, um wenigstens einen Blick von den Hohen Herrschaften zu erhaschen. König Friedrich, der sich in diese Kinder hineinversetzen konnte, gewährte ihnen jedoch mehr als nur seinen Anblick. Ein kleines Mädchen, es war vielleicht fünf Jahre alt, getraute sich der Königin einen Strauß mit selbstgepflückten Wiesenblumen zu überreichen. Diese strich der Kleinen über das Blondhaar und erntete dafür ein Leuchten auf deren Gesicht. Ihr Gemahl wollte nun wissen, ob sie denn morgen am Fest teilnehmen würden. „Eure Hohe Majestät, am Morgen dürfen wir noch dabei sein, aber nicht am großen Markt. Wir haben doch kein Geld!“ Der Junge der dies zum Herrscher sagte, war anscheinend der Sprecher dieser Kinderschar. Und was tat der Herrscher? Wohlwollend lächelnd fand er, dass sich das sogleich ändern ließe. Er winkte den Reisekämmerer zu sich her und sagte: „Keines dieser Kinder soll sich morgen ausgeschlossen fühlen. Jedes von ihnen bekommt einen Denar.“

Ungläubig, besser gesagt fassungslos, schauten diese vom Schicksal zumeist schlecht behandelten Waisen. Von so viel Geld wagten sie nicht einmal zu träumen, denn das verdiente so mancher Handwerker nicht einmal in einer Woche. War dies wirklich wahr, oder entsprang alles einem unwirklichen Traum? Aber es war kein Traum, denn der Kämmerer zückte eilfertig seine Reisebörse. Daraufhin brachen die Waisenkinder in Jubel aus, und bedankten sich inständig beim „Oheim König“. Manche von ihnen weinten gar vor Freude und Glück. Sich nun an den aufgeweckten Jungen wendend und dessen Namen erfragend, ordnete der König an: „Rüdiger, Du sorgst mir dafür, dass keiner der Großen einem der Kleinen das Geld wegnimmt oder abschwatzt. Und Du kümmerst Dich auch darum, dass keines morgen unsinniges Zeugs kauft oder alles ausgibt! Gönnt Euch etwas, aber spart das andere für später auf! Mein Junge, kann ich mich auf Dich verlassen?“ „Eure Hohe Majestät, das verspreche ich Euch. Meine Freunde werden mir dabei helfen und jeder wird sich einiger unserer

Kleinen annehmen. Eure großherzige Gabe ist für uns ein großer Lichtblick in unserem Dasein, dafür danke ich Euch im Namen aller ganz herzlich!“

Warum vermochte sich dieser Junge derart gewählt auszudrücken? Dies interessierte den Herrscher, daher wollte er Näheres über diesen Jungen wissen. Er erfuhr nun, dass der Zwölfjährige erst seit einem Jahr im Waisenhaus lebte, aber hier schon zuvor als Internatsschüler untergekommen war. Vor zwei Jahren war sein Vater vom Fischen im Meer nicht mehr zurückgekommen. Vermutlich kam er in einem überraschend aufgezogenen Sturm ums Leben. Ein Oheim übernahm den Hof und schob ihn ins Internat ab. Seine Mutter und seine kleine Schwester Elisa blieben noch ein Jahr auf dem Anwesen. Elisa wurde danach von der Mutter getrennt und von Nonnen in dieses Waisenhaus gebracht, wohin auch er dann gehen musste. Seitdem hatten sie von ihrer Mutter nie wieder etwas gehört. Er selbst bekam wegen seiner schulischen Leistungen ein Stipendium des Gaugrafen. Wie jetzt herauskam, galt dieser Rüdiger als der beste Schüler an der Schule.

Der König stellte dem Jungen eine verfängliche Frage: „Rüdiger, nun hat jeder von Euch einen Denar erhalten, aber was soll ich denn dann Euren Betreuerinnen geben?“ „Ihre hohe Majestät, denen geht es ja auch nicht besonders gut, ich würde ihnen jeweils drei Denare geben.“ „Jeder Person?“ Jetzt zögerte der Junge und suchte nach geziemenden Worten. „So wie alle von uns, ob verdient oder nicht, einen Denar bekommen sollen, müsste es dann auch bei unseren Erzieherinnen geschehen, sonst wäre es ungerecht.“ Und so geschah es nun auch.

Was dem Jungen entgangen war, der König hatte dessen Blick auf die Leiterin des Heims gesehen und ihn so gedeutet: Die Leiterin würde es eigentlich nicht verdienen. Hier stimmte etwas nicht und darum sollte sich einer seiner Paladine vorsichtig kümmern. Thules Waisenkinder, seinen besonderen Schützlingen, die ohnehin ein schweres Los zu tragen hatten, sollte doch wenigstens im Heim etwas menschliche Wärme angedeihen. Der Herrscher selbst wollte daher am morgigen Abend dem Heim einen unangekündigten Besuch abstatten, um zu erfahren, wie die Kinder den Tag verbracht hatten. Vor allem interessierte ihn dabei, ob sich der zwölfjährige Rüdiger an seine Order gehalten hatte. Wenn ja, dann würde er dem klugen Jungen die Chance seines Lebens geben. Dann durfte dieser offenkundig sehr begabte Rüdiger nämlich an der Schlossschule weiterlernen.

Die Herrschaften umrundeten noch den hinteren Bereich der Schule, um einen Blick in den Gartenbereich zu werfen, denn dort sollten neben ihren Knechten noch weitere Gäste logieren. Fuhrwerke hatten die Zelte schon gestern gebracht und nach den Vorgaben des gräflichen Verwalters aufgebaut. Hier und auch in zwei frei gemachten Schulräumen würden viele Menschen unterkommen können. Wieder auf der anderen Platzseite angelangt galt das Augenmerk der Gäste den beiden Statuen am Zugang zur Burg. Den beiden bedeutenden Markgrafen Ardarich dem Weisen und Theoderich, der hier als Kanzler und Vertrauter von König Friedrich I. gewürdigt wurde, hatten dadurch ihre Nachfahren ein ewiges Gedenken gesichert. Deren Verdienste um Thule – davon gingen die Umstehenden aus – würde der Herrscher morgen sicher ansprechen. Beide hatten sich besonders um die Staufische Familie verdient gemacht. Des Königs Tante Herzogin Adelheid hatte zu den beiden Dargestellten eine besondere Beziehung. Einerseits hatte der weise Ardarich einst die Träume ihres Urgroßvaters Totila vom Königsthron zunichte gemacht, doch andererseits war ihr Ehemann Hildebrandt ein Staufischer Prinz, und der Enkel des ersten Hohenstaufen auf Thules Thron. „So also sah damals der weise Alte aus, der den Weg vorgab, der dann Thules Schreckenszeit beenden half.“

Ein an einen sechseckigen Turm angebauter Torbau ließ sie ein in den Wirtschaftshof der Gaugrafenburg. Weitere drei Gebäude und zwei Brunnen umgaben den weiten Hof, den sie nun durchquerten. Gastlich offen stand das umkränzte Tor, das sie jetzt dazu einlud, den inneren Hof zu betreten. Vor ihnen lag ein von der Abendsonne bestrahlter Flügelbau. Arkadenumgänge auf allen drei Stockwerken ließen dieses Schloss als filigranes Gebilde fast schweben. Der mit schlanken Marmorsäulen aufwartende Eingang unterstrich diesen Eindruck noch zusätzlich. Bevor die Gäste jedoch das Palais betraten, führte sie der Hausherr an dessen Rückseite. Die vielen, überreich mit Blumen besetzten Beete an der niederen Mauer zum Wirtschaftshof wurden hier noch übertroffen. Sie betraten ein kleines Paradies, das ihnen die Gräfin voller Stolz vorstellte. Was gab es hier nicht alles zu bewundern in diesem windgeschützten Hof der Grafenfamilie. Die hohe äußere Burgmauer war über und über mit Rosen, Thuleblumen, Passionsblumen und Waldreben bedeckt, die sich teils am Bergfried emporrankten. Davor erfreuten blühende Sträucher und Blumenrabatten das Auge. Der passionierte Gartenliebhaber König Friedrich war begeistert, aber nicht nur er. Prinz Friedrich flüsterte seinem Bruder Manfred zu: „Fredo, unser Papa vergisst jetzt alles andere, dieser Garten gefällt ihm viel zu sehr. Da werden wir noch warten müssen, bis wir Haus und Quartier sehen dürfen.“ Und so war es dann auch. Der König machte der Gräfin, die dieses Gartenkleinod geschaffen hatte, mit seinen anerkennenden Worten eine große Freude. Auf dem breiten Kiesstreifen zwischen den beiden Zierbrunnen stand eine festlich dekorierte lange Tafel, an der die Gäste später Platz nehmen würden. So konnten die auf den Garten blickenden Gäste, das kleine Paradies genügend betrachten. Doch wer konnte sich noch immer nicht vom Garten lösen, der Herrscher selbst!

Das Palais stand allerdings dem Garten in nichts nach, was nicht nur daran lag, dass sie auch hier überall Blumen und Pflanzen begrüßten. Dieses in Jahrhunderten gewachsene gediegene Schloss strahlte auf Schritt und Tritt Schönheit und Heimeligkeit aus. Jede Generation hatte etwas dazu beigetragen und durch schöne Gegenstände und Bilder zur Verschönerung beigetragen. Gräfin Karolina bemerkte dazu: „Hier oben kann einen das Wetter, insbesondere im Winter, schon mal länger ins Haus bannen, und dann genießen wir dessen Inneres." Es nahm nicht wunder, dass alle Gäste in einem schönen Raum unterkamen und sich dort wohlfühlten. Die Königliche Familie wohnte im Südflügel und genoss von dort einen weiten Blick hinein ins anmutige grüne Tal der Orta.

Dieses Wohlgefühl blieb der Gesellschaft den ganzen Abend über erhalten, derart gelöst und fröhlich hatten die Gastgeber diese erlauchte Runde nie und nimmer erwartet. Sie wussten ja, dass der Engel von Thule dem zuvor eher strengen Herrscher seine einstige Herzlichkeit wieder zurückgebracht hatte. Die unverhohlene Liebe des königlichen Paares und die Verwandlung des Herrschers hier aus unmittelbarer Nähe zu erleben, das beglückte sie. Ihre Bedenken, dass sie es dem Herrscher und den hochadeligen Gästen nicht recht machen könnten, verflogen immer mehr. Außerdem hatte eine kurze Ansprache des Königs sehr zur Entspannung beigetragen: „Liebe Gastgeber, Ihr habt hier nicht nur einen herrlichen Rahmen geschaffen, es ist mehr. Wir fühlen uns in Eurer Mitte so wie zu Hause und überaus willkommen. Ich bedaure, dass ich Euch nicht schon viel früher wieder aufgesucht habe. Damals als Siebzehnjähriger, im letzten Jahr vor meinem Amtsantritt, war ich mit so vielen Eindrücken zugedeckt, dass ich dieses Kleinod noch nicht gebührend wahrnehmen konnte. Lasst uns nun das Glas erheben, unsere Gastgeber zu dem schönen Rahmen beglückwünschen und Ihnen für das herzliche Willkommen danken!"

Es ging bei diesem Zusammensein jedoch nicht nur um den schönen Garten, sondern auch darum diese abgelegene Region Thules noch besser kennen zu lernen. König Friedrich hatte sich zuvor Material aus dem Staatsarchiv kommen lassen, um sich mit der Geschichte Gepidias vertraut zu machen. Er hatte eruiert, dass damals im September des Jahres 555 n. Chr., angeführt von ihrem Grafen Ardarich 470 Gepiden darunter 220 ledige oder verwitwete Männer Zuflucht fanden. Der Gaugraf hatte diese Zahl noch nicht gekannt. Er konnte aber berichten, dass heute allein im Städtchen Gepidia 3600 Menschen wohnen würden. In den Dörfern und den vielen Einzelhöfen des Gepidiagaus lebten noch weitere 7000. Rein gepidische Familien gäbe es seines Wissens nach keine mehr. „Schon mein ferner Ahn hat mit Gräfin Griseldis eine verwitwete Gotin geheiratet und in unserer Familie dominierte dann die gotische Abstammung immer mehr. Auch meine Frau stammt aus einer durchweg gotischen Familie.“

Der Herrscher wartete nun mit einer Überraschung auf, denn er ließ sich ein mitgebrachtes Dokument reichen. Dazu erklärte er, dass ihm der Leiter des Staatsarchivs einen Brief Graf Ardarichs an seinen Freund, den legendären Herzog Aligern, herausgesucht habe. Ihn las er nun vor und übersetzte ihn, denn dieses Altgotisch hatte sich im Lauf der Jahrhunderte zum Thulanischen gewandelt.

Lieber Aligern,

vor einigen Tagen bin ich auf der Suche nach Metallen mit meinen Bergleuten in einem Tal unweit des Nordmeers fündig geworden. Wir haben eine vermutlich ergiebige Silbermine entdeckt. Dieses schöne Tal am Fuße des Bärengebirges erinnerte mich spontan an meine Kinderheimat im einstigen Dacia. Als Zehnjähriger durfte ich mit meinem Großvater zu einem neu entdeckten Erzlager in einem Nebental der Marisia reiten. Das Bild dieses Tales, wie die Erinnerung an den geliebten Großvater, wurde plötzlich wieder in mir lebendig. Dein mir so gnädiger Cousin, und unser aller König Indulf, er bot mir zuvor zwar weit attraktiver erscheinende Gegenden an. Aber ich will ihn nun bitten, mir dieses Tal zu Lehen zu geben. Den Platz für eine Siedlung habe ich auch schon entdeckt. Am Zusammenfluss zweier Flüsschen bietet sich ein sanfter Ausläufer des Gebirges dafür an.

Ich danke Dir noch einmal von ganzem Herzen dafür, dass Du mich ermutigt hast, mit Dir nach Thule zu ziehen. Den überwältigenden Empfang durch König Indulf hatte ich nicht erwartet, ihn aber mit Erleichterung und großer Dankbarkeit aufgenommen. Wer seinen einstigen Feind mit solch offenen Armen willkommen heißt, der ist fürwahr bewundernswert. Unser Thule ist zwar eine Welt im Aufbruch aber auch eine des Friedens. Wir werden unseren Nachkommen nicht nur eine fast paradiesische Insel hinterlassen, sondern sie auch in eine gute Zukunft führen. Und unser König tut alles dazu, dass wir vorankommen und uns alle – und dies trotz der großen Herausforderungen – wohl und sicher fühlen dürfen.

Lasse es Dir gut gehen, sei Du wie auch Deine Gerlindis herzlich gegrüßt.

Dein Freund Ardarich

Der Herrscher an Graf Ardarich gewendet: “Wie wir nun alle wissen, hat der erste thulanische Graf Ardarich von meinem Ahn Indulf nicht nur das Ortatal verliehen bekommen, sondern noch weitere Gebiete. Dazu gehört auch die von ihm entdeckte Silbermine, die noch immer gute Erträge abwirft. Seine tüchtigen und stets königstreuen Nachfahren haben im Laufe der Jahrhunderte den Gepidiagau zu einer wohlhabenden Region gemacht, und wie wir heute feststellen durften, aus ihm ein wahres Schatzkästchen für Thule geschaffen.“

Abb. 6 Die Landstadt Gepidia

Die Hundertjahrfeier

Als Königsfamilie und Hochadel nach der Morgenmesse die Kirche St. Michael verließen, da war der große Ardarichplatz voller Menschen. Nicht nur die Bewohner der Stadt hatten sich hier versammelt, es schien so zu sein, als wären auch die Nachbargaue hier gut vertreten. Heute hatten die Nachfahren der Gepiden ihre Festtracht angelegt. Sie kennzeichnete ein heller und bestickter Stoff aus dem hiesigen gebleichten Leinen. Diese Tracht zierten Knöpfe und Gürtelschnallen aus Silber. Die Frauen trugen Hauben mit verschiedener Stickereien, golden war jene der verheirateten Frauen und rot jene der Ledigen. Die verheirateten Männer trugen hohe Kappen mit Kordel und silbernem Adleremblem, die der Ledigen war zwar mit einem Kupferadler geziert, aber mit keiner Kordel. Die Gäste aus dem St. Agnestal waren erkennbar an ihren gewalkten Gewändern und Mänteln, über denen sie in an kalten Tagen noch einen Umhang aus Schaffellen und eine Fellmütze tragen konnten.

Vor dem Haupteingang der Kirche war noch am Vorabend ein Podium errichtet worden, auf dem die hohen Gäste nun auf gepolsterten Bänken Platz nahmen. Für das Königspaar hatte der Gaugraf allerdings repräsentative Stühle aus seinem Palais aufstellen lassen. Alle anderen Gäste standen davor, so wie auch die Einheimischen. Niemand wollte sich die Festreden entgehen lassen, ganz speziell betraf es jene des Herrschers.

Die Begrüßung durch Gaugraf Ardarich machte auf die Zuhörer bereits einen großen Eindruck. Er gab zu erkennen, dass er zwar insgeheim mit dem Besuch des Königs geliebäugelt hatte, aber auch um die Zwänge des vielbeschäftigten Herrschers wusste. „Doch nun ist er unter uns und macht uns damit eine riesige Freude. Ich durfte aber auch von einem ausgehen, wenn uns unser großer König beehrt, dann wird so wie stets seine hochverehrte Gemahlin, der Engel von Thule, an seiner Seite sein.“ Wieder unterbrach Jubel den Redner, denn die Königin genoss allseits große Beliebtheit. Noch dazu war sie ja eine der Ihren, sie die Tochter ihres Herzogs und gebürtige Stormländerin. Graf Ardarich, der in den Beifall miteingestimmt hatte, konnte wieder fortfahren: „Doch nicht nur unsere schöne Königin weilt heute unter uns, auch Prinzessin Adelheid und Prinz Theodemir sowie alle Königlichen Hoheiten haben den weiten Weg zu uns auf sich genommen. Mit dem Kommen unseres Herzogs Wittich durfte ich rechnen, aber doch nicht damit, dass mit ihm nun fast alle Hohen Herrschaften Thules unser kleines Gepidia beehren. Heute bilden wir daher den Mittelpunkt Thules, was für ein erhebendes Gefühl.

Ihr alle kennt den Anlass dieses besonderen Tages. Vor genau hundert Jahren hat mein Ahn Ardarich, den sie den Weisen nannten, in der Heiligen Stadt im Buch der Weissagungen den kryptischen Schlüssel zur Beilegung des thulanischen Bürgerkriegs gefunden. Diesen erläuterte er dann der Königin Amalaberga und den Edlen Thules. Sie schlossen sich damals nicht nur seiner Deutung an, sie gingen noch einen Schritt weiter. Eine kühne Schar befreite einen der eingekerkerten Prinzen aus dem Kaisergeschlecht der Hohenstaufen aus dem Kerker. Die Edlen Thules erhoben ihn kurz darauf zu unserem König. Mit der Wahl des Prinzen Friedrich, des späteren Herrschers Friedrich I. Theoderich, gaben die drei Herzöge ihren Anspruch auf den Thron auf und unterwarfen sich dem Votum des Thronrats. Damit endete nicht nur der unsägliche Bürgerkrieg, es folgte auch eine glänzende Zeit für unser Thule.

Wir alle dürfen nun dank unseres Herrschers, seines verehrten Urenkels, in Frieden und Wohlstand leben und miteinander eine herrliche Zeit genießen. Denn unsere hohe Majestät ist fürwahr der uns so lange verheißene große König, der in eben jener Weissagung angekündigt wurde, die mein kluger Ahn entschlüsselt hatte.“

Und genau diese Weissagung zitierte Herzog Wittich dann in seiner kurzen Ansprache. Er hob hervor, dass er das Werden seines heutigen Schwiegersohns von dessen Kindheit an mitverfolgen durfte. Heute dürfe er glücklich schätzen, ihn sogar als seinen Eidam zu erleben. „Unser König ist trotz seines fast noch jugendlichen Alters längst zum Vater Thules geworden, dem das Wohl und Wehe seines Volkes zum Herzensanliegen schlechthin geworden ist. Und dies hatte er uns schon als frischgekrönter siebenjähriger König in Aussicht gestellt und inzwischen längst erfüllt, ja weit übertroffen."

Fröhlich lachend wendete sich nach ihm König Friedrich Teja an die Menschenmenge: „Meine Lieben, so in den Himmel gehoben zu werden, das ist ja dazu angetan rot zu werden. Ob ich wirklich der uns verheißene große König bin? Das kann und will ich selbst nicht beurteilen, das überlasse ich besser Euch meinen Getreuen. Aber das hat heute nichts mit dem zu tun, was ich Euch nun mitteilen will!" Doch dazu kam er nicht sofort. Hatte es schon zuvor bei den Reden von Gaugraf und Herzog zustimmenden Jubel gegeben, so steigerte er sich nun, sie feierten ihren Herrscher. Mit seiner auch hier wirkenden königlichen Geste stellte er nach einiger Zeit die Ruhe wieder her. Angetan mit der Adlerdalmatika und seiner Reisekrone auf dem Haupt, war er für sein Volk einmal mehr die Verkörperung Thules und zweifellos für alle der Anwesenden kein anderer als der ihnen von Gott geschenkte große König.

„Lieber Ardarich, ich darf es nun vor allen hier Anwesenden wiederholen. Ihr und Eure Familie habt uns gestern derart herzlich willkommen geheißen, dass wir – denn hierin schließe ich meine große und kleine Familie mit ein – das Ende des gestrigen Abends sehr bedauert haben, und das will etwas heißen. Und nun stehen hier vor uns Tausende festlich gestimmter Thulaner aus Gepidia und seiner Nachbarschaft, um eines wahrlich denkwürdigen Moments unserer Geschichte zu gedenken. Damals, vor nunmehr hundert Jahren, überzog ein schrecklicher Bürgerkrieg unsere Heimat, den der Machtkampf dreier Herzöge um Thules verwaisten Thron ausgelöst hatte. Thulaner kämpften gegen Thulaner, ihr Blut floss auf den Schlachtfeldern. Höfe und Häuser brannten und schutzlose Menschen irrten auf der Flucht vor diesem Schrecken umher. Der Bürgerkrieg machte sie zu Flüchtlingen in ihrer Heimat. Dabei waren sie doch alle die Nachkommen von Menschen, die hier in Thule eine bis dahin ungefährdete Zuflucht gefunden hatten. Eure gepidischen Ahnen sind ja schon vor 820 Jahren zu Thulanern geworden. Diese einstigen Flüchtlinge haben es seitdem Thule vielfach gedankt. Die „Apulier" und mit ihnen deren getreue „Sarazenen" sind es erst seit knapp hundert Jahren, was nun zum Anlass dieses Festes überleitet.

Vor hundert Jahren fand der Kronrat und Gaugraf, der weise Ardarich, im Buch der Weissagungen den Weg aus dem Chaos. Den Hinweis darauf hat ihm die Seherin Vistulis gegeben, eine kluge Bauersfrau aus einem nahen Dorf an der alten Straße gen Süden. Ihrer an diesem Tag ebenfalls zu gedenken, ist daher auch angebracht. Ich habe Eurem edlen Gaugrafen gestern eine Bronzetafel überreicht, die er an jenem Hof anbringen wird, in dem einst die Seherin lebte. Doch wieder zurück zu dem edlen Ahn Eures heutigen, von mir sehr geschätzten Gaugrafen. Dieser Weise vermochte es als Erster, jene rätselhafte, bis dahin keinem Herrscher deutbare Stelle zu erklären, die da lautete: „Dieser Friedensreiche stammt aus fremdem Geschlecht!" Herzog Gesalich, der Vater meiner Großmutter, wollte diese Lösung noch verhindern. Er bestand darauf, dass der fremde Prinz, den die Edlen nach Thule holen wollten, aus einem Geschlecht stammen müsse, das dem des großen Theoderich ebenbürtig wäre. Das war zwar schlau ausgedacht, aber doch nicht schlau genug, denn Euer großer Gaugraf und spätere Markgraf wusste erneut einen Ausweg. Der weise alte Herr verwies nämlich auf uns, die Hohenstaufen, deren letzte im Kerker schmachteten. Wie Ihr alle wisst, befreiten dann vier Helden und ihre Gefährten meinen Urgroßvater Friedrich Theoderich aus seinem apulischen Gefängnis. Und wieder hatte sich dabei einer der Euren hier große Verdienste erworben.

Neben den drei erfahrenen Kämpen Markgraf Witold, Graf Aligern und Graf Herbrandt, zählte nämlich auch der junge Enkel des weisen Ardarich zu den mutigen Befreiern. Graf Theoderich von Gepidia hatte danach maßgeblichen Verdienst bei der Befreiung meines Ahns. Doch damit hatte es sich noch nicht! Er trug maßgeblich dazu bei, dass dieser befreite Prinz an das ungewohnte Leben in Freiheit herangeführt wurde. Zusammen mit seinen Gefährten vermittelte er jahrelang und geduldig meinem Urgroßvater jene Voraussetzungen, die für ihn als kommender Herrscher unabdingbar waren. Meine lieben Getreuen, ohne den Rat des Weisen, den Hinweis der Seherin und ohne die Tat der vier Helden würde ich nicht hier stehen, denn dann hätte es mich nie gegeben. Daher bin ich nicht nur an diesem besonderen Tag so eng mit Euch verbunden. Wir Staufer sind Euch hierfür unendlich dankbar.“ Dieses Bekenntnis hatte die Lauschenden derart tief beeindruckt, dass zuerst nur verhaltener Beifall erklang, der sich dann aber in einen riesigen Freudenausbruch verwandelte.

König Friedrich wartete nun bis der Jubel wieder abgeflaut war, und fuhr dann fort: „So wie seinem Großvater Ardarich wurde auch Graf Theoderich dafür später Thules größte Ehre zuteil, denn er wurde zum Markgrafen erhoben. Markgraf Theoderich, der von seinem Großvater die Klugheit geerbt hatte, folgte sogar später dem in der Schlacht von Ermanaricia gefallenen Kanzler Markgraf Witold im Kanzleramt nach. Den vier Helden wurde in der Heiligen Stadt durch die Benennung von Straßen ein ewiges

Gedenken gesichert. Was auch hier mit den Standbildern auf Eurem schönen Platz mit Euren so verdienstvollen Markgrafen geschehen ist. Neben Eurer Grafenfamilie sind heute auch einige seiner Nachkommen, wie auch diejenigen der Helden Witold, Aligern und Herbrandt hier anwesend. Sie sind zu Ehren dieses besonderen Tages mit mir nach Gepidia gekommen." Diese Nachkommen stellte er nun dem Auditorium vor, das sie mit viel Beifall würdigte.

„Lasst mich meine lange Rede mit einigen mir sehr wichtigen Aussagen beschließen. Wir Thulaner haben noch jeden redlichen Menschen bei uns aufgenommen. Ehemalige Apulier, Katharer und Sarazenen leben unter uns, sind Thulaner wie wir und bereichern unsere Heimat. Alle dürfen ihren Glauben leben, und ihre Sitten und Gebräuche im Rahmen unserer Gesetze ausüben. Dies ist ein hoher Wert und zeugt von Toleranz und Menschlichkeit. Diese Werte gilt es zu bewahren, unseren Frieden und unsere Freiheit zu sichern und Wohlstand zu schaffen, das ist unser aller Auftrag und Verdienst. Genießt nun den heutigen Tag, der ja nicht nur Reden bereithalten soll." Damit schloss der Herrscher.

Graf Ardarich sprach das Schlusswort: „Liebe Gepidianer und liebe Gäste, unser großer Herrscher hat uns heute nicht nur seine Anwesenheit geschenkt. Er würdigte unsere Ahnen und damit auch uns in einem Maße, das mich zu Tränen rührte. Ich wusste schon, dass unser Herrscher uns gewogen ist, aber nicht, wie sehr unser König sein eigenes Dasein mit uns verbindet. Seine Dankbarkeit uns gegenüber, dürfen wir von Herzen erwidern. Ihm verdanken wir in jüngster Zeit die Verlängerung der Reichsstraße von Silja bis hin zum neuen Fährhafen an der Robbenbucht, die uns nun an das Netz der großen Straßen Thules angebunden hat. Dadurch mehrt sich nicht nur unser Wohlstand, es lädt uns auch dazu ein, unser schönes Thule noch besser kennen zu lernen. Und gestern hat unser Herrscher noch meiner Bitte entsprochen, den Steig hinüber ins St. Agnestal zur Fahrstraße ausbauen zu lassen. All das aufzuzählen, was in der Herrschaft unseres Königs noch an Gutem entstanden ist, würde den Rahmen dieses Tages sprengen. Doch eines will ich dennoch nicht unerwähnt lassen. Unsere hohe Majestät hat veranlasst, dass alles Bier, das wir heute trinken werden, auf seine Rechnung geht wie auch die Preise für die Sieger in den Pferderennen."

Wieder gab es viel Beifall, denn Freibier war auch für die Gepidianer nichts Alltägliches. Danach setzte Graf Ardarich noch hinzu: „Unser Dank gebührt jedoch nicht nur unserer irdischen Majestät, sondern auch dem allmächtigen Herrn im Himmel." Er bat den Herrscher diesen Dank anzustimmen. König Friedrich breitete die Arme aus, segnete die Seinen und verwandelte sich wieder zurück in den Priesterkönig der Thulaner. Laut betete er das Vaterunser, in das alle einstimmten. So wie stets ertönte es in der Version des Heiligen Ulfilas. Die Kirchenglocken von St. Michael fielen zum Ende hin darin ein, sie gaben damit zugleich das Signal zum zweiten Teil des Tages.

Gaugraf Ardarich, die Edlen und die Würdenträger des Gaus baten nun die hohen Gäste in den Innenhof des Amtspalais. Dort stellte er seine Getreuen den hohen Gästen vor. Nun erst fand der König Gelegenheit auch die ihm vertrauten Herren zu begrüßen, darunter Graf Vilfredo Caserta und Scheich Achmet, den Vater seines unentbehrlichen Leibwächters Ibrahim. Allen wurde je nach Wunsch hiesiges Bier oder Met gereicht, aber auch einheimische Fruchtsäfte, was primär den Damen und Kindern gefiel. Prinzessin Agnes flüsterte ihrem Cousin Friedrich zu: „Fedi, ob mein Oheim heute auch seinen Kirschsaft trinkt?" „Agi, darauf kannst Du wetten, mein Papa will tagsüber keinen Wein und schon gar kein Bier trinken! Sag mal, hast Du vorhin eines der Waisenkinder gesehen? Sie wollten doch den ganzen Tag dabei sein." „Fedi, ich habe keines gesehen und das finde ich eigenartig. Sollen wir mal nachsehen?“ Ibrahim, der seine Augen überall hatte, sah wie die beiden Kinder sich davonschleichen wollten und folgte ihnen, denn ohne Schutz durften die Beiden nicht sein. Doch nicht nur Ibrahim folgte den kleinen Königlichen Hoheiten, der König gab einem seiner Paladine das Zeichen die „Ausreißer“ zu begleiten.

Die Menschenmenge hatte sich wieder verzogen und hinterließ den weiten Ardarichplatz nun fast menschenleer. Sie befanden sich je nach ihren Interessen schon auf einem der drei Märkte. Auf der Kapellwiese an der Orta fand Thules größter Pferdemarkt für die mächtigen Kaltblüter statt. Diese als Zugtiere und beim Ausrücken gefällter Baumstämme unentbehrlichen Pferde kamen überall in der Landwirtschaft, aber auch bei den Fernhändlern und auf vielen Baustellen zum Einsatz. Den ganzen Nachmittag über würde es auf der gegenüberliegenden Wiese dann Pferdeschauen und Wettkämpfe geben. Dort waren Tribünen aufgebaut worden, deren Vorzugsplätze allerdings erst einmal den hohen Gästen vorbehalten bleiben sollten. Das jeweils letzte und entscheidende Rennen fand gegen Abend statt, wie danach die Kür der Sieger. Einmalig daran war, dass der Herrscher und seine Söhne die Preise überreichen würden.

Der große Jahrmarkt belegte den Indulfplatz, die Aligernstraße und die südlich wegführende Rechisstraße. Dort traten zur Freude der Kinder auch Gaukler, Artisten und Spaßmacher auf. Das Interesse der Damenwelt galt allerdings eher den Ständen mit Kleidung, Schmuck und netten Kleinigkeiten, aber daneben auch dem Töpfermarkt, der diesmal auf der Mühleninsel und dem Siljatorplatz aufgebaut worden war. Es konnte nicht ausbleiben, dass auch die kleinen Königlichen Hoheiten den großen Markt erleben wollten. Die drei Prinzen Manfred, Konrad und Alarich wussten um die Brisanz ihres Wunsches und schickten ihre Schwestern Adelheid, Amalara und Beatrix vor. Deren Wünsche konnten erfahrungsgemäß die Väter am wenigsten wehren. Wenn die niedliche vierjährige Beatrix ihren Papa „anflötete“, dann wurde der bestimmt weich, so hofften die drei Schlingel.

Im Rudel suchten die sechs Kinder Vater und Oheim auf, der sich gerade mit Graf Ardarich unterhielt. Beatrix schmiegte sich an sein Bein und „flötete“: „Lieber Papa, ich habe noch nie einen Markt gesehen und möchte so gerne heute da hingehen!“ Ihr Vater lächelte und wendete sich an Manfred: „Fredo, das war doch Deine Idee?“ Sein Sohn leugnete nicht und bat nun seinerseits darum, den Markt aufsuchen zu dürfen! Sein Vater schlug es ihm nicht ab, zumal sich Graf Ardarich auch für sie verwendete: „Majestät, hier droht den Königlichen Hoheiten keine Gefahr. Außerdem habe ich, eingedenk des hohen Besuchs, meine Leute so postiert, dass sie alles im Blick haben können.“

Bevor sich der königliche Vater noch dazu äußern konnte, fegten die unzertrennlichen Fedi und Agi zum Tor herein und strebten zu Vater und Oheim. Der kleine König und seine Cousine waren außer sich: „Papa, stell Dir vor, die Waisenkinder sind eingesperrt. Der nette Junge, mit dem Du gestern geredet hast, hat es uns zurufen können, doch dann schloss die Leiterin das Fenster und riss ihn weg. Das darf die doch nicht!!!“ Nicht nur er war empört, auch seine Cousine war mächtig aufgebracht. „Agi, bitte gleich mal Deinen Papa zu mir, der Sache gehen wir sofort zu dritt nach, da stimmt wirklich was nicht!“ Graf Ardarich als der Dritte, nickte zustimmend. Geleitet von Ibrahim und drei weiteren Leibwächtern, begaben sich die drei hohen Herren und die beiden Kinder sofort hinüber zum Nachbarhaus. Dessen Eingang war verschlossen, hinter dem Fenster, das ihnen Ibrahim wies, zeigte sich kein Kind. Doch als sie ein paar Schritte weiter gingen, drangen Gebete an ihr Ohr. Dieses monoton klingende Geräusch stammte unzweifelhaft von Kinderstimmen, die noch von einer schrillen Frauenstimme übertönt wurden. Der geschickte Ibrahim hatte mittlerweile das Schloss überlistet und ermöglichte ihnen so den Zugang zum Heim. Graf Ardarich wusste, wo sich die Hauskapelle befand, und die suchten sie nun auf. Ihr Verdacht bestätigte sich sogleich. Die Leiterin des Heimes hatte die Waisen nicht weggehen lassen, sondern stattdessen dazu „verdonnert“ zu beten.

Als sich die Türe hinter ihr so abrupt öffnete, da zuckte die Leiterin zusammen und die Kinder jubelten wie von Sinnen. Mit lauter, eisiger Stimme sagte der Herrscher: „Ich habe diesen Waisenkindern gestern einen Denar gegeben, damit sie sich am Markt erfreuen und dort etwas kaufen können! Und was geschieht stattdessen mit den Kindern! Eingesperrt sind sie und werden gezwungen zu beten! Das ist fürwahr unerhört, es beruht meiner Erfahrung nach auf einer üblen Geschichte! Kinder, wo ist das Geld, das ihr bekommen habt?“ Alle Kinderaugen richteten sich nun auf die Leiterin und bestätigten damit des Königs Verdacht.

Es nützte dieser jetzt auch nichts mehr, dass sie das Geld herausrückte. Sie konnte dabei nicht verhindern, dass der sie begleitende Paladin in eine prall gefüllte Kasse schaute. Diese Beobachtung meldete er seinem Herrn, der sofort anordnete: „Nehmt diese Frau fest und ihr den Schlüssel ab. Bringt heraus, welche Motive sich hinter ihrem Handeln verbergen!“ Die Frau wollte etwas dazu sagen, doch der Herrscher befand: „Das könnt Ihr alles heute Abend im Verhör vorbringen, jetzt ist anderes vorrangig.“ Graf Ardarichs Leute nahmen die verstörte Frau in Gewahrsam, um sie in einem Raum der Burg einzusperren.

Launig rief der König den Waisenkindern zu, die den Vorgang ungläubig verfolgt hatten: „Was ist, wollt Ihr denn nicht mitkommen?“ Ihr Jubel brach sich vor Glück und Erleichterung an den Wänden. Jedes Kind bekam seinen Denar zurück und mit ihm keimte auch Hoffnung auf bessere Zeiten auf. „Rüdiger, von Dir will ich später erfahren, was hier geschehen ist. Du brauchst keine Angst mehr zu haben, Eurer Leiterin werden künftig keine Kinder mehr anvertraut!"

Es war ein seltsamer Aufzug, der sich nun den Blicken der Edlen darbot. Drei hohe Herren kamen um die Ecke, der eine Schar von grau gewandeten Waisenkindern folgte. Was steckte denn hinter diesem ungewöhnlichen Ereignis? Einer der Würdenträger wollte sich noch schnell verdrücken, doch Graf Ardarich zitierte ihn her. Es war der Patrizius von Gepidia, der seinen Armenpfleger im Schlepptau hatte. „Ihr beide werdet uns heute Abend zur Verfügung stehen, um sieben Uhr seid ihr in der Burg!" Das war deutlich und zeitigte Angst auf den Gesichtern der Männer. Hatten sie etwas zu verbergen und daher ein schlechtes Gewissen? Nun, das würde sich am Abend aufklären lassen!

Wenden wir uns jetzt wieder dem anderen zu. Die acht Königlichen Hoheiten bekamen ihren Wunsch erfüllt und durften sich zusammen mit den Waisenkindern auf dem Markt tummeln. Friedrich, des Königs Ältester, bekam von seinem Vater die Verantwortung für seine Geschwister übertragen, Agnes für die ihren und Rüdiger für die Waisenkinder. Nachdem Friedrich, der „Kleine König", sich noch beim Reisekämmerer mit Denaren und Kleingeld eingedeckt hatte, zogen die vielen Kinder miteinander ab. Drei Leibwächter beobachten sie und sollten gegebenenfalls eingreifen. Die Kinder teilten sich gemäß der Vorgabe von Fedi in kleinere Gruppen auf, damit die Kleinen im Markt nicht verloren gehen konnten. Für jede Gruppe bestimmte er ein Kind, das die Verantwortung übernahm. Es konnte nicht ausbleiben, dass sie auf dem Markt zwar Aufsehen erregten, aber überall auf Wohlwollen stießen. Was war das für eine unglaubliche Geschichte, die kleinen, vornehm gekleideten Königlichen Hoheiten bewegten sich ganz selbstverständlich unter den Waisenkindern. Alle diese

Kinder hatten noch nie einen solchen Markt erlebt und staunten sehr darüber, was es hier alles zu sehen und zu kaufen gab.

Ein Stand hatte es ihnen besonders angetan, aber nicht nur ihnen. Gaugraf Ardarich war es nämlich gelungen die Firma „Widemir, der Schnitzer“ hierher zu locken. Diese schon im Jahre 553 in Indulfsvik entstandene älteste Manufaktur Thules, die auch ein gutgehendes Ladengeschäft im Zentrum von Theodericia betrieb, genoss hier großen Zulauf. Jedes Mädchen, ob Prinzessin oder Waise, erhielt eine Puppe und die Jungen erstanden je ein Holzpferd. Aber kein Kind musste dafür sein Geld herausrücken, denn der großzügige Fedi bezahlte für alle. Die Kinder hätten sich allesamt den Magen verdorben, wenn ihnen nicht die „Große“, Prinzessin Agnes, dem Einhalt geboten hätte. So mancher Standbesitzer wollte nämlich den Kindern etwas schenken. So blieb es bei Würsten, einem Honiglebkuchen und Fruchtsaft, die diesmal Prinz Manfred bezahlte. Als Rüdiger ihm wehrte und sagte: „Prinz Manfred, dafür hat uns doch Euer Hoher Vater die Denare geschenkt!“, bekam er zur Antwort. „Mein Papa hat sicher nichts dagegen, wenn Ihr das Geld für später aufbewahrt und dann für etwas Wichtiges ausgebt. Weißt Du, uns geht es doch so unglaublich gut, dass wir gerne etwas abgeben!“

Friedrich, der „Kleine König“, hatte sich zuvor schon eingehend mit Rüdiger unterhalten und den Auftrag seines Vaters ausgeführt. Der aufgeweckte gleichaltrige Junge gefiel ihm immer besser. Daher wollte er seinen Vater fragen, ob Rüdiger denn nicht mit an den Königshof mitkommen dürfe. Fedi hatte auch mitbekommen, dass eine Achtjährige ständig in Rüdigers Nähe blieb. Als er dann erfuhr, dass dieses Mädchen Elisa die Schwester Rüdigers war, überkamen ihn Bedenken. Dennoch wollte er mit seinen Eltern darüber reden und sie bitten, die beiden Geschwister mitkommen zu lassen. Was die Angelegenheit nicht einfacher machte, lag daran, dass Rüdiger offenkundig der „Beschützer“ für alle Waisenkinder war. Er hatte sich als Einziger gegen die Leiterin gestellt und sich mit den beiden anderen Erzieherinnen verbündet. Fedi war dennoch zuversichtlich, vielleicht hatte sein Papa ja schon eine Lösung im Sinn?

Der Töpfermarkt interessierte die Kinder nicht sonderlich, sowenig wie die Stände mit den Flussfischen, den Stoffen aller Art und die sonstigen Erzeugnisse der lokalen Bauern und Gärtner. Die beiden Stände der Meerfischer und Schafbauern aus dem St. Agnestal zog sie auch nicht an, wohl aber die anderen Besucher. Frischer Seefisch, Walkstoffe, Schafspelze und Wolljacken, aber auch die Schnitzereien aus den Walknochen und der Waltran fanden guten Absatz.

Die Kinder konnten sich jedoch von einem Platz kaum lösen, denn dort waren die Akrobaten, Gaukler und Spaßmacher zu Gange. Diese waren derart von begeisterten Kindern umlagert, dass die kleineren unter ihnen vom Geschehen wenig mitbekommen konnten. Friedrich nahm daher seine kleine Schwester Beatrix auf die Schultern, was Rüdiger mit dem kleinen Mädchen tat, das gestern der Königin einen Blumenstrauß überreicht hatte. Für alle anderen Kleinen hatten Agnes und Manfred eine Lücke geschaffen, denn die einheimischen Kinder rückten bereitwillig ein wenig zur Seite. Neugierig beäugten sie die Prinzen und Prinzessinnen. Dass sich diese jungen Königlichen Hoheiten so ohne weiteres unter das „Volk“ mischten, konnten sie nur schwer fassen.

Auf einmal ging ein Raunen durch die Menge, ein deutliches Zeichen dafür, dass sich etwas Ungewöhnliches anbahnte. Und so war es auch, denn keine Geringeren als der König und die Königin kamen zu Fuß daher. Neben und hinter ihnen zeigte sich der Hochadel Thules, geführt vom Gastgeber. Tief fielen die Verbeugungen aus, aber auf allen Gesichtern zeigte sich Staunen und große Freude. Davon würden sie noch ihren Enkelkindern erzählen können und diese es später den ihren. Sogar die Kinder wendeten sich von den Gauklern ab, denn ihren Oheim König leibhaftig sehen zu dürfen, das würde ihnen wohl nie mehr im Leben widerfahren.

Kaum hatte die kleine Prinzessin Beatrix von ihrer erhöhten Position herab ihren Vater erspäht, da rief sie ganz aufgeregt mit ihrem hellen Stimmchen: „Papa, Papa, schau was mit der Fedi geschenkt hat!“ Sie reckte ihre Holzpuppe hoch, damit sie der Vater nicht übersehen konnte. Ringsum kam ein leises zustimmendes Lachen auf, denn offensichtlich ging es bei der Königlichen Familie nicht anders zu, als bei ihnen. Jetzt wollten auch alle anderen königlichen Kinder dem Vater und Oheim ihre „Beute“ präsentieren und steckten damit die Waisenkinder an. Ihr hochverehrter König umringt von glücklichen Kindern, an diesem ungewöhnlichen Bild erfreuten sich die Umstehenden.

Die fröhlich lachende Prinzessin Adelheid fand: „Jetzt ist mein großer Bruder ganz in seinem Element. Er und die Kinder, das war doch schon in Kindertagen im Schlossbereich seine Welt. Viele Geschwister hätte er gerne gehabt, was ihm das Schicksal verweigerte, und so musste er sich halt mit mir begnügen.“ Das ließ ihre Tante so nicht stehen: „Adelheid, Du warst doch stets sein geliebter Augenstern, den er so liebevoll wie fürsorglich betreute. Ohne Dich wäre unser Fried versteinert, vor allem Du, aber auch die Kinder am Hof, hielten ihn in unserer Welt. Und nun hat er ja Deine und seine Kinder oft um sich und freut sich sichtlich an ihnen. Ich bin gespannt, was sich mein königlicher Neffe für diese Waisenkinder ausgedacht hat? Auf alle Fälle hat er den von einem ungnädigen Schicksal betroffenen Kindern heute die Freude ihres Lebens gemacht, wovon sie noch lange zehren werden.“ Damit hatte die Herzogin den Nagel auf den Kopf getroffen, dem fröhlichen Lachen des Herrschers nach zu schließen, gaben ihm die Kinder mit ihrer ehrlichen Freude viel zurück. Dennoch blieb noch offen, wie er mit dem aufgedeckten Fall der Heimleiterin, und damit dem weiteren Schicksal der Waisen umgehen würde.

Nach Rücksprache mit dem Gastgeber durften sich die Waisenkinder nun sogar der erlauchten Gruppe anschließen, die so wie geplant im besten Gasthaus der Stadt ihr Mittagsmahl einnehmen würde. Ein Teil der im kleinen Gastgarten aufgebauten Tische wurde eilends für die nicht eingeplanten kleinen Gäste hergerichtet. Völlig selbstverständlich setzten sich auch die acht kleinen Königlichen Hoheiten dazu, jedes zu den in etwa gleichaltrigen Kindern. Die drei erlesenen Gänge waren fast zu viel für die ein solches Essen nicht gewöhnten Waisenkinder. Eines war inzwischen durchgesickert, sie hatten bisher tagaus tagein gerade mal drei wechselnde, aber immer gleich kärgliche Mittagessen bekommen. Fleisch oder Fisch kam dabei nie auf den Tisch. Graf Ardarich bemerkte zur Königin gewandt, seiner Tischnachbarin: „Königliche Hoheit, nicht nur ich, auch andere begüterte Bürger unserer Stadt haben doch dem Waisenhaus immer wieder Geld zugewendet. Und nun kommt heraus, dass den bedauernswerten Kinder davon nur wenig zu Gute kam. Erst heute ist mir bewusst geworden, dass ich mich nicht darum angenommen habe, was ich sehr bedaure. Ich bin stets davon ausgegangen, dass die Verantwortlichen ihrer Aufgabe gewissenhaft nachkommen. Was für ein bedauerlicher Irrtum." „Lieber Graf Ardarich, grämt Euch nicht. Mein Gemahl wird Euch heute sicher noch vorschlagen, wie wir alle das Versäumnis wieder ausgleichen können. Vermutlich wird sich hieraus für einige der Kinder eine sonst nie mögliche gewesene Änderung ihres Daseins ergeben!"

Der König stand währenddessen mit seinem Sohn Friedrich etwas abseits, um ungestört mit reden zu können. Was er nun von seinem Ältesten über das Los der Waisen erfuhr, das missfiel ihm sehr. Als er dann auch noch erfuhr, dass die Heimleiterin die

Schwester der Äbtissin Helmtrude des Klosters St. Agnes war und mit dieser häufig zusammentraf, drängte sich dem Herrscher ein Verdacht auf. Diese Äbtissin war doch vor einiger Zeit auf Herzogin Griseldis, die Ministerin für Kultur und Kultus, zugekommen und hatte diese um einen erheblichen Beitrag für einen Kirchenneubau gebeten. Die Herzogin hatte dieses Ansinnen abgelehnt, sie hatte nämlich im Gespräch herausgebracht, dass das bisherige Gotteshaus baulich intakt und selbst an hohen Feiertagen nie voll besetzt gewesen war. Sollte die ehrgeizige Äbtissin etwa danach versucht haben, auf andere Weise ihren Traum zu verwirklichen? Dieser Verdacht drängte sich dem König nun auf, und dem wollte er unbedingt nachgehen! Seine innere Stimme sagte ihm, dass hier einiges nicht stimmte, und vermutlich ergab sich dabei auch eine direkte Verbindung zum Schicksal einiger der Waisenkinder.

Auf sein Geheiß hin machten sich drei seiner Paladine, begleitet von sechs Männern sowie einigen Knechten, auf den Weg nach St. Agnes. Der König ordnete an, sie sollten auch einige gesattelte Pferde mit sich zu führen. Warum er dies wollte, das erschloss sich der kleinen Gruppe nicht. Ihr Anführer Graf Widemir sagte zu den mit ihm Ziehenden: „Unser Herrscher hat einen siebten Sinn und erahnt Dinge, die anderen bis zuletzt verschlossen bleiben. Häufig treffen seine Ahnungen zu. Vielleicht auch dieses Mal. Lassen wir uns überraschen. Unser Auftrag lautet: Wir sollen der Äbtissin auf den Zahn fühlen. Der König hat mir eine Vollmacht mitgegeben, die es sogar zulässt, die Äbtissin in Gewahrsam zu nehmen und sie vor unseren Herrn zu bringen. Seid aber auf der Hut! Unser hoher Herr gab mir noch die Ermahnung mit auf den Weg: Widemir, in vermeintlich leichten Herausforderungen steckt öfters als man denkt eine böse Überraschung! Ihr werdet es in St. Agnes vermutlich nicht nur mit der Äbtissin und den Nonnen zu tun bekommen. Es ist nicht auszuschließen, dass Euch bewaffnete

Knechte gegenüberstehen werden. Seid also vorsichtig und spätestens morgen wieder zurück."

Das letzte Rennen um den Siegespreis des Königs gewann ein mächtiges Pferd, dessen Reiter nahm aus der Hand des Herrschers einen silbernen Pokal in Empfang und dem Züchter ließ er einen erheblichen Geldbetrag zukommen. Das Beben des Bodens unter den trommelnden Hufschlägen der schweren Kaltblüter war weithin zu vernehmen, wie auch die Anfeuerungs- und Jubelrufe der mitfiebernden Zuschauer. Die Königssöhne Friedrich, Manfred und Konrad durften den Siegern der anderen Prüfungen die Preise überreichen. Das Rennen der Gespanne, das Ziehen des größten Gewichts und sogar ein Rennen über niedere Hindernisse wurden so gewürdigt. Doch das Wichtigste war ihnen allen der Handschlag des Königs, gegen den die Siegerurkunden dann doch abfielen.

Dem Marktgang und Pferderennen schloss sich für die Herrschaften wieder ein schöner Abend in der Grafenburg an. Dabei mussten die Gäste dann eine Zeitlang auf die Anwesenheit des Königs, Herzog Wittichs und des Gastgebers verzichten, aber sie wussten um deren Tun. An einem anderen Ort der Burg ging es nämlich um jene Untersuchung, die das Verhalten der Heimleiterin ausgelöst hatte. Und eben diese Frau und die beiden vom Gaugrafen einbestellten Herren wurden dort einvernommen.

Rüdigers Geschichte

Hätte es die Leiterin des Waisenhauses vermocht den Herrscher besser einschätzen zu können, dann hätte sie bestimmt nie gewagt, seine Schutzbefohlenen anders zu behandeln, als er dies vorgegeben hatte. Damit hatte sie eine Lawine ausgelöst, die sie zu verschlingen drohte und mit ihr noch weitere Personen. Die Befragung des Patrizius und des Armenpflegers förderte nun eines zu Tage: Nicht die Stadt hatte die Heimleiterin Gertrudis eingesetzt, sondern die Äbtissin des Klosters St. Agnes. Das Kloster übte hier seit geraumer Zeit in Gepidia die Patronatsrechte aus, wozu auch die Besetzung der Heimleitung gehörte. Seither wehrte sich die mächtige Frau vehement gegen alle Versuche der Stadt, hier so wie früher bei der Besetzung der geistlichen Ämter mitzusprechen. Als den Stadtoberen dann zu Ohren kam, dass die Leiterin des Waisenheims ein strenges Regiment führte, hatten sie sich deswegen vorsichtig an die Äbtissin gewendet. Von ihr bekamen sie dann den harschen Bescheid bekommen, sich nicht in anderer Angelegenheiten einzumischen.

Warum sie denn ihren Gaugrafen nicht angesprochen hätten, das wollte der gräfliche Amtmann wissen, der die erste Befragung vornahm. „Eckhard, wir wissen doch, dass unser Herr und die Äbtissin sich nicht grün sind und seit Jahren wegen der Silbermine streiten. Da wollten wir doch nicht noch mehr Öl ins Feuer gießen.“ Der Amtmann schüttelte den Kopf: „Ihr Narren, nun seht Ihr, was jetzt dabei herausgekommen ist. Nun gewinnt diese angebliche Lappalie plötzlich ein großes Gewicht. Nicht nur unser Gaugraf ist jetzt damit befasst, auch unser Herzog hat sich eingeschaltet. Und unseren Hohen Herrscher hat das Verhalten der Gertrudis dermaßen erzürnt, dass ich davon ausgehen muss, hier ballt sich ein gewaltiges Gewitter zusammen. Macht Euch darauf gefasst, dass Euch unser Gaugraf da nicht ungeschoren rauskommen lässt.

Und damit lag er richtig. Denn nach dem Verhör durch ihren Gaugrafen zogen die beiden Herren wie begossene Pudel ab. Graf Ardarich hatte ihnen noch einmal deutlich gemacht, wie sie künftig ihren Aufgaben nachzukommen hatten. „Ich habe Euch vor zwei Jahren dargelegt, wie weit Eure Kompetenz reicht, was Euch diese bedingte Selbstverwaltung für Rechte einräumt und welche Pflichten sie Euch auferlegt. Lasst Euch dies eine letzte Mahnung sein und stellt Euch mannhaft Eurem Amt! Und noch eines, meine Türe ist für Euch stets offen, wenn Ihr nicht weiter wisst oder Zweifel habt, dann reden wir darüber. Meine Landsleute, habt Ihr mich nun verstanden?“ Die beiden nickten ergeben und waren froh, mit dieser Ermahnung davongekommen zu sein.

Mit einer Ermahnung ging es allerdings für die Heimleiterin nicht ab, ihr drohte großes Ungemach. Sie hoffte auf ihre mächtige Schwester, was allerdings nur eine schwache Hoffnung sein konnte, angesichts dessen, dass die Waisenkinder nun im Herrscher selbst einen Schutzpatron gefunden hatten. Instinktiv wollte sie vermeiden, dass ihr Geheimnis aufkam. Was sie jedoch nicht wissen konnte, der Amtmann des Grafen hatte inzwischen auch die beiden Betreuerinnen der Waisen befragt. Ermutigt durch den Amtmann und im Wissen darum, dass der Herrscher selbst sich ihrer Schützlinge angenommen hatte, packten sie aus. Und das was sie nun berichteten, rückte die Heimleiterin zunehmend in ein schiefes Licht. Nicht nur den Waisen hatte die Leiterin das Geld des Königs abgenommen, sondern auch ihnen. Dies hatte sie in harschem Ton so begründet: „Betet lieber, das ist gottgefällig, aber doch nicht dieses sündige, verderbliche Treiben auf den Märkten. Das Geld des Königs kommt also besser der Heiligen Kirche zu Gute, als wenn es für irdischen Tand und Trunk verschwendet wird!“ So die Worte der von ihnen als bigott bezeichneten Leiterin, an die von ihr unterdrückten Betreuerinnen. Ständig fordere sie zum Gebet auf, beaufsichtige alles und schreibe selbst

Kleinigkeiten vor. Freizeit oder gar kindliches Spiel würde die strenge Frau kaum zulassen. Die Tränen der Kinder ließen sie immer kalt. „Es bricht mir fast das Herz, wenn ich das Weinen der ganz Kleinen miterleben muss und ihnen nur wenig helfen kann", so die ältere der beiden Frauen. Woher das Geld komme, das der Paladin bei der Leiterin konfisziert hatte, das wussten sie nicht. Die Jüngere vermutete, dass dieses vor allem dem Kloster St. Agnes überlassen werde. Woraus sie das denn schließe, wollte der Amtmann von ihr erfahren. Sie würde es aus einer Beobachtung ableiten: Die Leiterin suche das Kloster mindestens einmal im Monat auf.

Damit standen für den alten Amtmann zwei Punkte im Raum: Die Einengung, besser ausgedrückt die Unterdrückung, der anvertrauten Kinder und selbst der Betreuerinnen, dies war der für ihn eindeutig ermittelte Fakt. Die vermutete Unterschlagung und zweckfremde Verwendung der Spenden und Zuwendungen stand für ihn zwar als erhärteter Verdacht im Raum, der letzte Beweis hierfür stand allerdings noch aus. So sein Bericht, den er am Abend König, Herzog und Gaugraf vortrug. Die für sein akribisches Vorgehen erhaltene Anerkennung tat dem getreuen Mann gut.

***

Auf dem schmalen Pfad hintereinander reitend, erreichten die vier Paladine und ihre Begleitpersonen bereits am Nachmittag das Klosterdorf am Fuße von St. Agnes. Das Kloster selbst lag hinter einem flachen Hügel, nur die Spitzen zweier Türme ließen sich vom Fuß einer kleinen Kapelle aus erkennen. Das Dorf bestand aus wenigen weit auseinanderliegenden Häusern und Höfen, lediglich hier neben der Kapelle und dem Friedhof standen mehrere Häuser beieinander. Die kühle Luft des nahen Meeres umfing sie hier und fragende, teilweise misstrauische Blicke der wenigen bisher angetroffenen Dorfbewohner trafen sie. Was wollten denn diese mächtigen und gefürchteten Herren hier bei ihnen? Nie zuvor hatten sich des Königs Paladine, deutlich zu erkennen an ihrem hellblauen Umhang mit dem goldenen Reichswappen, im St. Agnes-Tal sehen lassen. Das konnte nichts Gutes bedeuten!

Vom Kloster aus konnte die Reitergruppe noch nicht wahrgenommen werden, denn dieses richtete sich zum Meer hin aus. Sie waren in ein schmales Tal hineingeritten, das ein breiter Wiesengrund einnahm und den auf der rechten Seite hinter den kleinen Feldern mit Wald bestandene Hügel säumten. Als sie dabei waren einen kleinen Haag zu passieren, kamen sie an einem verborgen liegenden Häuschen vorbei. Hier wurden sie erstmals angesprochen. Eine alte Frau, die sich noch vorsichtig nach allen Seiten hin umgeblickt hatte, rief ihnen halblaut zu: „Ihr edlen Herren, sucht Ihr nach den verschwundenen Frauen?“

Graf Widemir, deren Anführer, schaltete sofort und fragte nun seinerseits die alte Frau: „Wo sind sie denn zu finden?“ Diese deutete auf eine Stelle oben am Bergwald, wo sich das Dach eines kleinen grauen Gebäudes gut vom Grün der Bäume abhob. „Dort oben in der einstigen Einsiedelei werden sie gefangen gehalten. Ich war bis vor kurzem deren Beschließerin, aber sie traute mir nicht mehr.“ Sie, das war die mächtige Äbtissin Helmtrude von Kaltenbrunn, die Herrin von Dorf und Tal. „Gute Frau, warum seid Ihr denn in Ungnade gefallen?“ „Ich habe den vier Frauen heimlich immer wieder etwas aus meiner Küche und meinem Garten mitgebracht. Und ich habe auch mit ihnen gesprochen, was mir jedoch streng untersagt war. Keine dieser Frauen ist freiwillig hier, alle wurden hierher abgeschoben. Entweder waren sie ihrer Familie im Weg, oder sie waren vermögend.“ So als würde sie ihre Aussage wieder bereuen, sagte sie ängstlich: „Wenn aber die Äbtissin nun erfährt, dass ich mit Euch gesprochen habe, dann werde ich nichts mehr zu lachen haben!“ Widemir beruhigte die besorgte Frau: „Geht davon aus, dass die Äbtissin bald diejenige sein wird, der das Lachen vergeht. Habt vielen Dank für Eure Auskunft! Wir hören noch einmal voneinander.“ Sie verriet des Königs getreuen Paladinen nicht nur den steil nach oben führenden Weg, sondern auch das Versteck des Schlüssels, der den Zugang zum Haus der Gefangenen möglich machte. Widemir und ein zweiter Paladin stiegen ab und die Treppen hoch; ihre Kollegen hüteten derweilen, verborgen hinter einem dichten Gebüsch, die Pferde.

Oben angekommen schlossen die beiden Paladine die Pforte der hohen Gartenmauer auf, gespannt darauf, was sie hier erwartete. Mitten in einem kleinen Garten lag ein im Verfall begriffenes Häuschen. Dessen Türe ließ sich mit demselben Schlüssel öffnen. Sie wurden im Haus schon erwartet, denn ihr Erscheinen konnte nicht verborgen bleiben. Bereits im Hausflur wurden sie empfangen. „Des Herrschers Paladine sind gekommen, edle Herren sagt, was hat das zu bedeuten. Erlangen wir nun unsere Freiheit wieder?“ Diejenige, die für die anderen Frauen sprach, war etwa vierzig Jahre alt, sie trug eine abgenützte, aber saubere dunkle Nonnenkutte und eine helle Haube. Sie alle blickten Widemir einerseits voller Hoffnung, andererseits auch zweifelnd an. „Davon dürft Ihr ausgehen, aber erst einmal will ich Eure Geschichte kennen lernen.“ Sie baten die beiden Herren an dem wurmstichigen Tisch im engen Speiseraum Platz zu nehmen. Bedauernd hieß es: „Wir können Euch leider nichts anderes als Wasser aus der Quelle des Gartens anbieten, andere Getränke kennen wir schon länger nicht mehr.“

Das was die beiden Paladine anschließend erfuhren, das war mehrmals dazu angetan, ihnen die Zornesröte ins Gesicht zu treiben. Zwei der Frauen wurden von ihrer Familie gegen ihren Willen in das Kloster St. Agnes gesteckt, damit ihre Brüder das

Erbe ungeschmälert antreten konnten. Da sich die Frauen nicht mit einem Dasein als Nonnen abfinden wollten, ließ sie die Äbtissin kurzerhand hier einsperren. Die dritte der „Nonnen“ hatte einen Mann geheiratet, der ihrer Familie nicht genehm war. Als dieser dann plötzlich starb, stand sie ohne Schutz da und wurde gegen ihren Willen nach St. Agnes gebracht. Was aus ihren drei Kindern geworden sei, wisse sie nicht, es treibe ihr aber jede Nacht die Tränen in die Augen.

Die vierte der Frauen, eben jene, die sie zuvor begrüßt hatte, verzeichnete eine ähnliche Geschichte. Der Bruder ihres tödlich verunglückten Mannes hatte sich gewaltsam des Testaments bemächtigt, das sie zur Haupterbin gemacht hatte und dieses vernichtet. Sie, die nun mittellose Witwe, „durfte“ danach als Magd auf dem zuvor ihrem Mann gehörenden Gut arbeiten. „Diese harte Arbeit nahm ich um meiner beiden Kinder willen auf mich, doch dann wurde mein Schwager plötzlich wieder anderen Sinnes. Er nahm mir, wenn auch zeitlich versetzt, meine Kinder weg und zwang mich zuletzt, ihm hierher zu folgen. Was er damals mit der Äbtissin verhandelte, das weiß ich nicht. Aber ich wurde, weil ich mich zuvor schon vehement gegen die Wegnahme meiner Kinder gewehrt hatte und die Äbtissin als Hehlerin beschuldigt hatte, gleich hierher „verfrachtet“, und dies mit gebundenen Händen. Seitdem bange ich weniger um mein eigenes Schicksal, als um jenes meiner beiden Kinder.“ Sie hatte ihre Fassung verloren und weinte bitterlich.

Widemir, der in Gepidia dabei gewesen war, als sein König ins Waisenhaus eindrang, kam die Ähnlichkeit der Frau mit dem Sprecher der Waisenkinder in den Sinn. „Habt Ihr einen Sohn?“ Als die Weinende mit dem Kopf nickte, gab der Paladin Widemir seine Vermutung preis. „Heißt er vielleicht Rüdiger?“ Ungläubig schaute sie auf und fragte ihn mit banger Stimme: „Edler Herr, was ist mit meinem Sohn, geht es ihm gut?“ So erfuhr sie die

Vorgeschichte und auch den Grund des Ritts der Paladine nach St. Agnes. „Bleibt vorläufig zu Eurem Schutz noch hier, nein noch besser, versteckt Euch für kurze Zeit unten im Haus der einstigen Beschließerin. Wir werden zuvor nur noch dem Kloster einen Besuch abstatten und Euch danach nach Gepidia mitnehmen. Dort wird sich dann unser Herrscher persönlich Eures Schicksals annehmen, und es wird sich ganz sicher zu Euren Gunsten wenden. Außerdem werden wir wegen dieser üblen Geschichte unserem Herrn die Äbtissin präsentieren!“

Die Äbtissin war höchst überrascht, als sich an der Pforte des Königs Paladine meldeten. Sie wunderte sich zwar über deren Erscheinen, kam aber nicht auf den Gedanken, dass dahinter eine für sie bedrohliche Angelegenheit stecken könnte. Da allen Männern – mit Ausnahme der Geistlichen – der Zutritt zu einem Nonnenkloster verboten war, ging sie nun hinüber in den Wirtschaftshof. Dort wollte sie erfragen, was die Herren hierher führte. Doch dazu kam sie nicht, denn der Anführer der Paladine eröffnete ihr, dass der König sie selbst zu sprechen wünsche. Worum es dabei gehe, das könne sie sich vielleicht denken. Sie durfte sich nicht mehr in ihre Gemächer zurückziehen und musste sich wohl oder übel in das Unvermeidliche schicken. Zwei klösterliche Knechte sattelten den Zelter der Äbtissin, von den anderen Knechten zeigte sich wider Erwarten keiner. Sie hätten im offenen Hof wohl auch keine Chance gehabt der Äbtissin beizustehen. Vielleicht hatten sie auch gar kein Interesse daran, denn es konnte ja sein, das die mächtige Frau bei ihnen nicht sonderlich beliebt war. Der hinzugeeilten Priorin erklärte Widemir nur: „Unser hoher Herrscher will in Gepidia Eure Äbtissin sprechen!“ Danach ritten sie zügig davon, mitten unter ihnen die Äbtissin.

Vor dem Haus der gewesenen Beschließerin teilte sich die Gruppe. Vier Männer ritten mit der Äbtissin voraus, die andern kümmerten sich um die befreiten Frauen. Zusammen mit ihnen folgten sie den anderen nach. Der Äbtissin wurde es zunehmend unbehaglicher, denn sie hatte in einer Kehre des ansteigenden Weges rückblickend die vier Nonnengewänder unter den Nachkommenden entdeckt. Sollte es sich bei ihnen am Ende gar um die in der Einsiedelei lebenden Frauen handeln? Wenn ja, dann drohte ihr eine unerfreuliche Begegnung mit dem Herrscher. Derart in ihre Befürchtungen verstrickt, nahm sie dieses Mal weder die Abgründe am Weg wahr, noch die abendliche Stimmung ringsum. Als die Reitergruppe die beiden Pässe hinter sich hatte, setzte allmählich die Dämmerung ein und die Knechte entzündeten die Fackeln. Kurz nacheinander passierten die Gruppen eine Stunde später das Stadttor und ritten mitten durch die fröhlich gestimmten Marktbesucher hinauf zur Grafenburg.

Die Äbtissin wurde sofort in das Amtszimmer des Grafen geführt. Die befreiten Frauen durften sich in einem anderen Raum von den Strapazen des für sie ungewohnten Ritts erholen und dort auch eine Mahlzeit zu sich nehmen. In die Befragung der Äbtissin wollte sich der König später einschalten und sie erst einmal seinem Schwiegervater und dem Gaugrafen überlassen. Der Bericht seines Paladins trieb ihm die Zornesröte ins Gesicht, was kein gutes Zeichen für die Äbtissin bedeuten konnte. Um sich davon abzulenken und weil er ihnen Trost bringen wollte, suchte er die befreiten Frauen auf, die sich bei seinem Eintreten tief verbeugten. Widemir bekam den Auftrag aus dem Waisenhaus Rüdiger und seine Schwester Elisa zu holen. Er erklärte den Frauen, dass er ihre Leidensgeschichte durch seinen Paladin kenne und sehr betrübt sei, in Thule auf so ein großes Unrecht gestoßen zu sein. Er fragte nun hinein und erfuhr so noch weitere Details, die er der Äbtissin vorhalten würde. Mit seiner nächsten Aussage unterstrich er die Erwartungen der vier Frauen. „Soweit es in meiner Macht steht, wird das Euch angetane Unrecht gesühnt werden. Ihr werdet alle eine neue und gemäße Aufgabe bekommen, die Euch eine gute

Zukunft bescheren wird.“ Nach diesen Worten des Herrschers zeigte sich auf den verhärmten Gesichtern wieder ein Abglanz vergangenen Glücks.

Kurz darauf klopfte es an. Der Leibwächter öffnete die Türe, sein Herr nickte zustimmend. Zwei Kinder, nichtwissend was sie hier zu dieser späten Stunde erwarten würde, traten ein. Kaum hatten sie eine der Frauen wahrgenommen, da gellte ihr erschütternder Schrei „Mama“ im Raum. Weinend umarmten sich die drei so lange Getrennten. Rüdiger und Elisa hatten ihre Mutter wieder und ließen sie nicht mehr los. Die andere Frau, der ihre Kinder auch weggenommen worden waren, schöpfte jetzt Hoffnung. Konnte es vielleicht sein, dass auch ihre drei Kinder ins Waisenhaus gesteckt wurden? Als sie an Rüdiger gewandt, den Namen eines ihrer Kinder nannte, da bekam sie von Rüdiger die so erhoffte Bestätigung. „Magda, Unila und Petra sind auch bei uns!“ Statt in Jubel auszubrechen fiel die so erleichterte aber auch erschütterte Frau auf die Knie und stimmte weinend ein Gebet an. Rüdiger rannte hinüber ins Waisenhaus verkündete dort den Dreien die Freudenbotschaft. In seinem Schlepptau rannten die Kinder hinüber zur Burg, darunter war auch jenes kleine Mädchen, das die Königin mit ihrem Blumenstrauß erfreut hatte. Wieder gab es ein ergreifendes Wiedersehen.

Was geschah im Weiteren mit diesen Frauen? Sie legten ihre Nonnengewandung ab und wurden neu eingekleidet, um so auch äußerlich den Schlussstrich unter eine für sie bedrückende Zeit zu ziehen. Außerdem bekamen sie eine Entschädigung für ihre Leidenszeit ausgehändigt. Die beiden ledigen jungen Frauen wollten wieder zurück in die Heimat. Sie bauten darauf, dass das ihnen angetane Unrecht zuvor gesühnt würde, was ihnen der Herrscher zusagte. Die Mutter der drei Kinder nahm hingegen liebend gerne das Angebot des Gaugrafen an, die vakant gewordene Stelle der Leiterin des Waisenhauses zu übernehmen.

Damit stellte Graf Ardarich nun sicher, dass die Waisenkinder ab sofort fürsorglich betreut wurden. Das bei Gertrudis vorgefundene Geld wurde ungeschmälert dem Waisenhaus überlassen. Königin Amala stiftete dem Waisenhaus noch einen jährlich auszuzahlenden, nicht unerheblichen Betrag.

Was wurde nun aus Rüdigers Mutter und ihren Kindern? Sie konnte es fast nicht glauben, als sie erfuhr, dass sie mit ihrem begabten Sohn in die Heilige Stadt ziehen durfte. Noch dazu wurde ihr eine Stelle am Königshof zugesprochen. Dies war ein Glücksfall sondergleichen, einen den sie mit großer Freude entgegennahm. Ihre beiden Kinder durften nämlich dort in die legendäre Schlossschule eintreten, was ihnen die Chance ihres Lebens bot. Statt hier im rauen Norden künftig in Thules paradiesischem Herzen leben zu dürfen, das empfanden die drei leidgeprüften Menschen als ein unbeschreibliches Glück. Außerdem hatte Rüdiger in Friedrich, dem „Kleinen König“, einen Schutzpatron gefunden, wie auch seine Schwester Elisa in Prinzessin Adelheid, des Herrschers ältester Tochter.

Der Äbtissin Helmtrude von Kaltenbrunn und ihrer Schwester Gertrudis war dergleichen nicht beschieden. Beide wurden ihres Amtes enthoben und als einfache Nonnen auf die Insel „Gottesauge“ verbannt. Außerdem wurden beide mit dem königlichen Verdikt belegt, niemals zur Äbtissin gewählt zu werden. Auf dieser windumtosten Insel konnten sie nun ihre Schuld büßen. Ob sie des Herrschers eindringliche Mahnung erreicht hatte? „Was Ihr getan habt, das ist alles andere als gottgefällig! Unser ewiger Vater will doch nicht, dass ihm monumentale Kirchen erbaut werden und seine Schutzbefohlenen dafür darben müssen. Gott will, dass alle seine Erdenkinder ein würdiges und ihrem Tun angemessenes Leben führen können. Ihm ist das Gebet unter einem Baum lieber, als Eure erzwungene, so bigotte Gottesfurcht in prunkvollen Kirchen und Kapellen. Jeder

Führende, sei er nun Vater oder Vorgesetzter, trägt die Verantwortung für die ihm Anvertrauten. Er soll sie befähigen, ein ehrliches Leben in Freude und Wohlstand zu führen. Dies gilt gleichermaßen für Frauen in ähnlich verantwortungsvollen Positionen. Ihr Helmtrude, habt noch dazu jene Familien, die bitteres Unrecht verübten, mit Geld büßen lassen. Einmal davon abgesehen, dass Ihr Euch dadurch Befugnisse angemaßt habt, die nur dem Gaugrafen und dessen Gericht zustehen, habt Ihr dann auch noch dieses Bußgeld veruntreut! Dieses ist nicht den Opfern des erlittenen Unrechts zu Gute gekommen, sondern Eurem eitlen Wahn, mitten in einer ohnehin armen Region ein prunkvolles Gotteshaus erbauen zu wollen! Und dies nicht zur Ehre des Allmächtigen, sondern ausschließlich wegen Eurer eigenen Erhöhung! Ihr, Gertrudis, habt Eurer leiblichen Schwester gedient und nicht Gott; und dafür mussten auch noch die Schwächsten unter uns leiden. Ihr Schwestern geht in Euch, lernt fürderhin Gott und den Menschen gleichermaßen zu dienen!!"

Beim Gang hinüber zu den Ihren, fragte Herzog Wittich seinen Schwiegersohn: „Friedrich, hast Du Dich gerade nicht über die Vereinbarungen des Konzils hinweggesetzt? Du hast doch soeben mit der Amtsenthebung der Äbtissin tief in die innerkirchlichen Angelegenheiten eingegriffen." Sein Eidam lächelte ihm beruhigend zu: „Lieber Vater, es gibt hier keinen Grund zur Besorgnis. Ich habe mit Erzbischof Leonhard von Waldstätten schon vor einiger Zeit eine stillschweigende Vereinbarung getroffen. Bei offenkundigen Verstößen gegen die Gesetze von Thule seitens Geistlicher, muss nicht unbedingt ein kircheninternes Verfahren stattfinden. Ich, der oberste Richter Thules, werde hier nach meinem Gutdünken handeln. Selbstverständlich wird unser Erzbischof über die Absetzung der Äbtissin von mir umgehend erfahren und kirchenintern dazu Stellung nehmen. Wir beide treffen uns immer mal wieder informell und tauschen uns aus. Dabei geht es nicht nur um Kirchenbelange. Viel eher erörtern wir philosophische Themen, aber auch ganz allgemeine Sachverhalte. Ab und an spielen wir Schach gegeneinander, und ich muss dabei höllisch aufpassen, um nicht zu häufig der Verlierer zu sein. Wir haben inzwischen zu einem fast freundschaftlichen Verhältnis gefunden. Leonhard von Waldstätten ist ein überaus kluger Kirchenfürst und ein herzlicher Mensch. Nach außen hin muss das ja nicht unbedingt publik werden, da behalten wir unsere Rollen bei!“ Herzog Wittich schüttelte überrascht seinen Kopf und äußerte: „Friedrich, was für ein Wandel, zu Zeiten Berengars und seiner Vorgänger war dies schlicht undenkbar!“

Bei den weiteren Nachforschungen in der Causa Helmtrude ergab sich noch etwas Dubioses. Alle Urkunden, auf die sich die abgesetzte Äbtissin berufen hatte, entpuppten sich als Fälschungen. Diese hatten auch schon Helmtrudes Vorgängerin begünstigt und ihr so zur Herrschaft über ein Tal verholfen. Auch die Urkunde des Patroziniums über die Kirchen Gepidias stammte aus Berengars Fälscherwerkstatt. Das Patrozinium wurde deshalb vom Herrscher sofort aufgehoben. Die schuldigen Familien im St. Agnestal erhielten ihre gerechte Strafe und büßten alle ihr Lehn ein. Rüdigers Oheim hatte zuvor schon sein schlechtes Gewissen dazu getrieben, selbst ein armes Leben zu führen. Jeden Denar, den er erübrigen konnte, wendete er zu gleichen Teilen dem Kloster St. Agnes und dem Waisenhaus zu. Er durfte gemäß Richterspruch, und dank der Fürsprache seiner Schwägerin, wenigstens auf dem Gut bleiben, allerdings nur noch als einfacher Knecht. Das Gut fiel wieder zurück an Rüdigers und Elisas Mutter als der rechtmäßigen Besitzerin. Es wurde fürderhin von einem Getreuen ihres vermissten Mannes für sie verwaltet. Alles was dem Kloster St. Agnes in dieser üblen Sache zugewendet wurde, erhielten die vier Frauen, und zwar genau die für ihre Abschiebung aufgewendeten Mittel.

Der bis dahin von Ermanaricia aus verwaltete Nordmeergau wurde aufgeteilt. Da dessen Gaugraf ohne nähere Verwandte gestorben war, bereitete dies keinerlei Schwierigkeiten. Die beiden nordöstlichen dünn besiedelten Gebirgstäler wurden dem Gepidiagau zugeschlagen. Damit bestätigten König und Herzog ein längst eingespieltes Verhalten der dortigen Bewohner. Denn sie suchten auch bisher schon bei besonderen Einkäufen lieber das nähere Gepidia auf, als das weit entfernte Ermanaricia. Dazu würde der Ausbau des Weges ins St. Agnestal sicher noch mehr beitragen. Die neuen Gaugrenzen verliefen nun direkt auf dem nach Norden hin verlaufenden und am Meer endenden Gebirgskamm. Von dem Inselschwarm vor der Küste wurden lediglich die drei kleinen, vor der Hundsinsel liegenden Eilande abgetrennt. Der nordwestliche und dank seiner weiten Ebenen von Straßen gut erschlossene Bereich, wie der Archipel davor, wurde nun dem Ermanariciagau zugeschlagen. Damit hatte sich der Gepidiagau beträchtlich erweitert und der informelle Einfluss seines Gaugrafen war nun offiziell geworden. Solch ein Gastgeschenk hatte Graf Ardarich nie erwartet, er war daher über die damit einhergehende Aufwertung und Gebietszuwachs überglücklich. Der schwelende Streit über den von der Ex-Äbtissin Helmtrude, mit einem gefälschten Dokument eingeforderte Anspruch auf einen Anteil an der Silbermine, war nun ebenfalls Geschichte. Noch immer war der Gaugraf verwundert darüber, wie sich aus einer scheinbaren Nebensache ein Rattenschwanz an Folgen ergeben hatte. Seines Herrschers Spürnase bestätigte sich einmal mehr.

Abb. 7 Das Kloster St. Agnes und dessen Umgebung

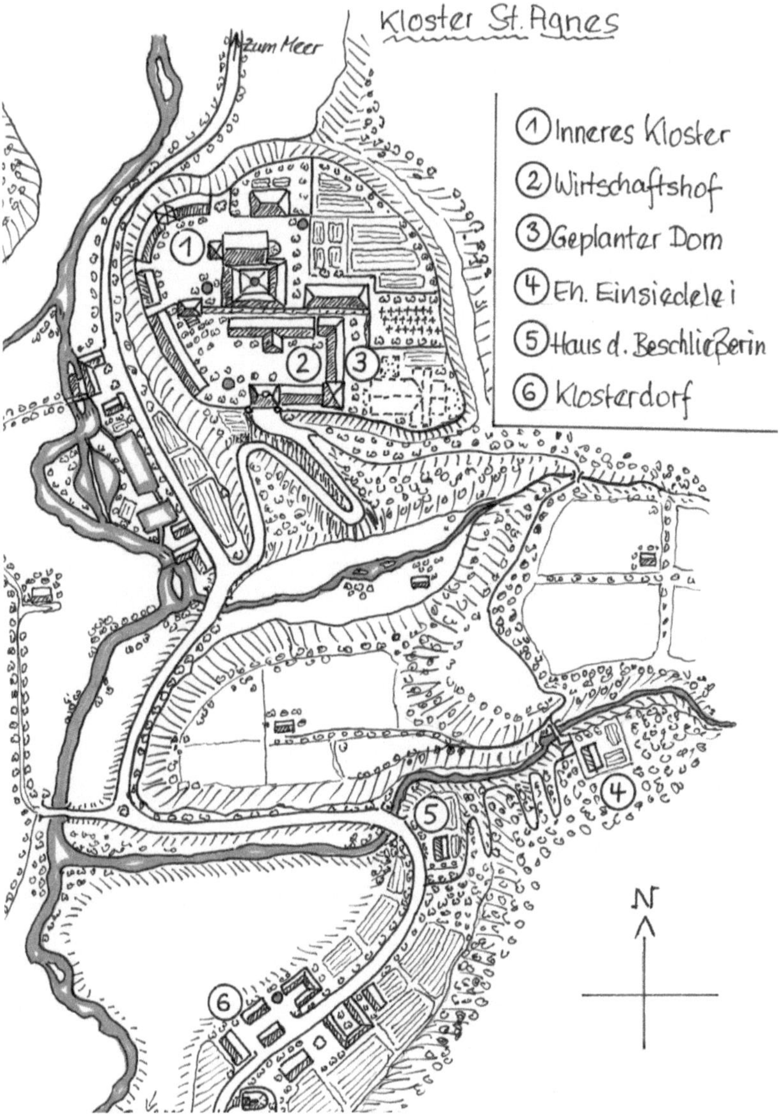

Die bebende Erde

Leicht verstört kam Prinz Friedrich zu seinem Vater: „Papa, meine Lea verhält sich heute so eigenartig. Sie wollte nicht mit mir ins Schloss hinein, so als würde ihr dort ein Unheil drohen. Sie ist mir dann ausgekommen und liegt nun draußen auf dem Rasen und winselt erbärmlich, so als wenn sie vor irgendetwas Angst hätte." Dem König, belesen wie er war, gefiel diese Beobachtung nicht und er ging mit seinem Ältesten erst einmal zu dessen Hund. Bittend schaute ihn der Hund an, so als erwarte er von ihm Hilfe. Die beiden Könige gingen weiter zum Zwinger, um zu sehen, ob sich auch Mia, die Hündin der kleinen Prinzessin Agnes so ähnlich verhielt. Auch sie wirkte ungewohnt ängstlich, drängte ins Freie und lief zu ihrer Schwester. „Fedi, die Tiere, so habe ich es einmal gelesen, ahnen Naturereignisse eher voraus als wir Menschen. Vielleicht droht uns gar ein Erdbeben. Schauen wir mal bei den Pferden vorbei und beobachten auch deren Verhalten. Wenn die sich heute anders verhalten als sonst, dann müssen wir handeln."

König Friedrich war nun ebenfalls beunruhigt und fand alsbald die Bestätigung in der Unruhe seiner Pferde. Als die edlen Tiere auf sein Geheiß hin alle ins Freie entlassen wurden, konnte es ihnen nicht schnell genug gehen. Sie stoben hinaus auf ihre Koppeln und sammelten sich in deren Mitte, so als würde ihnen dort keine Gefahr drohen. Sie drängten sich eng aneinander. Nur Norma, die Stute der Königin, jagte einmal hin zum „Rudelchef", als den die edlen Tiere Thules Herrscher betrachteten. Sie ließ sich kurz tätscheln während der König mit ihr leise und beruhigend sprach. Danach trabte sie langsamer als zuvor zurück zur kleinen Herde.

Nun war Eile geboten. Der Herrscher erteilte den Befehl, dass die warnenden Hörner geblasen werden sollten. Drei langgezogene Töne, auf die wieder drei kurze folgten, schreckten die Menschen auf. So wie immer bei vorangegangenen Übungen, galt es dann als erstes alle Herdfeuer auszumachen, um sich gegen mögliche Brände zu schützen. Die Menschen verließen daraufhin eilig ihre Häuser, sammelten sich auf den Plätzen, hielten dabei sorglich und bangend Abstand zu den Gebäuden ringsum. Wer denn diese Warnung ausgelöst hatte, wollten etliche wissen. Als es hieß, dass diese zuerst im Schloss ausgelöst wurde, fanden die Theodericianer, dann müsse es schon seine Richtigkeit haben. Ohne des Königs Befehl wäre dies bestimmt nicht erfolgt, und ihr Herrscher tat dies bestimmt nicht ohne Vorbedacht.

Dennoch tat sich einige Zeit nichts, und mancher ging bereits von einem Fehlalarm aus, doch dann wurden sie urplötzlich eines „Besseren“ belehrt. Der Boden unter ihren Füßen begann auf einmal zu zittern, bebte alsbald stärker und setzte die Menschen Angst und Schrecken aus. Etliche Gebäude schwankten, einige wenige brachen in sich zusammen, aber viele Häuser verloren Dachziegel und bekamen Risse. Obwohl das Beben nur ungefähr eine Minute gedauert hatte, erlebten es die verängstigten Menschen so, als wäre dieses Beben eine Vorstufe der Ewigkeit gewesen. Wegen einiger, kurz nacheinander folgender, aber zum Glück schwacher Nachbeben verlor sich das Gefühl des der Natur Ausgeliefertseins erst nach einiger Zeit.

Die Königliche Familie hatte sich, aufgeschreckt durch den Herrscher, ebenfalls in aller Eile hinaus in den Terrassengarten begeben. Dort lagerten sie sich außerhalb der Gefahrenzone auf Decken, mitten unter ihnen die beiden Hunde. Die Eltern bildeten einen schützenden Kreis um die Kinder. Die Bediensteten des inneren Schlosses durften sich unweit von ihnen sammeln. Angesteckt durch die Unruhe der Erwachsenen hielten sich die Kinder eng bei ihren Eltern auf, so auch die Königlichen Hoheiten. Ein kaum merkliches Zittern kündigte das Beben an. Mitzubekommen, dass die Festigkeit des Bodens auf einmal nicht mehr gelten sollte, es einem die Füße wegzog, erlebten vor allem jene, die diese Naturgewalt noch nie erfahren hatten, als ungeheure Bedrohung.

Als alle der im Garten Weilenden schon erleichtert davon ausgingen, das Erdbeben überstanden zu haben, da wurden sie erneut aufgeschreckt. Unweit von ihnen knirschte es, daraufhin folgte ein eigenartiges Geräusch und nach diesem ein heftiges Rumpeln. Vor den ungläubigen Augen der Beobachter fing der mächtige runde „Graue Turm" auf der Nordwestseite des Gartens an bedenklich zu schwanken, um sich dann unwirklich langsam zum See hin zu neigen. Ein großer Riss tat sich oben im Gemäuer auf, zog sich schnell bis hinunter zum Erdboden und wurde zusehends breiter. Danach fielen Dachziegel herab und es löste sich, begleitet von lautem Donnern, der dem See zugewendete Teil des Turms und stürzte polternd hinab in den Amelungensee. Mit sich riss er zu beiden Seiten auch noch je einen großen Abschnitt der Wehrmauer. Was die erschreckten Beobachter allerdings nicht sehen konnten, wohl aber annehmen mussten, dieser Absturz hatte Folgen. Er löste in den beiden Seehäfen eine kleine Flutwelle aus, die einige Boote aus der Verankerung riss und sie ins Hafenbecken trieben. Selbst in der Amelunga bildete sich eine kräftige Woge, die jedoch keine Schäden anrichtete. Seines Halts beraubt, wankte nun auch der dem Schloss zugewandte Rest des Turms, er fiel jedoch zu aller Erleichterung nicht hinein in den Garten, sondern rutschte zerbröckelnd den Schlossfelsen hinunter.

Damit schien es tatsächlich sein Bewenden zu haben, das Beben war vorbei, und die Menschen in der Heiligen Stadt wie im Schloss atmeten auf. Nach längerer trügerischer Pause wurde ihre kleine Welt wieder einmal von einem Erdbeben erschüttert. Unsanft erinnerte es sie an die Kräfte der Natur und auch daran, dass ihr Archipel einst durch vulkanische Aktivität geschaffen wurde. Diese ungeheuren Kräfte unter ihren Füßen waren keineswegs erloschen, was ihnen heute wieder bewusst wurde. Ab und an erinnerte die Natur die Menschen Thules daran, sie weder zu unterschätzen, geschweige denn ihre Kräfte zu vergessen. Allerdings hatten die Jahre, in denen es im Mittelland kein Beben gegeben hatte, so Manchem die trügerische Hoffnung eingeflößt, die Naturgewalt sei zur Ruhe gekommen. Dies entpuppte sich nun als Trugschluss.

Als sich die Staubwolke verzogen hatte, bekamen die erleichtert aufatmenden Schlossbewohner das ganze Ausmaß des Schadens mit. Flüchtig betrachtet zeigte sich nun eines: Anscheinend waren nur der Turm und mit ihm die angrenzenden Teile der hohen Garten- und Wehrmauer hinuntergestürzt. Ansonsten sahen sie von ihrem Platz aus weder an der Schlossfassade noch im Terrassengarten größere Schäden. Vorsichtig näherten sich König Friedrich und Prinz Theodemir der Abbruchstelle, immer gewärtig, dass sich noch ein Stück des Schlossfelsens lösen könnte, was zum Glück jedoch nicht der Fall war. Sie stellten nun fest, dass nicht nur der Turm weggebrochen war, sondern mit ihm auch ein Stück jenes Felsgrundes, auf dem er einst errichtet worden war. Prinz Friedrich, obwohl es ihm sein Vater zuvor strikt verwehrt hatte, vermochte seine Neugierde nicht mehr zu zügeln und schlich sich hin zu Vater und Oheim. Harsch schickte ihn der königliche Vater zurück und machte ihm klar, dass er damit die anderen Kinder verleiten und gefährden würde.

Von ihrem Standort aus war ihnen der Blick hinüber zu den Stadtteilen jenseits der Amelunga nicht möglich, und auch nicht der zur Kernstadt. Wie sah es denn dort wohl aus? Und welche Schäden hatte das Erdbeben in anderen Regionen Thules verursacht? Der Herrscher sah sich in diesem Moment vielen Fragen ausgesetzt und erlebte das unangenehme Gefühl, der Urgewalt der Natur wieder einmal nichts entgegensetzen zu können. Alle irdische Macht war gegen jene der Natur ein Nichts, allenfalls ein vergebliches Aufbäumen in Ohnmacht. Dennoch musste er sich nun den Theodericianern zeigen, ihnen Mut zusprechen, die Betroffenen trösten und rasche Hilfe organisieren.

Seine besorgte Amala bat ihren Gemahl erst einmal die eingehenden Berichte abzuwarten, und sich nicht der latenten Gefahr auszusetzen. Doch ihr Friedrich wusste nur zu genau, was die Seinen in diesem Augenblick von ihm erwarteten. Sein Anblick würde ihre Ängste mildern und ihnen das Gefühl geben, in ihrer Not nicht allein zu sein. Für die Thulaner war ihr König längst auch zum Pater patriae geworden. Er ließ sich den gesattelten Ikarus bringen, und sich mit der purpurnen Dalmatica ankleiden. Sechs Leibwächter begleiteten ihren Herren, denen sich noch drei Königsboten anzuschließen hatten.

Es sah wahrlich nicht gut aus, insbesondere drüben in den alten Vorstädten. Dort waren etliche Häuser in sich zusammengestürzt und die Menschen hatten sich auf die Straße geflüchtet, noch immer gewärtig eines neuen Erdstoßes. Der König hatte bewusst zuerst den Weg dorthin eingeschlagen. Ihm ging es dabei neben dem Befinden der Menschen noch um zwei wichtige Sachverhalte. Hatten die Witoldbrücke und das über sie führende obere Aquädukt Schaden genommen? Dies schien nicht der Fall zu sein, denn der Brunnen auf der kleinen Insel St. Markus floss mit unverminderter Stärke und auf den ersten Blick ließ sich auch an der Brücke kein Riss feststellen.

Als die Menschen ihren König erblickten, erhob sich trotz des wenig erfreulichen Anlasses ein von Erleichterung gespeister Freudenausbruch. Er war da und kümmerte sich um sie, welch ein gutes Gefühl. Die zuvor noch so verschreckten Kinder drängten sich nach vorne, um den Oheim König nahe zu sehen. Er brachte ihnen und ihren Verwandten neue Zuversicht. Der große König und Magier würde alles ihm Mögliche tun, um zu helfen. Sie zogen allein aus seinem Erscheinen Trost und von seinem Zuspruch gewannen sie wieder Lebensmut. Und so war es auf allen Straßen und Plätzen, die der Herrscher auf seinem Weg durchritt. Immer wieder hielt er dort an, wo sich Schäden zeigten, wendete sich an die Betroffenen, hörte sie an und tröstete sie. Den Umstehenden versprach der Herrscher eine rasche Erfassung der Schäden und auch Hilfen aus der Kronkasse. Die Königsboten notierten ihres Herrschers Zusagen, damit nichts in Vergessenheit geraten konnte.

Trotz der Schäden gab es auch einen Moment der Freude, denn das Erdbeben hatte keine Todesopfer gefordert, und es hatte auch nur drei leichter Verletzte gegeben. Das erst vor kurzem eingeführte Warnsystem hatte funktioniert. Der König war sehr erleichtert, seine Befürchtungen hatten sich zum Glück nicht bewahrheitet. Auf dem Indulfplatz traf er auf den Rat der Stadt, der ihm noch Weiteres über die Schäden in der Heiligen Stadt berichtete. Auch sie gaben Entwarnung und sprachen von Glück im Unglück. Rasch bildete sich um den König und die Ratsherrn eine große Menschenmenge. Als Friedrich dies realisierte gebot er mit seiner majestätischen Geste Ruhe und wendete sich spontan an die Seinen.

„Meine lieben Getreuen, Gott in seiner Unerforschlichkeit hat uns eine Prüfung auferlegt. Die von ihm geschaffene Natur erinnerte uns wieder einmal unsanft an die Grenzen, die uns Sterblichen gesetzt sind. So viel mir bis jetzt bekannt wurde, müssen wir zum Glück keine Toten beklagen, aber einige unserer Mitbürger wurden verletzt und noch mehr haben ihr Heim verloren. Sie tröstet zwar unser Mitgefühl, aber auch unsere tatkräftige Hilfe ist von Nöten. Der Rat unserer Stadt und auch Ihr habt bereits Räume für die Wohnungslosen freigemacht und sie in Eure vorübergehende Obhut genommen. Die Krone wird mit dafür sorgen, dass die Geschädigten bald wieder ein Dach über dem

Kopf bekommen. Mein Dank gebührt nicht nur unseren rührigen Räten sondern Euch allen, die Ihr Eure Wohnungen mustergültig schnell verlassen habt. Nur dadurch ist uns Schlimmeres erspart geblieben. Danken wir nun dem Allmächtigen und bitten wir ihn, uns künftig vor weiterem Unheil zu bewahren. Atta unsar…“ Das Volk stimmte wie ein Mann ein in des Herrschers Gebet, der ihnen danach mit ausgebreiteten Armen seinen königlichen Segen gab.

Die Paladine und Königsboten ritten derweilen hinaus in die thulanischen Lande, um sich ein Bild von der Lage zu machen und diese dann dem Herrscher zu vermitteln. Wie sich herausstellte hatte sich das Beben dieses Mal nur in einem begrenzten Bereich rings um die Landeskrone ausgewirkt. Insgesamt waren sechzig Häuser unbewohnbar geworden, weitere zweiundneunzig teilweise beschädigt aber zu reparieren. Die dadurch obdachlos gewordenen Menschen fanden zumeist bei Verwandten oder Freunden eine vorübergehende Bleibe. Den Wenigen, die auf diesem Wege keine Unterkunft fanden, besorgten die Stadtverwaltungen ein vorübergehendes Domizil, zumeist in schnell angemieteten Herbergen. Diese Mahnung der Natur blieb im Gedächtnis derjenigen, die das Beben erlebt hatten. König Friedrich kümmerte sich persönlich darum, dass die Schäden schnell behoben wurden. Die Krone gewährte zinslose langfristige Kredite und noch einen dankbar angenommenen Zuschuss für die jeweils Betroffenen.

Um die „Wunde“ im Terrassengarten wurde erst einmal ein provisorischer Zaum gezogen, um die Kinder vom Abgrund fernzuhalten und sie von leichtsinnigen Mutproben abzuhalten. Der Herrscher hatte nämlich weder die Absicht den Turm wieder aufzubauen, noch die eingestürzten Teile der Mauer wieder zu ersetzen. König Friedrich wollte die Chance nützen und diesen baulich bisher etwas vernachlässigten Gartenbereich neu gestalten. Er legte seine Vorstellungen seinem Architekten Osmin von Gnadenthal dar. Nach einiger Diskussion beauftragte er ihn dann damit, an Stelle des verlustig gegangenen Turms ein repräsentatives Gebäude zu planen und den davor liegenden Gartenbereich einzubeziehen. Welche Vorgaben der König seinem Architekten dabei machte, das sollte vorerst unter ihnen bleiben und später erst anhand des Modells der Königlichen Familie vorgestellt werden. Der König liebte es, die Seinen positiv zu überraschen und mit etwas Besonderem zu erfreuen. Doch nun wieder zurück zum Erdbeben.

Wie sich anhand der Berichte der Paladine und Königsboten erkennen ließ, hatte sich das Erdbeben lediglich in der Umgebung der Landeskrone zugetragen. König Friedrich, dem dieses regional so eingegrenzte Beben nicht geheuer war, erörterte dies am nächsten Tag mit seinem Schwager Theodemir. Nach einiger Diskussion wollten die beiden Fürsten nicht mehr ausschließen, dass das Beben wohl der Landeskrone zugerechnet werden musste, denn so wie es aussah, hatte sich deren Untergrund bewegt. Das war ein bedrohlicher Verdacht! Denn daraus ließe sich schließen, dass der schlafende Vulkan erwacht sein könnte. Dies war für beide Fürsten ein überaus schreckender Gedanke, ihn öffentlich zu machen, würde bei den rund um den Berg wohnenden Menschen große Ängste auslösen. Sie beschlossen daher, diese Vermutung für sich zu behalten, auch gegenüber der Familie. Sie nahmen sich vor, die Landeskrone künftig genauer zu beobachten und jede Veränderung zu untersuchen. Abschließend bemerkte der König zu seinem Blutsbruder: „Toti, wenn wir unseren Verdacht offen äußern würden, wem würde dies nützen? Keinem! Aber schaden würde es allen, ihnen schlimme Träume verursachen und ihr Dasein mit einer seelischen Last beschweren. Wir als die Verantwortlichen können damit leben, wenn auch nicht gut. Aber auch dies gehört nun mal mit zum Auftrag des Herrschens!“

In Abstimmung mit den Räten der betroffenen Gemeinden wurden die Bauleute von den Neubauten abgezogen und bei der

Instandsetzung der beschädigten Häuser wie beim Neuaufbau der zerstörten Gebäude eingesetzt. Diese Maßnahme zeitigte einen schnellen Wiederaufbau. Auch die finanziellen Regelungen liefen ohne großen Aufwand reibungslos ab. Nach weniger als einem halben Jahr waren die gröbsten Schäden behoben und die Bauleute konnten sich wieder den verlassenen Baustellen zuwenden. Zu diesen trat nun ein größeres Bauvorhaben hinzu, nämlich die Umgestaltung des nordöstlichen Terrassengartens. Allerdings sollte der Großteil des Königlichen Auftrags von der Schlossbauhütte erbracht, und nur spezielle Arbeiten an externe Spezialisten vergeben werden.

Lernzeit

So wie einst sein Vater musste auch der jetzt zwölfjährige Prinz Friedrich, der „kleine König“, neben seinem üblichen schulischen Lernstoff nun auch mit seiner künftigen Aufgabe als Herrscher vertraut gemacht werden. Überwiegend lernte er dies von seinem Vater, dem Herrscher. Er durfte bei dessen Audienzen dabei sein und bekam anschließend die Überlegungen seines Vaters bei dessen Entscheidungen erklärt. Sein Vater erteilte ihm aber auch direkten Unterricht zu allen Feldern, auf denen er dereinst als Herrscher sattelfest sein musste. Diese Lektionen ergaben sich zumeist aus den aktuellen Ereignissen und reflektierten des Herrschers Verhalten und Entscheidungen. Dadurch wurde des Königs Erstgeborener zunehmend mit dem Denken seines Vaters vertraut und fand diesen Einblick faszinierend.

Öfters wurden Beobachtungen oder Handlungen als Aufhänger für den Lernstoff gewählt. Das hatte selbst bei abstrakten Sachverhalten den Vorteil, sie mit der gelebten Praxis verbinden zu können. Es hatte sich so eingespielt, dass sie nicht streng beim zuvor gewählten Thema blieben, sondern auch immer wieder Abschweifungen zuließen. Beide fanden, dies sei interessanter und eine gute „Medizin“ gegen Ermüdung.

Prinz Friedrich durfte manchmal auch den Ort des Lernens vorschlagen, insoweit dies mit den Terminen seines Vaters zu machen war. In der Regel fand dieser Sonder-Unterricht in einem eigenen, speziell für diesen Zweck hergerichteten Raum statt. Dort hingen auch drei große Papierbogen mit den Geboten des Königs, von denen vieles abgeleitet werden konnte, was er und die anderen Prinzen vom Herrscher erlernen sollten. Hier wurden auch seine beiden Brüder Manfred und Konrad sowie deren Cousin Alarich auf ihre künftige Aufgabe als Herzöge vorbereitet. Das Credo des Vaters und Oheims stand auf dem einen Bogen, die zwölf Thesen teilten sich die beiden anderen. (Siehe Buch „Adler und Viper“ Seiten 238 und 239). So hatten die vier Königlichen Hoheiten das Wollen König Friedrich Tejas stets vor Augen, sie konnten sich an diesem Leitfaden orientieren und so das Wollen des Herrschers wie ihre künftige Herausforderung verinnerlichen.

Der Raum war zwar bequem und einladend, aber eben doch ein „Schulzimmer“. Bei schönem Wetter saßen daher Vater und Sohn lieber im Auslug, dem Lieblingsplatz der Königlichen Familie. Der wissbegierige und kluge Junge lernte gerne und schnell. Mehr zu wissen als andere Gleichaltrige erlebte er als persönlichen Vorteil und auch als Teilhabe an der Macht. Und was ihm besonders wichtig war, dann hatte er seinen Vater ungestört für sich, was ihm von seinen Geschwistern geneidet wurde. Mit Ausnahme der Königin, seiner Mutter, durfte bei diesen reinen Lehrstunden niemand sonst dabei sein. Außerdem standen auch allerlei besondere Leckereien und Säfte auf dem Tisch bereit, denen die beiden Könige gerne zusprachen.

An diesem Tag stiegen der Herrscher und sein designierter Nachfolger jedoch nicht direkt in den vorgesehenen Lernstoff ein. Sie nahmen erst einmal an der wöchentlichen Sitzung der Minister teil. Bei dieser ging es unter anderem um die Einnahmen der Krone. Tief fielen die Verbeugungen der Überraschten aus, als Vater und Sohn zu ihnen stießen. Der Herrscher signalisierte ihnen, er werde sich in ihre Besprechung nicht einmischen, ihr aber aufmerksam folgen. In der nun folgenden Besprechung fielen etliche Begriffe, die der interessierte Königssohn so bisher nicht kannte, und die er bei der anschließenden Lernstunde mit seinem Vater klären wollte. Außerdem ging es wieder einmal um das bemängelte Verhalten etlicher Beamter, zu dem er auch etwas wissen wollte.

Den Herrscher, der einst selbst gezielt auf sein hohes Amt vorbereitet wurde, erfreute dieses Interesse seines Ältesten und Thronfolgers. Es zeigte ihm einmal mehr, dass sein Fedi die ihn erwartende Aufgabe ernst nahm und er sich mit dieser schon früh vertraut machen wollte. In der vorherigen Lernstunde hatten Vater und Sohn sich des Geld- und Münzwesens, wie der Notwendigkeit zur Vereinheitlichung aller Maße und Gewichte angenommen. Der König fragte daher wie üblich erst einmal ab, was seinem Sohn davon noch in Erinnerung geblieben war. Er staunte nun darüber wieviel sein Fedi davon behalten hatte und vor allem darüber, wie der Junge dies in die Aufgabe des Herrschers einordnete.

Danach wollte der Herr von Thule von seinem Fedi wissen, was er denn aus der Besprechung der Minister mitbekommen habe. „Papa, weshalb sprechen die Minister denn immer von der Krone, wenn sie über die eingehenden Steuern sprechen?“ Der königliche Vater entgegnete seinem Ältesten: „Fedi, das hat sich im Laufe der Jahrhunderte so eingespielt. Der Begriff Krone steht hier eigentlich für den König, denn ihm gehört seit der Landnahme durch unsere Ahnen aller Grund in Thule. Der König verleiht ihn wieder an seine Herzöge und diese wiederum an die ihnen unterstellten Herrschaften und Gemeinden. Jeder der einen Grund bewirtschaften will und dies auch wirtschaftlich gestalten kann, erhält so ein Lehen zugewiesen. Unsere Schatzämter führen darüber Listen, in denen all der verliehene Grund erfasst ist, und die ständig ergänzt oder verändert werden. Daraus ermittelt sich die jeweilige Grundsteuer (früher als tributum soli bezeichnet), die von den Schatzämtern einmal im Jahr für die Krone eingezogen wird.“

„Papa, dann bist Du also der Einzige der in Thule keine Grundsteuer zahlt!“ Sein Vater nickte zustimmend und ergänzte noch einen Punkt, der ihm dabei wichtig war. „Fedi, selbst die Kirche und die Klöster werden davon nicht ausgenommen, denn sie nutzen ja auch den Grund und Boden, um daraus Erträge zu erzielen. Das solltest Du Dir fest einprägen, denn dies ist von alters her ein heißes Eisen, das die Kirche nur ungern hinnimmt. Aber für mich bedeutet jede Sonder- oder Ausnahmeregelung eine Gefahr, denn damit wäre dem Wildwuchs Tür und Tor geöffnet. Unser Steuersystem muss unter allen Umständen einfach gehalten werden, damit die Übersicht für die Steuerzahler, wie für die Krone erhalten bleiben kann. Daher verwahre ich mich hier gegen jede Änderung.

Nun gebe ich mir selbst ein Stichwort zu einem Thema, das mir nicht sonderlich gefällt. Was Dir sicherlich nicht entgangen ist, war die jüngst vorgenommene erneute Reform des Beamtentums, die dritte in meiner Regentschaft.“ Prinz Friedrich nickte und ergänzte: „Papa, das hat anscheinend unter diesem Berufsstand mächtig Staub aufgewirbelt, wurde von ihm gar als unnötig und grausam bezeichnet. Ich habe das rein zufällig dem Gespräch von zwei Mitschülern an der Schlossschule entnommen, das bestimmt nicht für meine Ohren gedacht war. Beider Väter haben eine hohe Position in den Ministerien inne.“

„Mein Sohn, viele der Beamten werfen mir vor – vielleicht nicht ganz zu Unrecht – ich würde weder sie selbst noch ihr Tun besonders schätzen! Dazu ist eines anzumerken: Beamte sind Diener des Reiches und haben daher eine feste und angemessen entlohnte Stelle, was sie allerdings oft nicht so sehen wollen. Ihre Vergleiche mit der Bezahlung in den anderen Berufen, ob diese nun im Gewerbe, Handwerk, Handel oder gar bei der Flotte angesiedelt sind, sind unredlich. Sie lassen dabei nämlich zwei wesentliche Gesichtspunkte außer Acht. Dort gibt es zumeist weder eine feste Arbeitszeit, noch bei etlichen einen festen Arbeitsort. Weit wichtiger ist allerdings der Faktor Risiko und Verantwortung. Wer darauf angewiesen ist, dass seine Produkte gekauft werden, seine Ware sicher ankommt, der ist häufig

Unsicherheiten und schwankendem Einkommen ausgesetzt. Die Kapitäne und Offiziere zur See sind den Gewalten des Meeres ausgesetzt, sind lange fern von ihren Familien und müssen harte Arbeit leisten. Dafür bekommen sie auch eine diese Erschwernisse und Entbehrungen berücksichtigende Entlohnung. Beamte arbeiten hingegen in der Regel nach klaren Vorgaben und Terminen sowie an einem festen Ort. Sie sind am Abend und an den Wochenenden daheim bei den Ihren.

Leider spielt sich in diesem „System“ dann nach einiger Zeit eines ein: Diese darin Tätigen schieben sich gegenseitig die ohnehin nicht überfordernde Verantwortung zu, oder gar gleich nach „Oben“ weiter. Die Abläufe verharzen, werden umständlicher und die Dauer des Bearbeitens nimmt allmählich zu. Nur zu gerne beschäftigen sich diese Beamten mit neuen Vorschriften, sie meinen, alles ließe sich schriftlich festhalten und regeln, es müsste daher nicht direkt entschieden werden. Viele stöhnen unter ihrer Arbeitslast, dabei fehlen ihnen – wie schon gesagt – zumeist die Vergleiche mit den anderen Tätigkeiten im Lande.“

„Papa, müssen wir denn dann anstatt der Grundsteuer eine andere, gleichwertige Abgabe leisten?“ König Friedrich lächelte: „Fedi, eines vorab, müssen tun wir überhaupt nichts. Als König stehe ich nicht nur über dem Gesetz, ich könnte auch die Steuern autonom festsetzen und so viel davon selbst verbrauchen wie es mir beliebt.“ „Papa, aber Du machst davon doch gar keinen Gebrauch!“ Sein Vater nickte wieder zustimmend, brachte aber eine Ergänzung ein. Er, als „die Krone“, würde im Umfang der „gedachten“ Grundsteuer soziale Einrichtungen unterstützen, was ihm persönlich sehr wichtig sei. Hierzu ergab sich wieder eine Nachfrage. „Papa, Du und Mama tun sehr viel für diejenigen, denen es nicht so gut geht. Warum ist dies Euch so wichtig?“ „Fedi, was mich betrifft, gibt es eine Erklärung. Von Kind an hat mich das Leben jener Menschen interessiert, die uns mit all dem versorgen, was wir zum Leben brauchen. Ihr arbeitsreiches Dasein und die Mühen, die sie dabei auf sich nehmen, nötigten mir zunehmend Respekt ab. Seitdem tue ich alles dafür, dass dies von allen so gesehen wird und den Bauern, Handwerkern und allen, die mit ihrer Hände Arbeit ihren Lebensunterhalt verdienen, Achtung entgegengebracht wird.

Dabei lernte ich auch jene kennen, die aufgrund von Krankheit und Alter nicht für sich und andere sorgen können. Ich habe früh schon mitbekommen wie kümmerlich sie leben und wie sehr sie unter ihrem unverdienten Schicksal zu leiden haben. In Deinem Alter wurde ich zur Waise und vermisste meine geliebten Eltern schrecklich. Sie hatten mich bis dahin liebevoll umsorgt und mir jene Geborgenheit gegeben, die für Kinder so wichtig ist. Seitdem weiß ich wie sehr sich elternlose Kinder nach Liebe und Zuwendung sehnen. Ihnen in ihr trauriges Dasein etwas Freude zu bringen, ist mir ein großes Bedürfnis. Deine Mama wird zu Recht von den Thulanern als Engel bezeichnet. Sie hilft wo immer sie dies vermag, und das aus einem gütigen und mitfühlenden Herzen heraus. Das Strahlen der Waisen wenn wir sie aufsuchen und ihnen Freude bringen, das erlebe ich ein jedes Mal wie ein Geschenk und Deiner Mama geht es ja nicht anders.“ Der Thronfolger nickte zustimmend, was seinen Vater sicher machte, dass er auch als Herrscher diesem Weg seiner Eltern überzeugt folgen würde.

Prinz Friedrichs Annahme, dass die Grundsteuer, am meisten von allen Steuern einbringen würde, machte es seinem Vater möglich in den Bereich der Steuern überzuleiten. „Das ist sie keineswegs, außerdem ist die Grundsteuer in meiner Regentschaft auch nie erhöht worden. Viel bedeutsamer für Thule ist nämlich das Siliquaticum (die Umsatzsteuer), welches bei jedem Verkauf erhoben wird. Derzeit liegt diese Steuer bei 5% des Warenwerts. Weil bei uns sowohl der Handel als auch das Gewerbe so erfreulich wachsen und immer mehr umgesetzt wird, fließt diese

Steuer Jahr für Jahr immer ergiebiger. Deswegen, mein Sohn, können wir trotz der steigenden Ausgaben guten Gewissens von Steuererhöhungen absehen. Das bringe ich ganz bewusst in jedem Thing ein und erfreue damit ein jedes Mal die Teilnehmer.

Aber nicht nur das Siliquaticum sprudelt erfreulich, das gilt auch für die Auraria (Handels- und Gewerbesteuer), die inzwischen fast schon die Höhe der Grundsteuer erreicht hat. Hier leisten die Händler und Gewerbetreibenden sechs Prozent ihres Ertrags an die Schatzämter. Davon dürfen sie allerdings auch einen Teil der Löhne als steuerbefreite Ausgaben für ihre Beschäftigten abziehen.

Einmalig erhoben wird das Monopolium, eine Gebühr für Händler und Gewerbetreibende für deren Zulassung und einen gewissen Gebietsschutz. So verhindern wir einerseits ruinösen Wettbewerb und steuern andererseits die Versorgung mit Waren und Diensten. Sie können diese Summe auch in Raten begleichen, um ihnen so den Start in die neue Tätigkeit zu erleichtern. Alle fünf Jahre wird diese Steuer überprüft und gegebenenfalls angepasst."

Doch darauf ging der König vorerst noch nicht tiefer ein, denn er wollte die Grundsteuer abschließend behandelt wissen. Längst sei noch nicht aller Grund Thules verliehen worden und der würde daher vorläufig bei der Krone verbleiben. Unbesiedelte Gegenden zählten genauso zum Krongut, wie die direkt der Krone zugeordneten Bergwerke, Manufakturen, Gewerbebetriebe, Burgen und Gutshöfe. Dazu gehörten auch die Mietshäuser der Krone und die Staatsbank, bei der sich Herzöge, Gaugrafen und Gemeinden ihre Finanzmittel beschaffen könnten. Die Königliche Bank gehöre allerdings nur der Königlichen Familie. Nur dort wo sich die Krone mit weniger als fünfzig Prozent beteiligt habe, fiele auch Grundsteuer an. Nur diese würden im Obersten Schatzamt beim Kanzler als Einnahmen des Reiches geführt. Die Krone erhalte außerdem aus jedem Verkauf die Hälfte des Siliquaticums zugewiesen; die andere ginge an die andere Berechtigten, also an Städte, Ämter und Herrschaften.

„Papa, was geschieht denn mit diesen Steuern?" „Jedes unserer Ministerien listet erst einmal all das auf, was es im nächsten Jahr gestalten will und welche Ausgaben sich damit verbinden. Nachdem der jeweilige Plan genehmigt ist, bekommt es gemäß einem Verteilschlüssel einen Etat zugewiesen. Über diesen kann der Minister dann frei verfügen. Dieser jeweilige Etat wird allerdings vierteljährlich überprüft und entsprechend angepasst. Bei besonderen, nicht vorhersehbaren Ereignissen kann ein zusätzlicher Etat beantragt werden."

„Papa, aber Du verfügst doch über alle Steuern?" König Friedrich lachte leise: „Das schon, mein Sohn, aber dies ausschließlich in meiner Rolle als Herrscher und als derjenige, dem es obliegt, diese Mittel zum Nutzen des Reiches zu verwenden. Sicher würde sich niemand daran stören, wenn ich aus den Einnahmen der Krone auch für unsere privaten Belange Geld entnehmen würde. Doch davon will ich absehen, denn damit beeinträchtige ich die mir wichtige klare Abgrenzung. Wir, die Königliche Familie, sind so vermögend, dass wir unser Leben mehr als gut aus unserem großen und wachsenden Eigenbesitz finanzieren zu können.

Fedi, mir war es stets wichtig, dass die Einnahmen des Reiches Thule und diejenigen unserer Staufischen Familie streng getrennt geführt werden. Denn alle Steuereinnahmen gehören für mich gedanklich nicht mir als dem Herrscher, sondern dem Reich Thule. Unser Eigenbesitz wird daher gesondert behandelt und auch so besteuert wie die Erträge aller anderen Herrschaften. Fedi, wir sind Thules bei weitem reichste Familie, denn wir haben nicht nur den größten Besitz in Händen. Uns gehören auch die meisten Manufakturen und Gewerbebetriebe, noch dazu sind wir die Inhaber der Staatsbank, der Königlichen Bank und vieler Mietshäuser. Wir sind dadurch auch Thules größter Arbeitgeber, und sorgen so dafür, dass viele tüchtige und treue Menschen so ein gutes Auskommen und ein zufriedenes Dasein finden. Damit sind wir ein Vorbild für den Adel, wie für andere vermögende Herrschaften.“

„Papa, haben dies auch unsere Ahnen so gehalten?“ „Bis zu meinem Urgroßvater nicht, denn es war alles derart verflochten, dass keiner einen Überblick hatte, auch nicht der König selbst. Das intensive Betätigen als Unternehmer, sei es als Bankier, Reeder, Händler oder Gewerbetreibender, das stammt allerdings erst aus meiner Zeit. Die Omi hat mich daher einmal im Spaß als einen verhinderten Kaufmann bezeichnet. Ich habe dies als Kompliment genommen, denn diese scheinbare, und aus der Sicht vieler eher wenig königliche „Nebentätigkeit“ erweitert unseren finanziellen Spielraum erfreulich. Außerdem geben wir damit dem Adel und den Bürgern ein nachahmenswertes Vorbild, denn dadurch schaffen wir überall Arbeitsplätze.

Fedi, damit sollten wir es für heute bewenden lassen, um Dich nicht zu verwirren und zu ermüden. Ich fasse zusammen: Wir haben fünf Arten von Steuern. Die Grundsteuer, die Umsatzsteuer, die Gewerbesteuer, das Monopolium (Gebühr der Händler für deren Zulassung und Gebietsschutz) und die Erbschaftssteuer für weniger nahe Erben. Außerdem bekommen wir als Familie die Erträge aus unserem Eigenbesitz, was uns in die Lage versetzt denjenigen zu helfen, die nur mühsam über die Runden kommen oder aufgrund von Gebrechen oder ihrer Schutzlosigkeit dazu nicht in der Lage sind. Großzügig zu sein, ist eine besondere Eigenschaft der Könige, ihre Milte gewinnt die Herzen und sichert den sozialen Frieden.“

Zum Schluss bemerkte der Herrscher, dabei seinem Sohn beide Arme auf die Schulter legend: „Fedi, Du wirst einmal ein guter König werden.“ Mehr war es nicht, doch seinen künftigen Nachfolger machte diese Anerkennung stolz. Danach schwangen sich Vater und Sohn auf ihre Pferde und ritten hinaus zum Gestüt. Dort stießen sie zu ihrer Familie. Bei der Umarmung durch seine Mutter flüsterte der Thronfolger ihr zu, was der geliebte Vater zuletzt zu ihm gesagt hatte. „Fedi, der Papa ist sonst mit Lob recht sparsam, daher ist dies etwas Besonderes, es soll Dich anspornen auf diesem Weg weiter zu schreiten! Ich freue mich mit Dir, mein Großer!“

Der Gartenumbau

Heute wurden die lästigen Bauzäune entfernt, welche den Kindern der Königlichen Familie zwei lange Jahre den Zutritt zur Baustelle verwehrt hatten. Noch dazu hatten die Bauarbeiten und das dadurch eingeschränkte Areal sie beeinträchtigt; doch damit hatte es nun ein Ende. Was würden sie denn heute alles zu sehen bekommen? Von ihren im zweiten Stock des Schlosses gelegenen Zimmern aus, konnten sie sich zwar schon darüber einen Überblick verschaffen, was sich in der langen Bauzeit auf der Nordseite des Königlichen Privatgartens so tat. Außerdem konnten sie tagtäglich die Materialtransporte verfolgen, die sich durch die schmale Passage am Amtshaus vorbei zwängen mussten. Sperriges wurde allerdings mit Hilfe des großen Tretkrans den Frachtkähnen am Fuße des Schlossfelsens entnommen. Neben dem Spielbereich der Kinder hatten die Bauarbeiter ihr Materiallager angelegt, dort wurden die Handwerker auch verköstigt. Dieser Platz war den Kindern nicht verwehrt und das Gespräch mit den fleißigen Bauleuten auch nicht, wohl aber das Betreten der gefährlichen Baustelle.

Zuerst hatten die Bauwerker ihre Arbeit an zwei Stellen aufgenommen. Dort wo das Erdbeben den „Grauen Turm“ zerstört und dann hinunter in den Amelungensee gestürzt hatte, wurde mit Hilfe eines Krans und einem an Seilen hängenden Gerüsts eine schwierige Arbeit aufgenommen. An dieser Abbruchstelle zogen sie mühsam eine stützende Mauer hoch, um mit ihr den Ausbruch im Schlossfelsen ungeschehen zu machen. Sie verankerten die großen Bausteine immer wieder mit Eisenstangen im festen Fels und rührten den Cementitum besonders sorgfältig an. Hier entstand das Fundament für ein neues Gebäude, denn der „Graue Turm“ sollte als solcher nicht mehr ersetzt werden. Das hier benötigte Baumaterial brachten Frachtkähne über den See und der Kran hievte es dann dorthin wo es gebraucht wurde.

Parallel dazu wurde westlich davon eine Baugrube ausgehoben und dessen Aushub dazu benutzt, um hinter der anderen Baustelle das Niveau des Grunds anzuheben. Das hatten die Kinder noch mitbekommen und auch, dass hinter den Bauzäunen Gebäude hoch gezogen wurden. Zwar hatte ihnen der Vater und Oheim als Bauherr anhand der Pläne erklärt, was er vorhatte, doch das Papier ist bekanntlich geduldig und die daraus erwachsende Realität lässt sich eben erst mit den Augen und durch Betasten richtig wahrnehmen. Bewusst hatte König Friedrich den vom Bauen nicht betroffenen Bereich abschirmen lassen, um weitgehend ungestört zu bleiben. Dennoch zog es die beiden königlichen Familien in dieser unruhigen Zeit vermehrt in ihre anderen Domizile, insbesondere hinaus zum Gestüt Waldausee, dem bevorzugten Ort der Königskinder.

Die offizielle Eröffnung war für das Wochenende angesetzt, doch zuvor nahm die Königliche Familie ihre neue Errungenschaft in Besitz. Die Besichtigung begann unweit des Auslugs. Hinter neu gesetzten Platanen erhoben sich dort zwei doppelstöckige Gebäude, die durch ein Eingangshaus getrennt waren. Durch diesen Eingang, in dem sich auch ein Treppenhaus befand, ging es nun hinein in den Badebereich. Über Nacht war das hinter dem Gebäude liegende Schwimmbecken mit Wasser befüllt worden und zog erst einmal die Staunenden in ihren Bann. Zwei Springbrunnen belebten die Wasserfläche, und diese würden künftig vor allem für die Kinder zum gesuchten Ort werden. Allzu gerne wären die größeren Kinder schon jetzt in das sie so verlockende Wasser eingetaucht, doch dies war im Moment nicht vorgesehen.

Danach wurde die Therme besichtigt, die bei den Erwachsenen großen Anklang fand, jedoch noch nicht angeheizt worden war. In deren oberem Geschoß lagen die Ruheräume, die vor allem an kälteren Tagen willkommen sein würden. Im Sommer konnte man draußen der Ruhe pflegen, nämlich auf Liegen unter den Sonnensegeln im Zwickel zwischen Thermenhaus und Becken. Und dieses Gebäude lag unweit des inneren Schlosses und ließ den bisherigen und viel weiteren Weg zur Therme am Turniergarten vergessen. Die gehörte nun zu jeder Zeit allein den dort Übenden.

Weiter ging es zu dem nächsten, daneben liegenden Gebäude, dem Badehaus. Dieses trug seinen Namen völlig zu Recht, denn im Erdgeschoß wurde es von einem, den Raum fast völlig ausfüllenden Schwimmbecken bestimmt. Dessen Besonderheit lag darin, dass es im Sommer mit dem Außenbecken verbunden war, im Winter aber mit einem Wehr von diesem abgetrennt werden konnte. Diesem Innenbecken sollte vom Keller aus dann warmes Wasser zugeführt werden, um den Badenden ein wohliges Gefühl zu verschaffen. An den schönen Sonnentagen konnte man künftig je nach Eingebung von drinnen nach draußen oder umgekehrt schwimmen. Vor lauter Begeisterung waren die Kinder nicht mehr zu bändigen und mussten um den großen „Teich“ herum rennen.

Als Prinz Konrad seinen großen Bruder Friedrich fragte, ob und wie das viele Wasser denn abgelassen würde, da bekam er von ihm eine fachmännische Auskunft. „Brüderlein, wenn es schnell gehen muss, dann kann man das Wasser im Eck - dort gegenüber dem Brückchen - durch ein großes Rohr zum See hinunter abfließen lassen. Ansonsten ist das Wasserbecken jedoch mit denen unseres Terrassengartens verbunden und es wird, so wie diese, in die Abwasserrohre abgelassen.“ Durch diesen Dialog der Brüder kam es dann doch noch heraus, dass der „Kleine König“ die Baustelle schon zuvor betreten hatte, weil er seine Neugierde nicht zu zügeln vermochte. Nicht nur dem kleinen Prinzen war nämlich Fedis Ortskunde aufgefallen, sondern auch seinem Vater. Da aber sein Ältester keines der kleineren Kinder mit hineingenommen und gefährdet hatte, kam er mit einem milden Tadel seines Vaters davon. Die Bauleute getrauten sich nämlich nicht dem künftigen Königs diese Bitte abzuschlagen und nahmen ihn immer mal wieder mit hinein in die doch so streng abgeriegelte Baustelle. Seine Cousine Agnes war sogar zweimal mit von der Partie. Es erstaunte alle, dass die beiden „Unzertrennlichen“ diese „Exkursionen“ ihren Geschwistern gegenüber verschwiegen hatten. König Friedrichs „Tadel“ fiel schon deswegen milde aus, weil auch er selbst als Prinz Sonnenschein mit solchen Verboten „großzügig“ umgegangen war. Das Badehaus und das große Becken waren mit verschiedenfarbigem Marmor verkleidet, während im Bereich der Therme die Fließen dominierten. Alle waren sie sich darüber einig, hier war etwas entstanden, das häufig genützt werden würde. Und wunderschön war es obendrein auch geworden, und dies fanden nicht nur die Mütter Amala und Adelheid.

Doch dieses Schöne fand im Neuen Garten und dem „Palais Bella Vista“ noch eine Steigerung. Deren Zugang erfolgte über einen kleinen Platz, auf dem zwei von allegorischen Figuren gekrönte Brunnen plätscherten. Bedingt durch den verfügbaren Raum war die Blumenumrahmung unsymmetrisch ausgefallen, die kleine Prinzessin Beatrix sprach gar von schief. In einem schlanken hohen Turm lag der Eingangsbereich, über dem sich ein Söller befand. Hinter den vier zierlichen Säulen des Eingangsbereichs ging es durch ein Tor. Dessen Bogen bannte wegen seiner schönen Umrahmung alle Blicke, wobei die Kinder mehr von den zu beiden Seiten angebrachten Löwen angezogen wurden. Beiderseits des Raums, der dahinter lag, konnte man sich jeweils in einem Arkadenumgang ergehen. Dieser umgab einen neuangelegten Garten. Filigrane Säulen trugen die Gartenseite des einstöckigen Arkadenkarrees, auf drei Einzelsäulen folgte jeweils eine Doppelsäule. Dieser Stützwechsel ergab ein harmonisches Bild, das sogar den größeren Kindern gefiel. Die inneren Wände der Außenmauern im Umgang zeigten Skulpturen und Reliefs, die von orangefarbenen Flächen eingerahmt waren, darüber ließen Rundbogenfenster zusätzliches Licht in den Neuen Garten ein. Diesen in vier Felder unterteilten und in der Mitte von einem Brunnen aufgelockerten Garten hatten die Schlossgärtner schon mit blühenden Blumen und Büschen zum Leuchten gebracht. Was für ein herrlicher Anblick, fand Königin Amala, deren Blumenträume hier verwirklicht worden waren. Alle Details würden die Königlichen Familien so allmählich im Laufe der nächsten Tage kennen lernen, vorerst konnten sie nur einen ersten Einblick nehmen.

Das kleine Palais „Bella Vista" stieg, wie Prinz Theodemir schwärmte, wie ein architektonisches Wunder aus Garten und Umgang auf. Die Arkaden banden das dreistöckige Gebäude zwar mit ein, doch sie wurden auf der Gartenseite optisch wieder davon abgesetzt. Zwei kräftige quadratische, aus hellen Ziegeln aufgeführte Säulen unterbrachen den Rhythmus der schlanken Arkaden. Zusammen mit zwei schlanken Säulen trugen sie durch drei Bogen den Mittelteil des Gebäudes. Dessen mittleres Stockwerk umgab so wie im Hofraum ein Arkadenkranz. Dessen kannelierte Säulen erzeugten einen harmonischen Kontrast zu dem schon Gesehenen. Dieser gewollte Kontrast prägte auch die Ansicht des obersten Stocks. Beiderseits eines breiten Söllers, den zwei quadratische Säulen begrenzten, hatte der Baumeister eine blendendweiße Wand tief zurückgesetzt. Dadurch ergaben sich unter dem weit herausgezogenen Dach zwei schattenspendende Nebensöller. Beim näheren Betrachten fielen die vertieft in der Mauer eingelassenen Doppelbogen auf. Die das Dach mittragenden oberen Ecksäulen waren, so wie die etwas zurückgesetzten Mauern, weiß gehalten. Während die beiden hohen Paare, das neue Bauwerk betrachteten, fanden die Kinder großen Spaß daran, fröhlich jauchzend die Arkaden als Rennbahn zu nutzen.

Ihre Eltern nahmen derweilen das Innere des schönen Palais in Augenschein. Wobei der Begriff das „Innere“ eigentlich nicht so richtig zutraf, denn das Gebäude war ja weitgehend offen gehalten worden. Lediglich im Erdgeschoß gab es Wände durch deren Rundbogen der Blick ein wenig eingeengt wurde. Da sie jedoch zu beiden Seiten des Palais je einen Balkon betreten konnten, empfanden dies alle als gelungenen Ausgleich. Im ersten Stock verliefen die Arkaden ringsum, deren Säulen ruhten allerdings auf der Seeseite auf einer niederen, zum Sitzen einladenden Mauer. Der seeseitige Söller des obersten Stockwerks eröffnete den längst vertrauten aber immer wieder überwältigenden Blick auf den See, die vorderen Inseln und die weit in der Ferne aufscheinenden Berge.

Als sich die Eltern auf dem mittleren Söller zeigten und von dort hinab in den Garten blickten, da beendete die Rasselbande ihr fröhliches Treiben. Jetzt drängte es auch sie, dem neuen Gebäude ihre Reverenz zu erweisen. Ohne sich im Erdgeschoß aufzuhalten fegten die kleinen Hoheiten die Treppe hinauf, allen voran der „Kleine König“. Nicht nur der Blick, den sie dann von dort oben hatten, belohnte sie. Die Hofküche kredenzte heute nämlich allen besondere Köstlichkeiten, darunter die Honiglebkuchen nach dem Rezept der Frau des einstigen Obergärtners. Alle Kinder waren sich darin einig, bessere hatten sie noch nie gegessen. Damit war dieses Palais von den Familien eingeweiht und von allen zu einer großen Bereicherung erklärt worden.

Veränderungen hatten auch die beiden angrenzenden Bereiche erfahren. Allerdings hatte es dort nur fast nicht merkliche Eingriffe gegeben. Im Prinzengarten war das flache ovale Wasserbecken durch ein größeres ersetzt worden. Große Freude bei den Kindern löste aus, dass sie künftig dort mit einer Rutsche ins Wasser hineinschliddern konnten. Besonders angetan hatte es ihnen aber zwei große und verschließbare Kisten, in denen sich kleine

Ziegelsteine in unterschiedlicher Größe befanden. Die Säulen in verschiedener Länge, Bogen und sogar verglaste Fenster, lösten bei den größeren Kindern eine fast fiebrige Erwartung aus, denn nun konnten sie anstatt mit feuchtem Sand mit festem Material bauen. Dank kleiner Bossen (Noppen) ließen sich diese Bausteine stabil miteinander verbinden. König Friedrich hatte nämlich beobachtet, mit welchem Interesse seine Söhne den Baufortschritt verfolgt hatten. Nun konnten sie selbst bauen und ihrer Fantasie freien Lauf lassen. Der Sandkasten für die Kleinen war um das Doppelte erweitert worden, das und eine zweite Schaukel für die Kleinen sollte künftige Streitigkeiten verhindern. In der Ecke vor dem Prinzenturm hatten die Hunde der Kinder einen neuen und geräumigen Zwinger bekommen. Die entgegengesetzte Ecke des Prinzengartens war zu Gunsten eines halbrunden Brunnens etwas „angeknabbert" worden.

Die bisher eher selten genutzte Wiese nebenan, die während der Bauzeit noch als Bereitstellungsplatz gedient hatte, zeigte sich nun in frischem Grün. Früher hatte sie dem heutigen König als Übungsfeld für Bogenschießen und Speerwerfen gedient. Da sich jedoch heute acht kleine Königliche Hoheiten und öfters auch noch deren Freunde auf dem nahebei gelegenen Spielplatz tummelten, hatte der König diesen für die Kinder zu gefährlichen Übungsplatz kurzerhand umgewidmet. Vier Brunnen zierten nun dessen Ecken und neugepflanzte, aber schon etwas größere Bäume an der Mauer zum Neuen Garten wie auch an der alten Wehrmauer sorgten für ein geschlossenes Bild. Bequeme Bänke luden dazu ein, sich hier niederzulassen, so wie dies jetzt auch rund um den Prinzengarten möglich war. Auf dieser Festwiese wollten die beiden Königlichen Familien erstmals im Privatgarten des Königs gemeinsam mit den Schlossbewohnern beider Bereiche feiern. Daran würden viele Menschen teilnehmen, abzulesen an den langen Reihen der Tische und Bänke, die hier bereits aufgestellt waren. Was die Kinder besonders freute, es waren in ihren Prinzengarten auch viele Kinder eingeladen.

***

Das reichhaltige Büfett war unter den Arkaden des Neuen Gartens aufgebaut worden, was es den Gästen möglich machte, diesem floralen Kleinod mehr als nur einen Blick zu gönnen. Geordnet, so wie es der Oberdiener Werinher vorgegeben hatte, stellten sich die Gäste an. Sie, die zwar auch sonst von der Hofküche versorgt wurden, genossen heute ein vom Herrscher selbst zusammengestelltes Essen. Ein alter Schreiner, der längst im Ruhestand weilte, gab am Büffet den Eindruck vieler Gäste wieder: „Unsere hohe Majestät würdigt damit wieder einmal unser aller Tun, unser großer König sah in uns nie seine Domestiken, sondern stets seine getreuen Helfer!“ Der gerade hinzutretende zweite Stallmeister bekräftigte diese Worte: „Friedhelm, unser aller Herr hat von Kind an gesehen, was wir tun, hat sich für unsere Arbeit interessiert, aber auch für uns als Menschen. Wir Alten wissen doch noch um das ganz andere Verhalten seiner Großmutter Königin Greta. Für diese hochmütige Frau waren wir ein Nichts, nur dazu da ihre Befehle gehorsam auszuführen. Unser König Friedrich ist immer ein zugewendeter Mensch und Herr geblieben, hat sich unserer Sorgen angenommen und jedem geholfen, der in Not geraten ist. Und seine schöne Gemahlin, unsere hohe Herrin die Königin, trägt zurecht den Ehrentitel „Engel von Thule“. Sie sieht immer wo es „klemmt“ und hilft mit Rat und Tat. Solch ein Königspaar gibt es bestimmt nicht noch einmal auf dieser Welt.“ Darin waren sich alle einig, und fanden, dass auch das Prinzenpaar hierbei lobend erwähnt werden müsse.

Mit dieser Einladung hatte der König den Menschen, die hier am Hofe dienten, eine unglaubliche Freude gemacht. Und nicht nur diesen, denn auch die ehemaligen Beschäftigten, die im unteren Schloss ihren Ruhestand genossen, erlebten heute einen Freudentag. Das lag nicht am guten Essen und Trinken, am so seltenen Beisammensein mit all denen, die einst mit ihnen am Hof arbeiteten, sie sahen darin auch eine Anerkennung für das einst Geleistete. Hinter der Allee im nahen Prinzengarten herrschte ebenfalls eitel Freude. Die vielen Kinder kamen sich heute so vor, als befänden sie sich in einem Wunderland. Sie durften alles nutzen, was der Prinzengarten anbot und sie bekamen sogar noch ein eigenes Essen, das Prinz Manfred für sie ausgewählt hatte. Solch ein Essen gab es bei ihnen nur bei wenigen und dies allenfalls an Weihnachten. Anstatt Wasser zu trinken durften sie heute zwischen verschiedenen Säften wählen. Hier im Spielgarten hatte heute Prinz Manfred das Sagen, denn sein großer Bruder durfte nun drüben mitfeiern, wie auch die gleichaltrige Prinzessin Agnes.

Das Königspaar und die Königlichen Hoheiten ließen sich überall sehen und setzten sich zu ihren Gästen. Dies galt auch für die beiden „Unzertrennlichen“, über die sich vor allem die Alten freuten, die noch den Prinzen Sonnenschein erlebt hatten und nun in dessen fröhlichem Sohn seinen Wiedergänger erlebten. In seiner Begrüßungsrede hatte der König die Wahrnehmung seiner Gäste bestätigt. „Meine lieben Getreuen, ich freue mich über Euer Kommen, und da spreche ich auch für unsere beiden Familien, was es möglich macht uns Euch mehr als sonst zu widmen. Leider ist es mir und den Meinen im Alltag nicht immer möglich, sich jedem Einzelnen zuzuwenden, der hier in unserem Schloss beschäftigt ist. Warum dies so ist, das ist Euch allen bekannt. Daher soll dieser Tag dieses Versäumnis ein wenig ausgleichen! Seht es auch als unseren Dank für Eure treuen Dienste, Euren Fleiß und Eure gute Arbeit. Wie Ihr nun alle sehen könnt, haben unsere Bauleute, Handwerker und Gärtner mit ihrer unermüdlichen Arbeit und ihrem Können für ein wahres Kleinod gesorgt. Dieses können nachher all jene unter Euch, die bisher nur davon gehört haben, selbst anschauen. Trinken wir nun einen Schluck auf die Erbauer dieser Bauwerke.“

Es blieb nicht nur bei dem Schluck, denn die so Geehrten erfuhren auch noch den Beifall der ganzen Tafelrunde. Was sich jedoch längst herumgesprochen hatte, war eines: Der Herrscher spendierte allen die an den Bauwerken mitgewirkt hatten, je nach deren Mitwirken anhand der Arbeitslisten, einen großzügigen Sonderbonus. Einmal mehr empfand es die verschworene Gemeinschaft der im Schloss Tätigen, als großes Glück, dem verehrten Herrscher direkt dienen zu dürfen. Er erkannte was sie taten, schätzte ihr Tun und konnte ihren Einsatz auch einordnen.

König Friedrich setzte seine Ansprache fort: „Unsere Schlossküche hat auch heute für ein köstliches Mahl gesorgt, das uns von deren fleißigen Helfern serviert wird, dafür gebührt ihnen ein großes Lob. Nicht vergessen wollen wir all diejenigen, die heute im wohlverdienten Ruhestand bei uns im Schloss leben. Sie haben in ihren jüngeren Jahren mit dazu beigetragen, dass wir alle in unserem Schloss in einem so besonderen Rahmen leben dürfen und ein schönes Dasein haben. Sie, wie alle die uns hier die Ehre geben, haben uns, den beiden Königlichen Familien, stets das Gefühl gegeben, von treuen und tüchtigen Menschen umgeben zu sein. Unsere Kinder können sich heute im ganzen Schlossbereich frei bewegen und sich überall willkommen fühlen.

Die Älteren unter uns haben es sicher noch vor Augen, wie sich einst der kecke Prinz Sonnenschein dieses Privileg erkämpfen musste. Unter Euren Kindern und Enkeln habe ich damals Freunde fürs Leben gefunden, Freunde, die mir auch heute noch nahe sind und mein Leben bereichern. Im Purpur geboren zu sein, erlebte ich seinerzeit eher als einen goldenen Käfig, und als ein nicht immer freudvolles Dasein. Ihr aber habt Euch gefreut, wenn ich mich bei Euch sehen ließ, mich für Eure Arbeit interessierte und Euer

Können bewundert habe. Gerne hätte ich das auch gekonnt, was ich bei Euch mit kindlich staunenden Augen verfolgen durfte. Aber ich musste bald eines einsehen, dahinter steckt viel mühsam erlerntes Können, ständige Übung und lange Erfahrung. Nun ja zum Handwerker hat es bei mir dann nicht gereicht, ich musste ja etwas anderes erlernen, einiges davon gerne und anderes weil es eben sein musste."

Schallendes Gelächter unterbrach des Königs launige Ansprache. Manch einer erinnerte sich noch gut an sein ernsthaftes Streben, mit dem er als Kind versucht hatte, mit ihren Werkzeugen zu „arbeiten". Sie bekamen danach ja auch mit, welch unglaublich forderndes Lernprogramm ihr Friedrich zu bewältigen hatte. „Durch Euch lernte ich früh das Tun der hart arbeitenden Menschen kennen und schätzen. Deswegen hatte ich stets das Ziel vor Augen, allen Thulanern – und nicht nur denen von Adel – ein besseres Leben möglich zu machen."

Nun brandete ein zustimmender Beifall auf, den der König sichtbar genoss. Fröhlich lachend nahm er den Faden wieder auf: „Nebenan spielen Eure Kinder und Enkel mit den Prinzen und Prinzessinnen, zu Zeiten meiner Großmutter Königin Greta war dies geradezu unvorstellbar. Doch für unsere Kinder ist dies inzwischen völlig normal geworden. Und das empfinde ich als einen großen Fortschritt, der ihr Dasein erleichtert, wie auch das derer, mit denen sie es zu tun haben. Lasst mich damit schließen und Euch nochmals danken, die ihr uns und unsere Kinder so treu umsorgt." Rührung hatte so manchen Gast erfasst, das, was ihr verehrter Herr und König zu ihnen gesagt hatte, empfanden sie als eine Auszeichnung. Er war eben nach wie vor auch ihr Friedrich und ihr besonderer und geliebter Herrscher. Wie er sich zu ihnen bekannt hatte, sie als wesentlichen Teil der Schlossgemeinschaft wahrnahm, das tat ihnen sehr gut.

Bei der anschließenden Besichtigung von Badehaus, Neuem Garten und Palais Bella Vista freuten sich alle über die neue Errungenschaft des Königshauses. Der angesehene Leiter des Marstalls gab aller Empfinden so wieder: „Ich hoffe, dass unsere Herrschaft diese schönen Bauten häufig nutzt, und unser Friedrich bei der ihn erdrückenden Arbeit endlich etwas kürzer tritt.“ Mehr als der Herrscher es vermutlich wusste, nahmen seine dienstbaren Geister wahr, welch gewaltiges Pensum der König, aber auch seine engen Vertrauten erbrachten. Alle waren sie besorgt um des Königs Wohlergehen.

Es sei daher an dieser Stelle ein wenig vorgegriffen. Die neuen Gebäude wurden von den Kindern täglich genutzt, wobei sie das Badehaus am meisten anzog. Am frühen Morgen zogen Vater und Sohn Friedrich gemeinsam mit Prinz Theodemir im großen Becken ihre Bahnen. Jeden dritten Abend nutzten sie auch die Therme, die Damen trafen sich dort zumeist am Morgen. Das „Palais Bella Vista“ war auch ein beliebter Ort, vor allem am späten Nachmittag nahmen die Erwachsenen dort häufig Kaffee oder Tee zu sich, öfters auch zusammen mit ihren Vertrauten und Gästen. Der Hochadel und die Freunde der Königlichen Familien, alle liebten das Palais mit dem Neuen Garten. Ihre Kinder oder Enkel vergnügten sich im Prinzengarten, treulich behütet von ihren Mägden. Tatsächlich hatten diese Errungenschaften ein wenig dazu beigetragen, dass die beiden Fürsten etwas kürzer treten konnten. Weit wesentlicher und wirksamer waren allerdings die Umorganisation in der Verwaltung Thules, und dies in allen relevanten Bereichen.

Abb. 8 Der Umbau des Terrassengartens

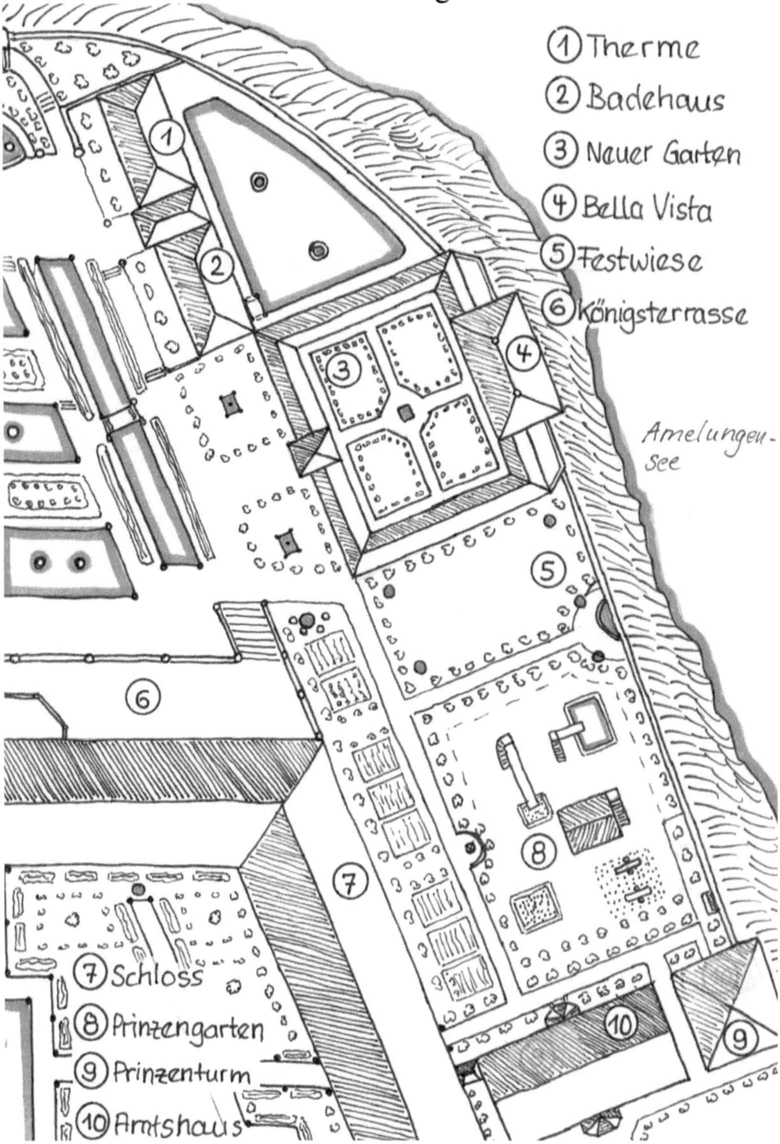

Die Gesandten

Sultan Mohammad (V.) von Granada hatte seine Räte in einer ihm wichtigen Angelegenheit zu sich beordert. Sein Lieblingssohn Jussuf saß neben dem Vater, wenn auch etwas tiefer. Was bedrückte denn den Herrscher des Nasridenreiches derart, dass er sie schon am frühen Morgen zu sich gerufen hatte. Die Sonne spiegelte sich zu dieser frühen Zeit nur am westlichen Rande des Wasserbeckens und tauchte die Myrtenhecke in ihren hellen Schein. Wie immer spiegelte sich der schöne Palast im großen Becken und erfreute aller Augen. Leider war das, was der Sultan ihnen nun unterbreitete, für ihre Ohren jedoch alles andere als erfreulich. Wieder einmal hatte eine Reiterschar von Christen einen Sieg über seine Krieger errungen und dem Königreich Granada ein Dorf entrissen. Zuvor hatten diese räuberischen Ungläubigen es auch noch geplündert und den wenigen dort verbliebenen Muslimen Gewalt angetan. Einem weiteren Vordringen dieser kastilischen Horde konnten eilends angerückte Krieger des Sultans glücklicherweise einen Riegel vorschieben. Dabei konnten sie wenigstens einen kleinen Erfolg verzeichnen, denn sie nahmen einen der kastilischen Anführer, einen Grafen, gefangen.

Diesen Gefangenen wollten sie, so wie es längst üblich geworden war, nach seiner Aussage gegen Zahlung eines Lösegeldes wieder freilassen. Am Abend noch hatten sie ihn einvernommen, um herauszubekommen, ob dieser Überfall die Speerspitze einer größeren Militäraktion bedeutete, oder lediglich einer dieser lästigen Raubzüge war. Der eitle und von seiner Bedeutung so überzeugte Graf, noch wütend darüber, dass er sich hatte fangen lassen, brüstete sich mit einer Vergeltungsaktion seines Königs. Das nötigte dem Vertreter des Sultans allenfalls ein müdes Lächeln ab, denn darauf hofften alle Gefangenen. Bisher war es stets zum Austausch der Gefangenen und einer

Lösegeldzahlung gekommen, warum sollte es ausgerechnet dieses Mal anders werden?

Aber dann brüstete sich der kastilische Graf mit einem alarmierenden Trumpf. Aussichtsreiche Verhandlungen seien mit einem mächtigen christlichen Inselreich im Gange, das als militärischer Bundesgenosse gewonnen werden solle. Der Papst selbst habe sich hier eingeschaltet und ihnen, den christlichen Kastiliern, diesen Schachzug empfohlen. So hatte es Prinz Jussuf, der bei der Einvernahme des Grafen anwesend war, seinem Vater vorgetragen. Nun rätselten die Berater darüber, ob an dem Gefasel des gefangenen Grafen vielleicht doch etwas Wahres dran sein konnte? Darüber wollte Sultan Mohammad jetzt mit seinen Beratern diskutieren.

Welches mächtige christliche Inselreich kam denn überhaupt infrage? Weder England noch Irland waren mächtig, kamen also nicht in Betracht. Daher konnte der Kastilier nach übereinstimmender Ansicht nur das geheimnisvolle „Reich des Goldenen Löwen“ gemeint haben. Wenn die Aussage des Grafen zutreffen sollte und dieses Reich mit den sie ständig überfallenden Kastiliern gemeinsame Sache machen würde, was wäre dann? Einer seiner Räte brachte es auf den Punkt: Dann wäre es das Ende für uns und unser schönes Granada, denn einer solchen Übermacht könnten wir nicht standhalten!

Der Wesir Ismael, einer der engen Vertrauten des Sultans, ergriff jetzt das Wort. „Wie Ihr alle wisst, weilte ich vor sechzehn Monden bei unseren Brüdern in der schönen Stadt Marrakesch. Dort wurde mir die große Ehre zuteil, Gast am Hofe des ehrwürdigen Sultans sein zu dürfen. Hier traf ich auch auf einige Stammesführer aus der wüstennahen Region südlich des Atlas-Gebirges. Mit drei von ihnen kam ich am Abend ins Gespräch und erfuhr Erstaunliches. Vier benachbarte Stammesführer seien vor einigen Jahren zu Gast in Thule, dem „Reich des Goldenen Löwen“, gewesen. Was die Reisenden darüber berichtet hatten, war derart erstaunlich, nein vielmehr ungewöhnlich, dass sie deren Bericht kaum glauben konnten. Da aber diese vier hochangesehenen Caids von Haus aus nicht zum Übertreiben neigten, mussten sie ihnen das Erlebte abnehmen.

So haben es mir die Ohrenzeugen dieses Berichts wiedergegeben. Die vier Herren durften dieses mächtige Inselreich deswegen aufsuchen, weil sie ein Jahr zuvor gemeinsam mit einer Eliteeinheit des „Goldenen Löwen“ gegen einen Usurpator gekämpft hatten, der einen als Gast gekommenen Fürsten aus Thule unter Bruch des Gastrechts gefangen genommen hatte. Dieser Prinz aus Thule wurde dann zusammen mit dem ebenfalls eingekerkerten und rechtmäßigen Herrn des Stammes, dem ehrenwerten Caid Rahman und dessen Vertrauten befreit. Der Anführer der Befreier sei kein anderer gewesen als der „Der goldene Löwe“, der mächtige König von Thule selbst. Dieser gewaltige Kämpfer habe den Usurpator und etliche seiner Anhänger mit eigener Hand getötet. Sie schilderten mir auch die Wiedereroberung der beiden besetzten Städte, wie den Kampf im Palast voller Bewunderung, aber auch mit leisem Schauder. Da uns diese Vorgeschichte vom Pfad der Erkenntnis wegführen würde, hat sie für uns – zumindest im Augenblick – weiter keine Bedeutung. Nach einigen Monaten folgten die Caids dann der Einladung des thulanischen Herrschers und suchten das Land des „Goldenen Löwen“ auf.

In ihrem Gastland angekommen, erlebten sie mit ungläubig staunenden Augen ein mächtiges, volkreiches Land, in dem es allen Menschen gut zu gehen scheint. Was sie dann schon am Ort ihrer Ankunft erfuhren, empfanden sie als erstaunlich, denn dort lebten die Muslime und Hebräer gleichberechtigt, friedlich und geachtet mit den Christen zusammen. Bei ihrer Reise auf prächtigen Pferden in die Hauptstadt dieses Reiches sei das Staunen ihr ständiger Begleiter gewesen. Blühende Städte und Dörfer, wohlhabende Menschen und fruchtbares Land sahen sie, reich fließende Flüsse und Bäche sorgten für genügend Wasser. Hunger und Entbehrung waren dort unbekannt, überallhin gab es gut ausgebaute Straßen und Wege, die von Fuhrwerken und Kutschen befahren und vielen Reitern und Fußgängern genutzt wurden. Und gegen Ende ihres Aufenthalts erlebten diese Stammesführer noch eine Demonstration des dortigen Heeres, dies allerdings mit überaus gemischten Gefühlen! Eine unübersehbare Zahl gut gerüsteter und bestens geübter Krieger weckte bei ihnen erst einmal erhebliche Ängste. Sie entnahmen dieser Demonstration eines: Solch einer gewaltigen Streitmacht konnte kein anderes ihnen bekanntes Land standhalten. Aber ihre Befürchtungen stellten sich zu ihrer Erleichterung als völlig unbegründet heraus. Trotz ihres riesigen, noch dazu überaus diszipliniert kämpfenden Heeres, ging es dem „Goldenen Löwen" vor allem darum, seinen Gästen zu zeigen, mit welch einer gewaltigen Streitmacht jeder Angreifer rechnen müsse. Sie als befreundete Gäste, hatten das Land des „Goldenen Löwen" sichtlich erleichtert, als friedlich und nicht als bedrohlich erlebt.

Dieses Thule sei nämlich ein Land, in dem tiefer Frieden herrsche, den der alles bestimmende Herrscher als höchstes Ziel bewahren will. Und was dieser mächtige König wolle, das würde auch geschehen. In diesem Wunderland herrsche nämlich ein weiser König, den alle seine Untertanen hoch verehrten. Nicht nur, weil er der erhabene Herrscher sei, sondern weil er auch ein ungewöhnlicher Mensch sei, was sie während ihres Aufenthalts selbst erfahren durften. Sie konnten sich wiederholt mit dem Herrscher in Lateinisch austauschen und erlebten ihn immer mehr als einen Magier, so wie ihn auch sein Volk sieht.

Mein Fazit aus dem Euch nun Dargelegten lautet: Wir müssen zu diesem gewaltigen Herrscher einen direkten Zugang finden, um herauszubringen, wie er zu unseren Feinden den Kastiliern steht! Wenn dieser König wirklich so friedfertig ist, wie ihn unsere Glaubensbrüder erlebt haben, dann bekommen wir von ihm eine uns beruhigende und belastbare Antwort! Außerdem könnten wir dadurch vielleicht auch unsere bisher doch höchst spärlichen Handelsbeziehungen ausbauen."

Auf den Vortrag von Ismael folgte eine lebhafte Diskussion, in der erst einmal das Erlebnis der vier Caids, die in das Land des „Goldenen Löwen" gereist waren, als übertrieben bewertet wurde, einer der Berater sprach gar von wirren Fantasien. Der Sultan selbst griff nun ein, er verriet seinen Beratern, dass er schon einige Informationen über dieses geheimnisvolle, sich bewusst abschottende Reich gewonnen habe. Diese Informationen würden die Aussagen der vier Glaubensbrüder, die in diesem Thule gewesen waren, vollauf bestätigen. Er stellte seinen Herren nun die entscheidende Frage: Wie gehen wir nun vor?

Am Ende der Beratung wurde folgendes Vorgehen vereinbart: Er, der Sultan von Granada möge bitte ein Schreiben verfassen, in dem er den König von Thule um eine Audienz für seinen Gesandten bittet. Dieses Schreiben solle dann dem nächsten thulanischen oder auch genuesischen Schiff mitgegeben werden, das in Malaga auf seinem Weg nach Thule Güter an Bord nehmen würde. Dem stimmte der Herrscher von Granada zu und legte danach, eine Zusage des „Goldenen Löwen" erwartend, die Mitglieder seiner Delegation fest. Sein Sohn Prinz Jussuf sollte sie anführen, um dem mächtigen Herrscher von Thule einen vom Rang her gemäßen Gesprächspartner zu bieten. Außerdem spreche Jussuf fließend Latein und würde sich so mit dem König von Thule gut verständigen können. Der Sultan war sich daher sicher, von seinem Königlichen Pendant keine ablehnende Antwort zu bekommen.

Nach nur wenigen Wochen ging Sultan Mohammad das Antwortschreiben des „Goldenen Löwen“ zu. Allein aus der Anrede entnahm der so überraschte wie sich darüber freuende Sultan, dass dieses in Latein auf edlem Papier abgefasste Schreiben keine Ablehnung enthalten konnte.

„Hochverehrter Königlicher Bruder, lieber Sultan Mohammad,

vieles habe ich schon über Euch und Euer fleißiges und friedliebendes Volk erfahren, und ausschließlich Gutes. Leider dürft Ihr nicht in Frieden leben, weil Euch neidvolle und gierige Nachbarn bedrängen. Ihr regiert Euer Land vortrefflich, pflegt einen guten Umgang mit der Natur und errichtet wundervolle Bauten, allen voran Euer herrliches Domizil, das Wunder Alhambra.

Euer Wunsch, mit mir ins Gespräch zu kommen, erfreut mich sehr. Gerne heiße ich Euren edlen Sohn und seine Gefährten in Thule und auch in meinem Haus willkommen. Er und die mit ihm Reisenden werden mit Thule allerdings ein Land vorfinden, das sich in vielem von dem Euren unterscheidet. Unsere Art des Lebens, insbesondere der freiere Umgang mit unseren Frauen und Kindern, wird ihn vielleicht etwas befremden. Dennoch wird der edle Prinz bei uns auch eines feststellen: Wir Thulaner hegen – im Gegensatz zu fast allen anderen Christlichen Reichen – einige der Errungenschaften der Griechen und Römer. Schon von daher haben wir mit Euch kultivierten Muslimen auch vieles gemeinsam.

Prinz Jussuf kann sich, so wie es seiner edlen Herkunft gebührt, bei uns willkommen fühlen und unbesorgt zu uns reisen. Er darf sich einem unserer sichersten Schiffe anvertrauen und so schon an

Bord unser Thule ein wenig kennen lernen. Ich freue mich auf anregende Gespräche mit Eurem edlen Sohn. Das Flaggschiff Thules wird den Prinzen und seine Begleiter in der Mitte des nächsten Mondes in Eurem Malaga abholen. Ich hoffe dies lässt sich ermöglichen.

Ich wünsche Euch alles erdenkliche Gute, beste Gesundheit und Gottes Segen. Hoffentlich schenkt der Allmächtige Euch und den Euch anvertrauten Menschen noch viele Jahre Frieden.

Friedrich Teja, Rex.

Der Herrscher des Reiches Granada hatte dieses Schreiben seinen Vertrauten vorgelesen und war so wie diese davon überaus angetan. Eine derart persönlich gehaltene Botschaft hatten weder er noch seine Zuhörer erwartet. Der Sultan bedauerte es einmal mehr, dass er bei dieser Reise nicht dabei sein konnte. Zu gerne hätte er sich selbst ein Bild vom Reiche des „Goldenen Löwen" und besonders von dessen bewundertem König gemacht. Aber sein bedrängtes Reich benötigte ihn, den Herrscher, derzeit mehr denn je. Seine Abwesenheit würden die Ungläubigen vermutlich mitbekommen und dann ausnützen wollen. Nun würde er es eben über seinen Sohn Jussuf erfahren und mit dessen Augen und Ohren Näheres zu diesem geheimnisvollen Land und seinem Herrscher geschildert bekommen.

Etwas Kopfzerbrechen bereitete dem Sultan und seinen Beratern die Auswahl der Gastgeschenke. Was ließ sich denn einem solch reichen Herrscher überhaupt schenken. Edle Steine und Metalle, davon würde er selbst vermutlich mehr als sie selbst besitzen. Nach langem Hin und Her einigten sie sich auf drei Geschenke. Einen ungewöhnlich schönen Teppich aus dem fernen Persien, eine herrliche Schale aus mit goldenen Bändern eingefasstem Malachit und einen besonderen Pferdesattel. Bau-

und Detailskizzen sowie einige Zeichnungen der Alhambra nahmen sie außerdem noch mit in das Gastland. Sie hatten erfahren, dass König Friedrich von Thule nicht minder gerne bauen würde wie Sultan Mohammad.

Mitte September des Jahres 1376 stiegen Prinz Jussuf, seine drei Gefährten – darunter auch der Wesir Ismael – mit sechs Dienern in Malaga an Bord der „Friedrich Teja", des größten Schiffes, das je in diesen Hafen eingelaufen war. Fast alle Bewohner der schönen Hafenstadt hatten sich zur Verabschiedung des Thronfolgers eingefunden. Sultan Mohammad hatte es sich nicht nehmen lassen, seinem Sohn bis Malaga das Geleit zu geben. Erstaunt über das ungewöhnliche Riesenschiff, bat er den Kapitän des thulanischen Schiffes um eine Besichtigung, was der ihm gerne gewährte. Kapitän war Admiral Graf Gerold, der den hohen Besucher in bestem Latein begrüßte und ihm all das zeigte, was den Sultan interessierte. Sultan Mohammad war schon etliche Male mit einer komfortablen aber viel kleineren Dhau hinüber nach Marokko geschifft, aber das riesige Flaggschiff des „Goldenen Löwen" bestaunte er nun unverhohlen. Dessen Bewaffnung, die Rohre aus denen das Griechische Feuer Tod und Verderben über jeden Angreifer brachte, machte ihn sehr nachdenklich. Von den Kanonen, die mit Hilfe von Schwarzpulver runde große Eisenkugeln ausstoßen konnten, wusste er schon, denn daran experimentierten ja auch seine Ingenieure. Die kleine aber bequeme Kajüte, in der sich sein Jussuf einrichtete, erregte sein Interesse weit weniger. Eines wurde ihm bei diesem kurzen Einblick deutlich, dieses Thule war anscheinend nicht nur ein mächtiges Reich, sondern auch eines, das technisch den ihm bekannten Ländern voraus zu sein schien. Sein Sohn würde dort bestimmt viele Eindrücke gewinnen, und ihm vielleicht auch direkt umsetzbare Anregungen mitbringen.

Prinz Jussuf und seine Gefährten genossen eine ungetrübte von guten Winden getriebene Reise nach Thule. Lediglich ein schwacher Sturm rüttelte am Schiff, was ihnen allerdings nicht zusetzte. Vor der Nordküste Portugals versuchten zwei Schiffe, in nicht klar erkennbarer Absicht, dem Flaggschiff den Weg zu verlegen. Diese Schiffe drehten aber panisch ab, als Admiral Graf Gerold ihnen mit einem Kanonenschuss vor den Bug eine eindeutige Warnung zukommen ließ.

Die Delegation aus dem Reich der Nasriden wurde von der Besatzung zuvorkommend behandelt. Die Gäste erhielten gerne Auskunft auf ihre Fragen, die sich immer mehr auf den Herrscher von Thule bezogen. Schon bald hatten sie die Gewissheit gewonnen, in der Hauptstadt Thules auf einen den Muslimen gewogenen, aufgeschlossenen König zu treffen. Die Offiziere, die den Herrn von Thule alle schon persönlich erlebt hatten, sprachen voller Bewunderung von ihm. Die Herren aus Granada erfuhren dabei auch von der uralten Weissagung vom verheißenen und nun gekommenen großen König; und eben dieser würde sie zu einer Audienz empfangen. Schon an Bord verwandelte sich ihre anfängliche Sorge vor einem schweren Gang immer mehr in Vorfreude auf diesen so verehrten König von Thule.

Auf Geheiß des Königs durfte Admiral Gerold das Flaggschiff nach Hildebrandtsvik lenken, das sonst für Fremde unzugänglich blieb. Auf diese besondere Gunst hingewiesen, bestätigte sich für Prinz Jussuf und seine Gefährten erneut eines, sie waren in Thule willkommen. Zuvor hatten sie die weite grüne Landschaft beiderseits des langen Sunds und im fernen Hintergrund die dicht bewaldeten Gebirgsrücken gesehen, und so einen ersten Eindruck des Landes gewonnen. Doch als sie dann hinter einer engen Passage durch eine Inselgruppe die weißbemützte Landeskrone zu Gesicht bekamen, vermochten sie den Blick nur schwer von ihr abwenden. Bereits in Sichtweite ihres Zwischenziels lenkte dann die hoch oben auf einem Hügel thronende Reichsburg ihren Blick ab. Sie erfuhren, dass diese graue Burg, so wie die Hafenstadt, in die sie nun einliefen, einem der Helden der langen Wanderzeit der landsuchenden Goten gewidmet sei.

In Hildebrandtsvik wurden die edlen Gäste von drei engen Vertrauten des Herrschers in Empfang genommen. Die beiden Markgrafen Hildebrecht und Thorismund sowie dessen gleichnamiger Sohn, der Vizekanzler Thules, begrüßten die Gäste aus dem Nasridenreich sehr herzlich. Außer ihnen hatte sich eine große Menschenmenge eingefunden, die sich das seltene Ereignis und die in ihrer fremdartigen Gewandung angekommenen Fremden nicht entgehen lassen wollte. Da die Gäste des Herrschers erst am nächsten Tag nach Theodericia weiterreisen sollten, blieb vor ihrer Übernachtung in der Reichsburg noch einige Zeit, um den Gästen die Sehenswürdigkeiten der Hafenstadt vorzuführen.

Der Stadtherr Markgraf Thorismund zeigte den Gästen den Dom, ließ sie einen kurzen Blick in die dem Helden Hildebrandt gewidmete Kapelle werfen und fuhr danach mit ihnen, aufgeteilt auf drei Kutschen, hinaus nach Manfredia. Die dortigen Manufakturen stießen bei den Gästen auf großes Interesse, insbesondere galt dies für die Glasmanufaktur und die Papiermanufaktur. Markgraf Hildebrecht empfing sie wenig später im Arsenal, was eine außerordentliche Ehre darstellte. Staunend erblickten die Gäste die vielen Schiffe, die hier überholt oder neu gebaut wurden. So wie hier gearbeitet wurde, in genau abgestimmten Schritten, das kannten die Besucher nicht. Als sie vom Seegrafen auf Nachfrage die Anzahl der in verschiedenen Häfen ankernden Kriegsschiffe erfuhren, bekamen sie eine erste Ahnung von der militärischen Stärke Thules.

Am Abend gab es zu ihren Ehren ein Abendessen im kleinen Saal der Reichsburg. Ihre Befürchtung, hier mit einem ihrem Glauben nicht konformem Essen vorlieb nehmen zu müssen, war natürlich unbegründet. Sie hatten doch schon an Bord des Flaggschiffs nicht auf ihr gewohntes und „genehmigtes" Essen verzichten müssen. Hier stießen die Herren aus der muslimischen Welt erstmals auf thulanische Damen. Neben Markgräfin Ragnhild und ihrer Schwiegertochter Beatrix waren auch Gräfin Leonore, die Tochter des Markgrafen Hildebrecht, sowie Vistulis von Hochstein mit ihren Männern eingeladen worden. Obwohl sie darauf vorbereitet waren, verwirrte es die Gäste anfangs doch, wie frei und unbefangen sich die hohen Damen in diesem Kreis bewegten. Die Verständigung war ein wenig dadurch erschwert, dass nur wenige ihrer Gastgeber Latein sprachen. Deshalb machten Thorismund Sohn, seine Gemahlin Beatrix und deren Brüder, die Grafen Berthold und Gerold, sowie der sprachgewandte Seegraf Hildebrecht, die Dolmetscher.

Von Prinz Jussuf, der als Königliche Hoheit angesprochen wurde, wollten die Anwesenden aber erst einmal viel über sein Heimatland wissen. Irgendwann ging dann das Gespräch über auf die Rollen der Gastgeber und deren Beziehung zum Herrscher. Den gesellschaftlichen Status der Herren hatten sie bereits bei der Begrüßung genannt bekommen, doch nun erfuhren sie auch von der Einbindung der Damen. Mit Beatrix und Vistulis saßen ihnen zwei Damen gegenüber, die schon lange eng mit dem Herrscher vertraut waren. Die Markgräfin Ragnhild war eine Nenntante des Königs und Vistulis von Hochstein war seine ihm immer noch vertraute Kinderfreundin. Gräfin Beatrix, die Schwiegertochter des Markgrafenpaares, stand sogar in unmittelbarem Dienst am Hof und war als erste Hofdame die enge Vertraute von Thules Königin Amala. Es blieb nicht aus, dass die Person des Herrschers immer wieder in den Mittelpunkt der Gespräche gerückt wurde. Einmal mehr erlebten die Gäste dieses Maß an Verehrung, das König

Friedrich entgegengebracht wurde. Dies galt zwar auch der herausgehobenen Stellung des Königtums, aber weit mehr seiner Persönlichkeit. Es blieb nicht aus, dass auch an diesem Abend die uralte Weissagung vom großen König vorgetragen wurde. Und an deren Erfüllung durch ihren Herrscher gab es nicht den geringsten Zweifel.

Als die Gäste spät ihre Gemächer aufsuchten, tauschten sie sich in ihrer heimatlichen Sprache über diesen ersten Abend in ihrem Gastland aus. Das so ungewohnte offene Verhalten der Damen und ihre so ganz selbstverständliche Teilnahme an den Gesprächen mussten sie erst einmal „verdauen". Was sie erwartet hatten und ihrer Intention entgegenkam, war der Bezug zum König von Thule. Um den Herrscher drehte es sich in vielen Gesprächen, selbst wenn eigentlich ein anders Thema angesprochen wurde. Eines wurde den Gästen klar, ohne den König ging hier nichts von Bedeutung, er allein hatte das Sagen. Ismael brachte es auf den Punkt: „König Friedrich ist ein Alleinherrscher, dessen Wort und Wollen keinesfalls angezweifelt wird. Keiner der hohen Herren, mit denen wir es am heutigen Abend zu tun hatten, äußerte auch nur einen Anflug von Neid oder fühlte sich unterdrückt." Nun waren sie selbst sehr gespannt darauf, wie sie, die doch in einem völlig anderen Kulturkreis lebten, diesen König wahrnehmen würden. War er wirklich ein derart besonderer Mensch, den die Seinen schon fast zum Halbgott „erhoben" hatten? Nun, bald würde sich diese Frage eingrenzen lassen. Jetzt waren sie, die muslimischen Gäste, erst einmal dankbar dafür, so zwanglos in Thule eingeführt worden zu sein.

Dazwischen lag aber noch eine kurze Reise an Bord eines Flussschiffes. Dieses fuhr am Morgen die breite Amelunga hinauf. Auch hier in diesem schönen Tal erblickten sie blühende Gärten, fruchtbare Felder und reich tragende Weingärten. Rechts grüßten schöne und offensichtlich wohlhabende Dörfer, deren Felder und

Gärten in Terrassen an den Abhängen der Landeskrone emporwuchsen. Weiter oben gingen diese dann in lichte Laubwälder über, die erst an der Baumgrenze der Landeskrone endeten. Das auf die linke Seite des Stromes gewechselte Schiff, fuhr nach einiger Zeit unmittelbar an einer fast lotrecht aufsteigenden Gebirgswand entlang. Hier wurden die Ruderer von Treidlern unterstützt, diese fröhlichen Gesellen scherzten trotz ihrer kräfteraubenden Tätigkeit fröhlich mit den Ruderknechten. Für die Treidler und ihre Maultiere war ein mannshoher Pfad in die Wand gebrochen worden.

Mit den Gästen reisten Graf Thorismund und seine Gemahlin Beatrix, die gerne auf alle ihre Fragen eingingen. Dies machte es den Gästen möglich noch Weiteres zu diesem Thule zu erfahren. Dieses Land erlebten sie einerseits als ein blühendes und offenkundig reiches Gemeinwesen, andererseits verwirrte es sie immer wieder. Das betraf nicht nur die Rolle der Frauen und jene der Kinder. Die Thulaner begegneten ihren Gästen zwar neugierig aber auch offen und unvoreingenommen. Die vier Kinder des Grafenpaares verhielten sich zwar mustergültig, belebten aber mit ihrem fröhlichen Lachen die Reise.

Nach knapp vier Stunden trat eine hochaufragende Burg in ihr Blickfeld, die über dem Strom zu schweben schien. War dies der Ort an dem sie auf den König von Thule treffen würden? Dies sei nicht so, denn ihr Ziel, das Königliche Schloss, liege auf der entgegengesetzten Seite der Hauptstadt Thules, erklärte ihnen der Vizekanzler lächelnd. Als sie sich bang fragten, wie denn das Schiff die rechts von der Burg auftauchenden und wild aufstiebenden Katarakte überwinden würde, da beantwortete sich ihre Frage auch schon. Denn unmittelbar nach dem Ende der Gebirgswand zog das Schiff nach links in einen Nebenfluss hinein. Die Ruderer trieben es mit kräftigen Schlägen in den Flusshafen an der Albia. Nur kurz nahmen die Gäste auf der anderen Seite des

Flusses, die auf einem mächtigen Felssockel hoch aufragende Silhouette der Stadt wahr. Außerdem lenkte sie nun eine am Kai offenkundig auf sie wartende Reitergruppe davon ab.

Deren Anführer, des Königs enger Vertrauter und Minister Graf Irnfried, begrüßte sie herzlich. Er teilte ihnen mit, König Friedrich würde sie heute nicht in seinem Palast erwarten, sondern im Königlichen Gestüt. Graf Thorismund eröffnete ihnen sogleich, dass dies eine außergewöhnliche Gunst bedeutete. Die vier Gesandten durften nun auf den zuvor schon so bewunderten edlen Pferden reiten, während ihre Diener auf zwei Kutschen verteilt wurden. Letztere sollten gemeinsam mit dem Vizekanzler und seiner Gemahlin zum Schloss vorausfahren. Daher trennte sich der Zug am von hohen Gebäuden gesäumten Arenenplatz. Die Reitergruppe bog nach links ab und ritt in eine schmale Gasse hinein, die Kutschen nahmen die nach rechts führende Straße. Graf Irnfried ließ die Reitergruppe am Denkmal König Tejas anhalten, erklärte ihnen die Person und Taten des hier abgebildeten Königs, und stillte so die gut verhohlene Neugierde der Gäste, deren Religion ja derartige Standbilder nicht zuließ. Genauso erbittert habe auch der jetzige König Friedrich Teja viele Male gekämpft; er sei ihr Heldenkönig und wohl deren Gewaltigster. So der Graf und Bewunderer seines Königs.

Nach diesem Engpass ging es durch ein Stadttor und vorbei an einem Frauenkloster. Danach lag ein weites grünes Tal vor ihnen, durch das sich ein kleiner Fluss schlängelte. Zu diesem idyllischen Anblick passten auch die im Hintergrund aufscheinenden, schneebedeckten Gipfel der Thulanischen Alpen. Im Vordergrund waren schmucke Landhäuser und die drei Mühlen am Flüsschen zu sehen. Kurz darauf, hinter dem Dorf Larvia, fegte eine Staubwolke auf sie zu, die sich beim Näherkommen in eine galoppierende Reiterschar verwandelte. Als die Reiter vor ihnen ihre wilde Jagd stoppten, entpuppten sie sich als Kinder. Drei Jungen und ein

Mädchen auf edlen Pferden und vornehm gekleidet, bestaunten die Fremden mit ihren dunklen Bärten und ihrer ihnen unbekannter Kleidung.

Graf Irnfried lachte lauthals über diese Rasselbande, an die Gäste gewendet stellte er sie als die ältesten Kinder der Königlichen Familien vor. „Graf Irnfried, wir wollten doch als Erste unsere muslimischen Gäste aus Iberien begrüßen, noch vor meinem Vater!“ So sagte es Friedrich, der „Kleine König“ mit einem verschmitzten Lächeln. „Königliche Hoheit, weiß denn unsere Majestät von Eurem Ausflug?“ Der älteste Sohn des Königs schüttelte den Kopf und entgegnete abwiegelnd: „So direkt sicher nicht, aber der Papa lässt es ja zu, dass wir uns hier draußen im Gelände des Gestüts frei bewegen!“ Danach begrüßte der „Kleine König“ und Anführer der Kinder, die Gäste seines Vaters mit „Salama“ und entbot ihnen in bestem Latein ein herzliches Willkommen, das Prinz Jussuf, selbst Vater von drei Kindern, lachend erwiderte. Friedrich stellte danach sich, Bruder Prinz Manfred, Cousine Prinzessin Agnes und Cousin Prinz Alarich vor. Prinz Jussuf bedankte sich für dieses ungewöhnliche aber auch nette Willkommen durch die Königlichen Hoheiten und stellte nun seinerseits die mit ihm gekommenen Herren vor.

Die Kinder auf ihren verschieden großen Pferden vergrößerten die Reitergruppe. Sie ritten ihr voraus, jetzt allerdings in gemäßer Geschwindigkeit. Vorbei ging es an kleinen Pferdeherden und danach an dem auf einem Hügel liegenden Vorwerk, hinter dem sich fast wie eine Fata Morgana das weiße über einem See schwebende Schloss in ihr Blickfeld schob. Sie passierten noch zwei überdachte Brücken und bogen zuletzt in einen kleinen Platz ein, der von blühenden Sträuchern und Bäumen umrahmt war. Unweit des Schlosses nahmen Knechte die Pferde entgegen. Graf Irnfried führte die Gäste erst einmal in das links liegende Gebäude, damit sie sich in diesem Gästehaus frisch machen konnten. Die vier Kinder trollten sich hinüber zum Schloss Waldausee.

Dann war es soweit, Graf Irnfried nahm die vier Herren wieder in Empfang und brachte sie zum Eingang des kleinen, sich über dem See erhebenden und von Rosensträuchern und Blumenbeeten umrahmten Schlosses. Einer der vier Leibwächter führte sie nun durch das Schloss und wieder hinaus ins Freie. Dort auf der Terrasse über dem kleinen See saßen vier vornehm gekleidete Erwachsene an einer schon gedeckten Tafel. Einer von ihnen, nämlich der mit einem Goldreif auf dem dunklen Haar, musste der König sein. Neben den Erwachsenen saßen noch acht Kinder. Graf Irnfried meldete die Gäste: „Eure Majestät, verehrte Königlichen Hoheiten, die hohen Gäste aus Granada sind wohlbehalten in Thule und nun bei Euch angekommen.“

König Friedrich von Thule erhob sich gemessen und kam seinen Gästen mit fröhlicher Miene entgegen. „Seid herzlich willkommen erlauchter Prinz Jussuf und edle Herren. Ich freue mich, Euch hier in unserem ganz privaten Refugium als unsere willkommenen Gäste begrüßen zu dürfen. Ich freue mich auch auf anregende Gespräche und darf Euch erst einmal meine Familie vorstellen.“ Das Bild, das sich die Gäste von dem mächtigen Herrscher gemacht hatten, es traf so gar nicht zu. Kein mit Gold behangener würdig auftretender Herr in höherem Alter stand ihnen jetzt gegenüber. König Friedrich trug nur ein helles leichtes Gewand, nichts deutete an, dass sie es hier mit einem König zu tun hatten. Doch seine Haltung und seine Erscheinung wirkten durchaus königlich. Hochgewachsen und gut aussehend beeindruckte er die Gäste sofort. Dieser König brauchte keinen Pomp, er strahlte auch so eine einnehmende Hoheit aus. Ja und auch eine ihre Befangenheit schmelzende überaus gewinnende Herzlichkeit.

Die beiden sehr schönen Damen waren also keine anderen als Königin Amala und des Königs Schwester Adelheid. Der andere Herr war Prinz Theodemir, des Königs Schwager und Blutsbruder. Lachend erklärte der Herrscher danach, die größeren Kinder der Familie seien den Gästen ja bereits bekannt, denn die Schlingel hätten es sich herausgenommen, sie als Erste zu begrüßen. Nur noch die vier jüngeren Königlichen Hoheiten stellte der König vor, der dann seine Gäste bat, sich zu ihnen zu setzen und wies ihnen die ihrem Rang gebührenden Plätze zu.

Überrascht und sichtlich verwundert erlebten die Gäste diesen unerwartet herzlichen, zuvor nicht vorstellbaren Empfang. Nach einiger Zeit verlor sich ihre Unsicherheit und sie konnten sich lebhaft in die Gespräche einbringen. Zu ihrer Verwunderung sprachen alle Erwachsenen und sogar die großen Kinder Lateinisch, was die Unterhaltung erleichterte. Mehr und mehr fühlten sich die muslimischen Gäste hier nicht mehr fremd, wenngleich sich in ihrer Heimat die Frauen im Hintergrund zu halten hatten und für Fremde verborgen blieben. Aber hier in diesem Thule war ohnehin so vieles verschieden von dem ihrer Heimat. Der mächtige Herrscher dieses Reiches saß weder auf einem Thron, noch gab er sich würdevoll. Die Kinder nannten ihn entweder Papa oder Oheim und duzten ihn, so wie auch Gemahlin, Schwester und Schwager.

Dennoch ging von König Friedrich eine Hoheit aus, der sie sich nicht entziehen konnten. Dieser hohe Herr brauchte keine Insignien, um zu wirken, sein Charisma teilte sich mit, seine Persönlichkeit strahlte dies aus und zog sie mehr und mehr in seinen Bann. Zuvor hatte der König ihnen bedeutet, dass sie ihm ihr Anliegen erst morgen im Palast vortragen sollten, denn heute müssten sie sich ja erst einmal an dieses so andere Land gewöhnen; und auch an die so ganz anderen Sitten und Gebräuche. Es sei ihm bewusst, dass dies für sie nicht so ganz einfach sei, denn es bedeute ja in eine ganz andere Welt einzutauchen, ohne die eigene Identität und Werte infrage stellen zu lassen! Nach dem Mahl, das für die Gäste ihrer religiösen Gebote wegen keine unangenehmen Überraschungen bereithielt, durften sie den inneren Bereich des Gestüts und zwei der vielen Weiden kennenlernen. Damit hatte der König dem unausgesprochenen Wunsch, der so von den edlen Tieren begeisterten Mauren entsprochen.

***

Am nächsten Morgen erfolgte dann die offizielle Audienz, wegen der die Gesandten des Sultans des Reiches Granada diese lange Reise auf sich genommen hatten. Auch dieses Mal saß der Herrscher nicht auf seinem Thron, sondern nur auf dem einzigen Stuhl mit einer besonders hohen Rückenlehne. Er empfing die Gäste auch nicht alleine. Ihn umgaben nicht nur Königin Amala, der Kronprinz Friedrich und Prinz Theodemir, denn neben den Königlichen Hoheiten saßen noch vier Herzöge und drei Markgrafen. Sie, wie die hohen Ministerialen des Hofes trugen prächtige Gewänder. Auf des Herrschers Haupt saß heute eine Krone und eine purpurne mit Goldfäden gesäumte Tunika hing über seinen breiten Schultern. Dennoch erlebten Jussuf und seine Herren den Empfang nicht als steifes Zeremoniell, sondern als ungezwungen und fast ein wenig familiär. Erneut wurden sie herzlich willkommen geheißen und jetzt nach ihrem Anliegen befragt.

Prinz Jussuf ergriff das Wort: „Eure hochverehrte Majestät, verehrte Königliche Hoheiten, edle Hoheiten, edle Minister und edle Herren, wir Gesandten kommen im Auftrag des Königs von Granada, meines ehrwürdigen Vaters. Mich begleiten drei enge Vertraute und Berater des Königs, die dies auch für mich sind. Mein Vater hat uns Gastgeschenke mitgegeben und er hofft inständig, dass sie vor Euren Augen Gnade finden werden!“ Zwei seiner Gefährten entrollten nun einen herrlichen Seidenteppich. Darauf platzierten sie eine kostbare Schale aus einem mit Goldbändern verziertem Malachit und einen schön verarbeiteten Sattel. Prinz Jussuf überreichte dem König zuletzt noch die Skizzen und Zeichnungen, die einige besondere Gebäude des „Wunders von Granada“, der einmaligen Alhambra wiedergaben.

„Lieber hochedler Prinz Jussuf, edle Gesandte des Herrschers von Granada, ich danke meinem Königlichen Amtsbruder und auch Euch für diese mich sehr erfreuenden Gaben. Ich werde diese ausgesuchten Geschenke in Ehren halten und sie künftig stets mit ihm und seinen Gesandten verbinden. In die mich sehr interessierenden Zeichnungen werde ich mich später mit Freude vertiefen. Eure besonderen Geschenke zeigen mir eines: Ihr habt Euch in Granada mit Thule und auch mit mir beschäftigt, was ich diesen so passenden Gaben entnehmen darf.“

Danach konnte Prinz Jussuf seine Anfrage an den Herrscher richten. „Eure hochverehrte Majestät, ich darf nun, Euch schon ein wenig kennend, undiplomatisch schnell eine direkte Frage an Euch richten. Wie Ihr wisst, bedrängen uns die christlichen Reiche Kastilien, Aragon und Portugal immer heftiger und zwingen uns seit vielen Generationen einen erbarmungslosen Krieg auf. Wir sind nun das letzte noch von Muslimen gehaltene Reich in Iberien. Ein von uns gefangen genommener hoher kastilischer Edler sprach bei seiner Vernehmung davon, dass sich Euer mächtiges Reich demnächst an der „Befreiung“ Iberiens beteiligen wolle. Diese Aussage hat nicht nur meinen Vater, sondern auch uns alle in große Sorge versetzt. Darüber wollte sich mein besorgter Vater und mit ihm alle unsere Untertanen gerne Klarheit verschaffen.“ Jussuf blickte in erstaunte Gesichter, die sich stumm fragend ihrem König Friedrich zuwendeten.

„Lieber Prinz Jussuf, das was dieser prahlerische Kastilier von sich gegeben hat, entbehrt jedweder Grundlage! Thule wird unter keinen Umständen in diesen schrecklichen Krieg eingreifen. Wir, die wir hier vor Euch sitzen, dienen nur unserem eigenen Volk, wir widmen alle unsere Gedanken und Kraft dem Frieden und dem Wohlergehen der uns anvertrauten Thulaner. Wir werden uns daher nicht feindlich gegen Länder jenseits unserer Grenzen wenden und lieber versuchen, mit diesen Handel zu treiben. Davon haben nach unserer Erfahrung beide Partner viel mehr. Werden wir jedoch angegriffen, dann bleibt diesem Angreifer die militärische Stärke Thules mit aller Konsequenz nicht erspart.

Lange schon beobachten wir diesen unseligen Angriffskrieg und die Raubzüge der „Christlichen Reiche" mit großem Argwohn, aber auch unverhohlenem Abscheu. Diese Aggressoren bemänteln ihre Angriffe als gerechtfertigte, ja verpflichtende „Wiedergewinnung". Wie kann etwas wiedergewonnen werden, was schon viele Generationen lang von anderen Menschen besiedelt und kultiviert wurde? Das ist blankes Unrecht und nichts anderes als der Versuch diese Raubzüge vor sich und der Geschichte zu rechtfertigen. Selbst der Ansatz einzelner Herrschaften – vorrangig vom hohen Katholischen Klerus – diese gar als „Kreuzzüge" auszugeben und zum Glaubenskrieg umzuwidmen, ist nichts anderes als eine plumpe Täuschung!

In diesen von mir genannten Ländern entwickelt sich immer mehr eine besorgniserregende rohe und brutale Mentalität, die meines Erachtens irgendwann an den Grenzen Iberiens nicht Halt machen wird. Wer als „Krieger" nichts anderes kennt als Krieg, Raub und Zerstörung, der verliert mehr und mehr seine Menschlichkeit. Diese entfesselte und gierige Soldateska kann kein Herrscher mehr unter Kontrolle bringen, es sei denn, er schafft es diese Raubgierigen auf neue Beute auszurichten! Wir stellen uns darauf ein, dass in einigen Dezennien diese Räuber vor unserer Küste auftauchen werden. Lieber Prinz, so sehr ich Eure hohe Kultur und Euer friedliches Zusammenleben der drei Religionen der Heiligen Bücher auch schätze, in einem muss ich Euch leider enttäuschen, Waffenhilfe kann Euch Thule nicht gewähren!“

Nach diesen klaren Worten dankte der sichtlich bewegte Prinz Jussuf König Friedrich. „Eure Majestät, wir haben nie daran gedacht, Euch im Kampf an unserer Seite zu erleben. Aber wir hofften wenigstens auf eines, nämlich darauf, von Euch die klare Aussage zu erhalten, dass die Behauptung des kastilischen Granden wirklich nur ein Gerücht sein würde. Daher hat uns vier Gesandten des Königs von Granada Eure Antwort unglaublich erleichtert. Schon auf unserer Seereise zu Eurem Reich habe ich von Euren Getreuen eines erfahren, das sich in einem Satz zusammenfassen lässt: „Wir bauen auf die Aussagen unseres Herrschers, wir vertrauen ihm in allem, seine Versprechen hält er ein und seine Wünsche sind uns Gebot!“

Der König schmunzelte und kommentierte den Satz. „Lieber Prinz Jussuf, zu dieser mir schmeichelndem Zusammenfassung gäbe es eigentlich nicht mehr viel zu sagen, die kann ich guten Gewissens so unterschreiben. Wenn mich meine Getreuen und mein Volk so sehen, dann mache ich wohl das Meiste richtig. Seid also versichert, Ihr nehmt keine wohlfeilen hohlen Worte mit Euch nach Granada, sondern ein klares Versprechen, das in diesem Raum alle bezeugen können. Und noch ein weiteres Versprechen dürft Ihr Eurem hohen Vater überbringen. Solltet Ihr Granadiner dereinst dem ständigen Druck dieser aggressiven „Christen“ weichen müssen, dann findet ihr hier eine Zuflucht. Dies habe ich mit meinen Getreuen so abgestimmt und es wird künftig für jeden Thronfolger gelten! Vorrangig aber hoffe ich für Euch und Eure Heimat, dass sie noch viele Jahrhunderte lang die Aggressoren abweisen kann. Vielleicht erkennen dann kluge und weitsichtige

Herrscher auf der iberischen Seite, dass ihnen die Existenz Eures Granadas weit mehr nützt, als dessen Zerstörung. Handel untereinander, Toleranz anderer Kulturen und Austausch in jeder Hinsicht stiftet doch allen Beteiligten einen materiellen wie ideellen Mehrwert."

Die Delegation Granadas blieb noch zehn Tage in Thule. Sie durfte sich überall frei bewegen und sich auch immer wieder mit dem König austauschen. Sie erkundeten Theodericia, fuhren mit dem Königsschiff über den Amelungensee, machten Station in Seebrücke und erlebten eine gesegnete Gegend. Am letzten Tag lernten sie noch Thules zweitgrößte Stadt kennen. Dort trafen sie sich mit ihren Glaubensbrüdern, die nur Gutes über Thule und seinen Herrscher berichteten. Staunen war in Thule ihr ständiger Begleiter gewesen, denn ein solch glanzvolles Land hatten sie nicht erwartet und so fröhliche und sichtlich zufriedene Menschen schon gar nicht.

Prinz Jussuf fasste es seinen Mitreisenden gegenüber so zusammen: „Ich hatte ein mächtiges, aber auch kriegerisches Land erwartet, doch nun muss ich mich korrigieren. Mächtig ist dieses Thule zweifellos, aber auch durchdrungen vom Verlangen nach Frieden. Wir wissen nun von der großen Anzahl seiner Krieger, doch sie sind wenig präsent und anscheinend Teil des Volkes. Nie hätte ich zuvor geglaubt, dass es ein derart ideales Reich geben kann, doch nun wurde ich eines Besseren belehrt. Und nie zuvor musste ich in wenigen Tagen so viel an Erkenntnissen verarbeiten. Wenigstens einige davon sollten wir übernehmen, insoweit es bei uns die Umstände zulassen. Unendlich bereichert haben mich die Gespräche mit König Friedrich, der für mich fürwahr ein wahrer Magier und ein außergewöhnlicher, ja geradezu idealer Herrscher ist. Dennoch ist auch dieser kluge und uns so freundschaftlich gesinnte König nicht frei von Sorgen. Wie er mir offenbart hat, quälen ihn immer wieder schreckliche Träume, die ihm vom

Untergang seines Reiches in den Fluten des Ozeans und den Feuerströmen der Vulkane Thules künden. „Das was uns die vulkanisch geprägte Natur hier an fruchtbarer Erde, Erzen und Kleinodien geschenkt hat, das kann sie uns auch wieder nehmen.“ So unser sonst so heiterer Gastgeber. Hoffen wir darauf, dass in seinem Fall die Träume Schäume sind, denn um dieses wunderbare Land wäre es überaus schade!“

Dies war auch der Tenor ihres Berichts, den die vier Gesandten Sultan Mohammad vortrugen. Überaus angetan von der erlebten Gastfreundschaft und dem Gesehenen, schlossen sich auch seine Begleiter den Worten des Prinzen an. Mitgebracht hatten sie vor allem zwei den Sultan ungemein erleichternde Versprechen und als Geschenke einen feurigen hochgebauten Hengst für den Sultan und einen uralten Text, der in der Zeit des Propheten in Arabien verfasst wurde. Jeder der Gesandten hatte ausgesuchte Geschenke erhalten, Prinz Jussuf sogar einen Schild und ein scharfes Schwert dazu. Ismael ergänzte den Bericht noch um den Eindruck den König Friedrich von Thule auf sie gemacht hatte. Dieser Herrscher sei eine faszinierende Persönlichkeit und würde jeden in seinen Bann ziehen. Nicht einer ihrer hochrangigen Gesprächspartner hätte auch nur die Andeutung einer Kritik gemacht, alle waren voller Bewunderung und Verehrung für ihren Herrn. Darin eingeschlossen sei die ganze Königliche Familie. Die Königin, die alle den Engel von Thule nennen würden, sei eine betörend schöne Frau, wie auch des Königs Schwester. Anrührend empfanden sie die unübersehbare Liebe des Königlichen Paares, aber auch des Prinzenpaares, wie deren enge Bindung untereinander. Dies gelte auch für die acht Kinder der beiden Familien.

„Schade, dass ich dieses Wunderland nicht selbst erleben durfte, aber der ausführliche Bericht, den ich soeben bekommen habe, zeigt mir wenigstens eines auf. Wenn wir den Handel mit Thule intensivieren, dann gewinnen wir in ihm einen guten und vertrauenswürdigen Partner. Das großherzige Angebot König Friedrichs, im Fall der Fälle – der hoffentlich nie eintreten wird – in Thule eine neue Heimat zu finden, ist ein tröstlicher Gedanke. Ich danke Euch für die erfolgreiche Mission und auch dafür, dass Ihr unser Granada so würdig vertreten habt!“

Naturgewalten

König Friedrich erwachte mitten in der Nacht, ihn hatte wieder einmal der quälende Albtraum vom Untergang Thules heimgesucht. Er erhob sich sacht von seinem breiten Bett, um seine schlummernde Amala nicht aufzuwecken. Noch immer gefangen vom Traum trat er hinaus auf den Balkon. Von dort aus konnte er allerdings weder die Heilige Stadt erblicken, noch die Landeskrone sehen. Vor ihm lag der Amelungensee und unter seinem Aussichtspunkt wusste er den Terrassengarten, der ihm von Kindesbeinen an ans Herz gewachsen war. Das was er im fahlen Licht der Gestirne sehen konnte bedeutete ihm Heimat und den irdischen Garten Eden zugleich. Nichts in dieser friedlichen Welt deutete auch nur entfernt darauf hin, dass sein schreckender Albtraum mit der realen Situation übereinstimmen könnte. Ganz im Gegenteil, das nächtlich schlafende irdische Paradies schien ihm eines zu signalisieren: Friedrich, König von Thule, gib dich keinen falschen Träumen hin, erfreue dich lieber an dem dir Anvertrauten und genieße dein Dasein. Darauf hast du Einfluss, kannst mit der Macht, die du in Händen hältst, deinem Thule und seinen Menschen ein gutes Leben bereiten. Du hast doch alles dazu getan, und dein Reich in ein gelobtes Land verwandelt.

All das, was sich hier seinen Sinnen darbot, gab ihm doch zu verstehen: Friedrich von Hohenstaufen, gib deinen Träumen keine Macht über dich, lasse dich lieber von all dem Schönen beeindrucken und nicht von dem trügerischen Sehererbe, dem Danaergeschenk deiner Ahnin Amalaberga verunsichern. Lebe, freue dich doch an all dem Erreichten, deiner liebevollen Gemahlin, deinen Kindern, die dich lieben und deinen Thulanern, die dich verehren. Die friedlich schlummernde Natur, die sich ihm in dieser lauen Nacht darbot, schien seinem Traum in allem zu widersprechen. Milde warme Seeluft umfächelte ihn, keine Wolke verhüllte den klaren Sternenhimmel, der sein geliebtes Heimatland

Thule in einen sanften Schein tauchte. All das Land, das ihm von seinen Ahnen anvertraut worden war, lag in friedlicher Stille vor seinen Augen. Der große See, mit dem sein eigenes Schicksal doch so eng verbunden war, spiegelte nichts als der Sterne Abbild. Dennoch entließ ihn der Traum nicht aus seinem Griff. Warum auch immer, er empfand die Gewissheit des nahenden Endes all dessen was er liebte. Sollte er Amala und die Kinder wecken, um mit ihnen das unabwendbar Kommende gemeinsam zu bestehen? Diesen Gedanken verwarf er sogleich wieder. Er hatte doch den Bericht des Plinius über den Untergang Pompeis nicht nur einmal gelesen. Dank dessen akribischer Aufzeichnung wusste Friedrich um die Abläufe eines Vulkanausbruchs. In seinem Albtraum hatte ein heißer Giftstrom den Menschen ein plötzliches Ende beschert. Ein Strom der sich nicht um Gebäude, Wälle und Hügel scherte, er drang ein in alles, was der Mensch sich geschaffen hatte, also auch in einen festen Palast. Für Friedrich waren daher jene die Glücklichen, die der Tod im Schlaf ereilte! Und von dieser Überzeugung wollte er nicht abrücken, sich aber auch nicht mehr in sein Gemach zurückziehen.

Friedrich lauschte in sich hinein, so als wolle er wie ein Dritter ergründen, welche Gefühle ihn in diesem Augenblick bedrängten. Was ihn nun selbst wunderte, er verspürte keine Angst vor dem Sterben. Es lag bestimmt nicht daran, dass der Tod ihm schon einige Male ganz nahe gekommen war, es war ein anderes Empfinden, das er schwer definieren konnte. Es war eher eine eigenartige Neugierde auf das, was ihn erwartete. Vielleicht war es dazu auch noch das Wissen um die eigene Hilflosigkeit gegen das mächtige Walten der Natur. Ihm kam jene Weissagung in den Sinn, die prophezeite, dass der große König auch deren Letzter sein werde. Dieser Herrscher würde die Seinen in den himmlischen Frieden führen. Doch ob er tatsächlich jener große König war, als den ihn sein Volk und auch seine Familie sah? Sollte dies zutreffen, dann musste ja der Albtraum zutreffen!

So als läge er wieder auf dem Sterbebett darnieder, zog nun sein Leben in schneller und geraffter Weise an ihm vorüber. Ein Leben, das er in drei groben Phasen unterteilt sah. Von seiner glücklichen Kindheit zehrte er noch heute. Seine Eltern hatten ihm jene liebevolle Geborgenheit gegeben, die ihm jenen Freiraum zum Entwickeln verschafften, die seine Persönlichkeit entfalten ließ. Sie hatten ihn beschützt und geführt, was ihn behutsam Reifen ließ. Für seinen gemochten Großvater war er der Lichtblick in dessen lieblosen und von schwer ertragener Verantwortung gebeugten Herrscherdasein gewesen. Als Prinz Sonnenschein genoss er aller Liebe und war für die Menschen Thules der Garant einer glückverheißenden Zukunft. Und diese hatte er ihnen als Siebenjähriger, gerade zum König erhobener Junge auch versprochen. Damals badete er förmlich in der Zuneigung aller und genoss sein kindliches Glück in vollen Zügen.

Mit dem Giftanschlag, das den Großvater zum Verzicht auf das Herrscheramt zwang, streifte ihn damals ein erstes Mal der kalte Hauch des Schicksals. Aber erst mit der miterlebten Ermordung seiner geliebten Eltern begann dann die Phase seiner seelischen Vereisung und Vereinsamung. In dieser inneren Verzweiflung und Verdüsterung hatten ihn Rachsucht, Hass und Misstrauen fest im Griff. Oft war er des Lebens überdrüssig gewesen und sehnte sich nach dem alles endenden Tod. Düstere Gedanken hatten ihm seinerzeit das Dasein vergällt und dem Heranwachsenden eine kaum zu tragende Verantwortung für Thule und das eigene Leben aufgebürdet. Seine kleine Schwester und die Freunde gaben ihm in jener schweren seelenkalten Zeit die menschliche Wärme, die ihn vor der Selbstzerstörung bewahrt hatte. Was wäre wohl aus ihm geworden, wenn ihn die Rache, der Hass und das Misstrauen aufgefressen hätten? Doch dann kam alles ganz anders, zog helles Licht und erlösende Freude in sein Dasein ein.

Auf dem Weg in die Ewigkeit hatte ihm der Allmächtige mit Amala einen seiner Engel in den Weg gestellt und ihm zugesellt. Ihre Liebe und Herzenswärme schmolz den eisigen Panzer, in dem sein Herz bis dahin gefangen war. Seitdem durfte er leben, fröhlich sein und lieben. Seine wunderbare Gemahlin gab ihm jenen Rückhalt, der ihn selbst schwere Herausforderungen annehmen und bewältigen ließ. Mit ihr wurde sein Leben auf einmal wieder hell und lebenswert, umgeben von Liebe und Vertrauen. Fünf prächtige Kinder hatte ihm seine Amala geschenkt, die seitdem ihr Eheglück bereicherten. Kindliches Lachen und Freude umgaben sie und erfüllten den Palast mit ihrer ansteckenden Heiterkeit. Dazu zählte auch die enge Bindung an seine Schwester und den Blutsbruder mit ihren Kindern, die ihm so nahe standen und noch dazu das Schloss belebten. Nicht vergessen wollte er bei diesem Rückblick die Freunde und all die Wohlgesonnen, die sein eigenes Dasein bereicherten.

So als hätte er sie mit seinen Gedanken herbeigewünscht, war Amala zu ihm getreten, schmiegte sich eng an ihn und wurde von ihres Mannes Armen umschlossen. „Caro, hat Dich wieder einer Deiner Albträume ereilt und Dir den Schlaf geraubt?“ „Cara, so ist es. Der mich immer wieder verfolgende Traum hat mich in dieser Nacht erneut heimgesucht. Daran bin ich aufgeschreckt, doch dieses Mal lässt er mich nicht los, so als wolle er mir bedeuten, ihn nun ernst zu nehmen. Er mahnt mich auch jetzt noch, ihn nicht länger zu verdrängen. Deshalb bin ich hinausgetreten auf unseren Balkon, um in der nächtlichen Stille auf andere Gedanken zu kommen.“

„Mein geliebter Fried, und wenn es doch so käme, wie es Dir Deine Träume vor Augen führen, was wäre dann?“ „Liebes, dann müssten wir uns dem Unabwendbaren stellen und damit abfinden, dass unsere wunderbare Gemeinsamkeit und der Frieden Thules von der Natur abrupt beendet wird. Alles Aufbegehren, Jammern und Zürnen, es würde uns nichts helfen, würde nur unser Ende verdüstern und unserem bisherigen Leben einen unwürdigen Ausklang bereiten. In unserer Ohnmacht können wir uns dem Walten der Natur ohnehin nur gefasst, ja demütig überlassen. Wir dürfen dann darauf vertrauen, ein Leben geführt zu haben, das Gott gefällig war und den uns Anvertrauten Gutes gebracht hat. Ich bin unendlich dankbar dafür Dich an meiner Seite zu wissen, tagtäglich Deine Liebe zu erfahren und die unserer Kinder noch dazu. Angelina, wir haben unsere Schuldigkeit gegenüber Gott, unseren Ahnen und den mit uns Lebenden erbracht. Diese meine feste Überzeugung gibt mir die innere Ruhe und festigt mein Gottvertrauen. Daher können wir gefasst und zuversichtlich miteinander in die anderen Welten ziehen und uns Gottes Urteil und Gnade überlassen."

„Fried, mein Alles, wenn es denn sein sollte, dann darf ich mit Dir in die Ewigkeit eingehen. Mein Leben wollte ich einst hingeben, um Dein Leben zu retten und daher würde ich auch klaglos und zufrieden mit unserem bisherigen Dasein mit Dir sterben. Aber ich glaube Du hast Dich geirrt. Nichts deutet doch darauf hin, dass uns in dieser schönen Nacht das alles endende Unheil droht! Du hast Dich zwar selten geirrt, vieles vorausgeahnt und bedacht, doch dieses Mal hege ich den Wunsch, dass Du von Deinen Träumen genarrt wirst. Ich möchte Dich nicht missen und noch eine Ewigkeit die Deine sein, Deine Liebe erfahren und die unserer Kinder auch. Einem solch schönen Leben, das ich an Deiner Seite führen kann, gebührt doch Ewigkeit, das darf doch nicht in seiner Blütezeit zu Ende sein!" „Liebes, ich bin mir sicher, wir werden nicht nur Hand in Hand in die himmlische Herrlichkeit einziehen, wir werden dort auch weiterhin unser Glück frei von irdischen Sorgen und Nöten genießen dürfen. Dort werden unsere Kinder um uns sein, werden wir von den vor uns gegangenen Lieben willkommen geheißen, so wie ich es einst in Deiner Kemenate geträumt habe. Darauf vertraue ich, wie auch auf Gottes

Gnade und daran halte ich auch in meiner letzten Stunde auf Erden fest!“

Urplötzlich veränderte sich der dunkle Spiegel des Sees, ein sich schnell ausdehnender gelbroter Fleck veränderte das Schwarz zu dunkelrotem Glanz. „Cara, nun es ist soweit, die Natur zeigt uns ihre Macht und uns Sterblichen ihre Grenzen. Wir können zwar die Landeskrone von hier aus nicht sehen, aber ihr Widerschein, der den See überzieht, er kann nur eines bedeuten: Die Landeskrone hat ihren langen Schlaf beendet und ist wach geworden. Dieser unwirkliche Widerschein auf dem Spiegel des Sees ist das Abbild meines immer wiederkehrenden Traumes der alles verschlingende Vulkanausbruch.“

Kaum hatte der Herrscher von Thule diese Worte gesprochen, da erschütterte ein heftiges Beben die Erde unter ihnen und ließ das mächtige Schloss in seinen Grundfesten erzittern. Eine glutheiße Gaswolke raste mit ungeheurer Geschwindigkeit an den Hängen der Landeskrone herunter. Binnen weniger Minuten hatte sie alles Leben ausgelöscht. Die meisten Menschen in Thule ereilte das Unheil im Schlafe und gewährte ihnen so einen gnädigen Tod. Zu gleicher Zeit erreichte die alles versengende Glutlawine das Königsschloss, ereilte dort auch das sich eng umfassende Königspaar. In kürzester Zeit hatte eine ungnädige Natur nicht nur alles Leben ausgelöscht, in ihrem Wüten versanken auch alle Pracht und mit ihr all das, was sich die Thulaner in acht Jahrhunderten geschaffen hatten.

Das auch heute noch utopisch anmutende Experiment – denn dies sahen die Thulaner in ihrem ihnen vom Ewigen Vater geschenkten großen König – war zwar geglückt. Es hatte den Menschen aufgezeigt, wie ein idealer Staat und ein idealer Herrscher sein könnten, dennoch sollten weder er noch ihr Land überdauern dürfen. War es vielleicht eine zu große

Herausforderung für die Menschheit? Führte dieses Utopia den Menschen, vor allem aber den Mächtigen eine unbezwingbare Gefahr vor Augen: Ihr seid unzulänglich, unfähig dazu Frieden und Wohlstand zu schaffen. Eure Eitelkeit und Gier, eure Selbstsucht und euer Neid steht dem im Weg!? Oder war der Untergang dieses Inselreichs lediglich eine Laune der Natur? Vielleicht war es einfach auch nur ein Märchen!? Die Antwort darauf kann sich allerdings nur Jeder selbst geben.

***

Nach diesem pyroklastischen Glutstrom, der alles niederwalzte und der kein Leben verschonte, riss es den Gipfel der Landeskrone hinweg, die sich danach in der Mitte teilte. Als dieser Pfropf versunken war, zerriss es die Hauptinsel von Thule in zwei große Teile. Der Amelungensund, der bisher durch die Landeskrone vom Amelungensee abgetrennt war, vereinte sich mit dem Binnensee. Dieser breite Riss verlängerte sich alsbald über das Walathatal, fräste sich durch die Thulanischen Alpen, bezog danach den Längsee ein und erreichte das Thormische Meer. Auch dort hatten die Vulkane ihre Magmakammern entleert. Die entfesselte Natur veränderte nun alles. Der tiefe Riss verwandelte sich in kurzer Zeit in einen immer breiter werdenden Grabenbruch. In diesem stieg Magma auf, das die beiden Landeshälften alsbald weiter voneinander wegdrückte. Der nächste Akt des Naturdramas, das kein Mensch bezeugen konnte, ließ den geteilten Archipel beiderseits ins Meer abrutschen. Als dieses langsame Abrutschen und Verdrehen zum Stillstand gekommen war, da hatte sich der Atlantik das ihm einst von den vulkanischen Kräften geraubte Land fast ganz zurückgeholt. Diese Vermählung der Naturgewalten erfolgte unter höllischem Pfeifen und Zischen der Magmaströme, den daraus geborenen und platzenden Dampfwolken. Das Chaos wurde untermalt von infernalischem Donnern und Beben des sich verschiebenden Landes. Riesige

Aschesäulen wurden von den sterbenden Vulkanen in die Höhe geschleudert, und durch einen strammen östlichen Höhenwind weit hinaus auf den westlichen Atlantik getrieben. Dort regneten sie sich allmählich ab. Die durch das Versinken des Landes ausgelösten Flutwellen wurden noch an der iberischen und afrikanischen Küste wahrgenommen, sie richteten dort aber nur geringen Schaden an. Eine nach Süden driftende Meeresströmung führte noch monatelang Bäume, aber auch Holz mit sich, das nur aus Bauwerken stammen konnte.

Ein genuesisches Handelsschiff, das einige Wochen später Thule ansteuern wollte, stieß dort nur noch auf einen dichten und nahezu undurchdringlichen Kranz aus Treibgut. Der erfahrene Kapitän ging zurecht davon aus, gerade noch einer Katastrophe entkommen zu sein. In der Ferne sichtete er einige abweisend kahle Inseln, mehr ließ sich nicht erkennen. Da er diese Reise schon mehrfach gemacht hatte, war ihm klar, dass er sein Ziel nicht verfehlt haben konnte. Der Ozean hatte Thule verschlungen. Anders konnte er es sich nicht erklären.

Hieß es denn nicht von Seiten der Kirche, dass dieses Truggebilde Thule ganz am Rande der flachen Erdscheibe liegen würde. Konnte es denn dann nicht so sein, dass ein Teil dieses Randes abgebrochen war, der dann im Orkus verschwand und nur noch traurige Landfetzen zurückgelassen hatte. Und so trug er es danach dem Senat seiner Heimatstadt vor, der seinen schriftlich gefassten Bericht im Archiv aufbewahrte. Thule blieb so für die später kommenden Menschen eine Mär, in der sich wenig Reales mit viel Geträumten vermischte. Es wurde für einige wenige Denker zum Modell eines idealen Staats, der zu früh entstanden war. Der zum Glück für die Mächtigen nur noch eine unerwünschte lebensferne Utopie verkörperte?

Was die damals Lebenden noch nicht wissen konnten, ist Folgendes: Die thulanische Inselwelt bildete hier einen Teil des mittelatlantischen Rückens, der sich über den Meeresspiegel erhob, so wie weiter nördlich auch Island. Thule in seiner damaligen Ausdehnung und Gestalt war also nichts anderes als ein zeitlich begrenztes Gebilde der Natur. Diese hatte diesen Archipel in uralten Zeiten mit ihren vulkanischen Kräften geschaffen. Zwei Kontinentalplatten driften hier unter dem Druck des aufsteigenden Magmas auseinander. Noch dazu stoßen in dieser Region tief unter dem Meeresspiegel zwei weitere große Erdplatten aufeinander. Die Eurasische Platte und die Afrikanische Platte stemmen sich hier gegeneinander und tragen mit dazu bei, dort einen unruhigen Untergrund zu schaffen. Die vulkanische Aktivität ist auch heute keineswegs erloschen, weder in den Regionen, die in der Meerestiefe liegen, noch in jenen, die sich als Inseln über den Meeresspiegel erheben. Noch dazu ist der Ozean beiderseits dieses mittelatlantischen Gebirgszuges sehr tief. Eines ist wenig Kundigen geblieben, der Mythos Thule. Aber die Suchenden verorten das Sagenland an ganz verschiedenen Orten, analog der Suche nach Atlantis!

Epilog

Die Geschichte des in kurzer Zeit im Ozean versunkenen Thules hatte sich zwar im Laufe der Jahrzehnte noch nicht ganz verloren, sie wandelte sich aber mehr und mehr zu einer Legende. Es blieben sogar auch einige alte Seekarten erhalten, auf denen das Sagenland verzeichnet war, wenn auch darauf weit kleiner und ungenauer abgebildet als das Land einst gewesen war. Doch diese Karten wurden sowohl von den Herrschenden als auch ihren Seefahrern zumeist als Seemannsgarn abgetan. Thule verwandelte sich deswegen in der Erinnerung so allmählich zu einem Pendant des versunkenen Atlantis. Es wurde für immer weniger Menschen zu einem Abbild des irdischen Paradieses und sein letzter König zu dem eines idealen Herrschers. Es stellte diesen Träumern ein Utopia vor Augen, sozusagen ein Gegenmodell zu ihrer eher unerfreulichen Gegenwart und eine Projektionswand ihrer Wünsche und leider unrealistischen Hoffnungen.

In der „christlichen" Welt gab es lange Zeit nicht den Hauch einer Möglichkeit, auch nur einiges von dem zu verwirklichen, was man sich über dieses versunkene Land erzählt hatte. Zu allen Zeiten dienten die Märchen den Menschen dazu, sich immer wieder für kurze Zeit in dieser erdachten Welt zu verlieren, denn die Lebenswirklichkeit entspricht eben nicht unseren Träumen!

Was von dieser Mär von Thule und seinem Herrscher, dem legendären Magier und König Friedrich II. Teja, einen wahren Kern aufwies, das ließ sich ja ohnehin nicht mehr nachprüfen. Die wenigen Archive, in denen sich darüber Aufzeichnungen befanden, blieben der Öffentlichkeit wohlweislich verborgen. Viel zu gefährlich war nämlich diese Staatsphilosophie für die repressive und alle einengende Katholische Kirche wie für die Herrschenden.

Außerdem war diese Inselwelt mit ihrer großen Zentralinsel ohnehin fast gänzlich vom Ozean verschlungen worden. Lediglich die zwei weit im Westen liegenden Inseln blieben in ihrer Natur erhalten. Die Thulaner hatten diese Inseln zwar schon zu Zeiten von König Manfred II. Totila entdeckt, sie aber nie besiedelt. Diese kleinen Inseln, nämlich die der „Eidechsen" und jene der „Raben", blieben vom Wüten der Naturgewalten verschont. Vom übrigen thulanischen Archipel ragten nach der Katastrophe nur noch sieben Berggipfel samt den sie einst umgebenden Hochebenen aus dem Ozean. Einer dieser Berge erhebt sich sogar stolze 2361 Meter über dem Meeresspiegel. Diese Gipfel anhand der Karte Thules zu verorten, ist jedoch nicht möglich. Der sich unter ihr und der Inselgruppe weit und tief öffnende mittelatlantische Rücken und die ihn querenden Bruchlinien hatten das Land nahezu vollständig eingeschmolzen. Für die damals lebenden Menschen war die Drift der Kontinente so unbekannt wie unvorstellbar. Selbst der geniale Geophysiker Alfred Wegener wurde ja noch in den dreißiger Jahren für seine inzwischen bestätigte Theorie von Zeitgenossen als Phantast abgetan, selbst von seinen Berufsgenossen. Daher war auch das Land ungleich in den Fluten untergegangen, denn die Magmakammern der Vulkane hatten sich unterschiedlich entleert. Zurück blieben kahle, einst hochliegende Ebenen und Berge vulkanischen Ursprungs.

Diese neun Inseln verteilen sich in einem leichten Bogen, aufgereiht über eine Entfernung von 600 Kilometer. Diese in der Weite des Atlantiks verstreuten Landtupfen liegen außerdem noch 1500 Kilometer vom portugiesischen Festland entfernt; allerdings nur deren östlichstes Eiland. Normalerweise sind nicht einmal die Nachbarinseln vom Küstensaum aus zu entdecken. Selbst von den höchsten Punkten der Inseln aus braucht es schon ideale

Wetterbedingungen, um die benachbarte Insel in weiter Ferne am Horizont ausmachen zu können.

Der Portugiese Heinrich der Seefahrer, ein königlicher Prinz, kannte wohl eine dieser geheimen Seekarten. Dieser gebildete Herr ging davon aus, dass diese nicht irgendeiner Fantasie entsprungen waren, sondern tatsächlich existierten. Er wollte daher diese Tupfen im großen Ozean finden lassen und Näheres darüber erfahren. Mithin hatte es seit dem Untergang Thules viele Jahre gedauert bis ein einflussreicher Herr das Rätsel auflösen wollte. Im Auftrag Prinz Heinrichs machte sich im Jahre 1427 eine portugiesische Karavelle unter Kapitän Diogo de Silves auf, um den Wahrheitsgehalt der Seekarte zu überprüfen. Und sein Auftraggeber lag mit seiner Vermutung richtig, denn das Schiff stieß dort tatsächlich auf eine Insel, doch weder er noch einer seiner Matrosen gingen dort an Land. Dieser Schritt blieb erst Goncalo Velho Cabral vorbehalten, der am 15. August 1432 eben dieses Eiland betrat. Da es am Tage Mariä Himmelfahrt geschah, trug er das Eiland zu Ehren der in Portugal so Hochverehrten als „Isla Santa Maria“ in der Seekarte ein. Aber noch wurde diese kleine Insel nicht besiedelt, erst einmal sollten dort Tiere ausgesetzt werden, um zu prüfen, ob hier künftig auch Menschen leben konnten.

Die erste Besiedelung erfolgte daher einige Zeit später, wieder im Auftrag des Prinzen Heinrich dem Seefahrer. Das ausgesetzte Vieh überlebte nämlich nicht nur, es gedieh dort sogar prächtig. Damit stand einer Besiedelung nichts mehr im Wege, was aber erst 1439 geschah. Aber noch waren die anderen Inseln nicht entdeckt worden. Erst 1444, und dies am Tag des Heiligen Michael, wurde die zuvor schon gesichtete Nachbarinsel besiedelt und ihm zu Ehren „Isla Sao Miguel“ benannt. Es dauerte jedoch immerhin noch bis 1452, bis Diogo de Teive die Insel Flores (in thulanischen Karten als „Insel der Eidechsen“ verzeichnet) und Corvo (thulanische Bezeichnung „Insel der Raben“) für Portugal entdeckte und diese für sein Heimatland in Besitz nahm. Damit waren nun alle neun Inseln bekannt und wurden dann im Laufe der Jahre sukzessive besiedelt.

Die neuen Bewohner der Inseln benannten ihren Archipel jedoch nicht nach den Raben von Corvo, sondern nach den über den anderen Inseln kreisenden Raubvögeln zu den Azoren (Ilhas dos acores), auf Deutsch „Inseln der Habichte“. Offenkundig befanden sich unter den Siedlern keine Ornithologen, denn diese „Habichte“ entpuppten sich bei genauerer Betrachtung nicht als solche, sondern als Mäusebussarde. Somit hätte die Inselgruppe eigentlich – und das weit weniger wohlklingend bezeichnet – „Ilhas dos milhafres“ lauten müssen. Manchmal ergibt sich also aus einem Irrtum heraus eben doch ein besserer Klang, so auch hier.

Die ersten Siedler stammten ursprünglich überwiegend aus dem portugiesischen Mutterland und der Blumeninsel Madeira. Mit den Jahren zogen diese fruchtbaren und schönen Inseln auch noch Siedler anderer Nationalitäten an. Spanier und Mauren, aber auch Bretonen und Flamen stießen hier als willkommene Zuzügler hinzu. Wieder ergibt sich eine eigenartige Parallele zu dem versunkenen Land Thule. Einst fanden hier auf der damals noch viel größeren Inselgruppe Thule die letzten Goten, Gepiden, Rugier und Vandalen Zuflucht. Ihnen hatten sich einige tausend Italier angeschlossen. Sie nannten sich fortan Thulaner und fanden dort eine neue Heimat für über 800 Jahre. Zu ihnen stießen später noch staufisch gesinnte Apulier, Katharer aus Frankreich, gefangene Nordmänner, verfolgte Juden und Sarazenen, die sich alle gerne in das Volk der Thulaner integrierten. Die verbindenden Klammern waren dabei das Königshaus und die freie Ausübung aller Religionen.

Den heutigen, fast ausschließlich katholischen Azoreanern wird nachgesagt, dass sie sich zwar zu Portugal bekennen, aber dessen ungeachtet doch auch ihren eigenständigen Charakter bewahrten. Übrig geblieben von dem Fantasieland Thule, ist vor allem seine Blumenpracht, die Bedrohung durch Erdbeben und Vulkane, sowie das ewig anbrandende Meer. Ja und auch die Entfernung vom Festland und dessen nicht immer positiven Einflüsse. So konnten sich die Azoreaner ihre Eigenheiten bewahren und als Brücke zur neuen Welt verstehen.

ENDE der THULEREIHE

***

Im Re Di Roma Verlag sind von **Günter Stoewer** folgende Bücher erschienen:

Die fiktiven Romane der **Thule-Reihe**:

1. Der Zug der letzten Goten
2. Der Adler über Thule
3. Adler und Viper
4. Der allgegenwärtige König
5. Gift und Stahl
6. Magier und Engel
7. Thules Königsfrieden
8. Thules Glanz und Ende

Die dreibändige Erzählung **Die Launen des Schicksals** besteht aus vier Teilen:

1. Die Erinnerungen der Carola H.
2. Die Liebe der Regula E.
3. Geraubte Identität
4. Ein denkwürdiger Tag

Drei weitere **Erzählungen** ergänzen sein Werk:

1. G'schichten
2. Familiengeschichten
3. Auf dem „Stern“ (gedruckt, aber nicht veröffentlicht)

Auch sein Buch **Private Geschichten** bleibt der Öffentlichkeit vorenthalten.